研究性学习
实施指导

Implementation Guidance
for Research-based Learning

上海春禾青少年发展中心　编著

化学工业出版社

·北京·

内容简介

研究性学习旨在引导学生发现问题和解决问题，自主获得知识或信息，对于学生学会学习、终身学习和可持续发展具有重要意义。

《研究性学习实施指导》以情境创设、提出问题，从问题到课题，方案设计，开题答辩，数据采集与分析，结论分析与提炼，结题报告编写，结题答辩，总结与反思九大教学课段为教师和学生提供研究性学习课程实施指南，全书分为绪论及教学实践篇和课程管理篇两篇，主要内容为：研究性学习课堂教学的组织与实施、课堂教学实操指导、研究性学习课程的管理与实施、课程师资的培训与培养。同时，本书配有教学实践案例等数字资源（通过微信扫描二维码获取），方便读者深入学习和使用。

《研究性学习实施指导》可供中学相关课程教师使用，也可供广大学生及一切渴望探求事物真相，寻找发现问题、解决问题创新思路的人士参考。

微信扫描二维码

获取本书配套资源
教学实践案例

图书在版编目（CIP）数据

研究性学习实施指导 / 上海春禾青少年发展中心编著. -- 北京：化学工业出版社，2024. 10. -- ISBN 978-7-122-46153-7

Ⅰ. G442

中国国家版本馆 CIP 数据核字第 2024UY1149 号

责任编辑：丁建华　于志岩　　　　装帧设计：刘丽华
责任校对：王鹏飞

出版发行：化学工业出版社
　　　　　（北京市东城区青年湖南街 13 号　邮政编码 100011）
印　　装：三河市航远印刷有限公司
787mm×1092mm　1/16　印张 13¼　字数 286 千字
2025 年 7 月北京第 1 版第 1 次印刷

购书咨询：010-64518888　　　　售后服务：010-64518899
网　　址：http://www.cip.com.cn
凡购买本书，如有缺损质量问题，本社销售中心负责调换。

定　　价：49.00 元

《研究性学习实施指导》编写人员名单

主　　编：陆　逊　上海春禾青少年发展中心

参　　编：罗卫东　贵阳市第三实验中学

　　　　　欧维嘉　上海市七宝中学

　　　　　郭幸君　上海市七宝中学

　　　　　王建霞　上海春禾青少年发展中心

　　　　　曹雯婷　上海春禾青少年发展中心

　　　　　线红石　上海春禾青少年发展中心

研究性学习是国家课程改革的一门新课程。然而在较长一段时期内，受传统学科教学目标、内容、时间、教学方法局限，以及考核评价方式的影响，在学科教学中普遍实施研究性学习尚有困难。因此，教育部自 2001 年起将研究性学习作为一项特别设立的教学活动（必修课）纳入课程计划，逐步推进研究性学习的开展，并从制度上保障这一活动的深化，旨在满足学生在开放性的现实情境中主动探索研究，获得亲身体验，培养学生解决实际问题的能力。

研究性学习的课堂和传统学科的课堂从教学内容的选择、教学时间的安排、教学重点的设计等方面都有着巨大的差异。传统学科课堂有确定的知识要教授、课堂以教师讲授为主、在师生关系中教师是传道受业解惑的权威、教学评价以纸笔考试为主；研究性学习课堂没有现成或确定的内容要教、按照学生的兴趣生成课堂内容、课堂上主要以学生的分享交流和讨论为主、教师主要用启发引导的教学方法、师生之间是学习伙伴的关系、教学评价主要是关注学习过程的过程性评价。研究性学习较之传统学科最大的特点是开放，将课堂的时间尽可能还给学生，强调在师生合作、生生合作中培养学生主动探究和创新实践的精神，这与教育部颁布的《义务教育课程方案和课程标准（2022 年版）》（简称新课程标准）提出"创设丰富的学习情境，设计学习任务，促进学生自主、合作、探究学习"的学习方式更为契合，更能体现出学科知识的综合运用、各种能力的整体发展。

但由于这是一门与传统课程不同的新课程，教师在课堂教学中必然会面临种种困惑。多少孩子一个组比较合适？课堂形式是什么样的？怎么鼓励孩子提问？怎么从提问到课题？是不是所有课题都合适？要不要查重？调查问卷如何设计？如此种种。

在上海春禾青少年发展中心（以下简称春禾）成立之初，我们了解到国家确立义务教育均衡发展目标以来，欠发达地区尤其是贫困地区教育软环境（教育理念、教学方法）相对落后的情况已经日益成为制约地方教育理念升级和教育实效提升的瓶颈。我们开始思考如何通过智力扶贫的方式践行普惠教育、阻断贫困代际传递，新时代下如何为乡村教师赋能、为乡村少年圆梦、为乡村振兴助力。

2014 年，在时任华东师范大学课程与教学研究所教授、副所长柯政的推荐下，春禾公益开始关注研究性学习，这不仅是当前最先进、被各国（尤其是发达国家）广泛采用的教育方法，也是我国教育部设置的一门必修课程。它以学生为主体，鼓励学生自主参与到具有挑战性的教学活动中，积极探究问题的本质，获得相应的学习方法与体会。

"十年树木，百年树人"这个最本真的教育理念众所周知，但其践行任重道远，春禾立志成为教育本真的践行者。基于春禾"促进普惠教育，助力国家乡村振兴战略"的目标，我们开始思考是否可以依托研究性学习课程的推广，让贫困地区的学校也能跟上教育改革的步伐，改变教师们满堂灌的传统教学方式，激发孩子们的思维。

春禾的创始人和工作人员在实际走访一些偏远地区的学校了解真实的课堂教学现状时发现，如果要在学科内用"研究性学习"的方式来教学，不论是教师的教学观念还是教学方法都不具备条件。如今国家课程方案已经将研究性学习单独设置为一门课程（高中阶段），那么让学校认识到这门课程的价值和意义，让教师在实践课程的过程中突出这门课程对学生的新的发展意义，如合作精神、探究兴趣、创新意识和实践能力的培养等，就能引导学校和教师对研究性学习课程进行分析，进一步触动学校关注教师的教学方法与学生的学习方式，使其更贴近新课程标准要求。因此，春禾在推广研究性学习时，首先将它作为一门课程来帮助学校落地实施，旨在为孩子们创建开放、宽容、自主的成长环境，构筑师生互相推动的良性发展机制。

春禾从研究性学习课程现阶段存在的问题出发进行了探究和相关课程研发，关注是否可以从课程设计、实施、评价和管理等方面给学校切实的指导和扶持；是否可以使学校和教师具有把课程开起来的能力。通过探讨，春禾构建了以研究性学习为依托、从课程设计、教师培训到学生成果展示的闭环项目"春禾启梦计划"。该项目从面向基础教育普及性的项目设计思路，到面向教育软环境的项目内容，以及面向中学的项目对象，都反映出春禾不追求短期的效果与目标、践行"十年树木，百年树人"教育理念的决心，春禾的创始人与理事会立足于教育的长远本真，立足于基础的国民教育，立足于基本的教育软环境建设，放眼于十年、二十年、五十年、一百年后的未来。

春禾致力于推广研究性学习已经有十个年头，在近年来教育部教育教学改革的背景下，从学校到教师的观念有了较大转变，研究性学习课程推进的脚步也加快了。在这样的时间点上，我们希望能把春禾推广实施研究性学习课程过程中的学校经验和教师们的智慧进行总结提炼，为后来实施研究性学习课程教学的教师们提供指导的原则和工具，这就是春禾组织编写本书的初衷。

本书是春禾十年来研发和推广研究性学习课程的经验总结，也集合了众多一线教师的教学智慧。其中，第三章课堂教学实操指导的第一至三节由贵阳市第三实验中学的罗卫东老师编写，第四至六节由上海市七宝中学的郭幸君老师编写，第七至九节由上海市七宝中学的欧维嘉老师编写，其他章节由春禾工作人员编写。

在春禾推广研究性学习和进行本书的编写过程中，许多学校和企业给予了大力的支持和帮助。北京青湖软件有限公司提供的 MOORs 一站式研学服务平台为线上课题管理提供了技术支撑，此外，我们还借鉴了上海市七宝中学的学生课题研究活动记录手册，并结合课程实际问题总结提炼出了用于本书的研究活动记录手册供大家参考。在此一并致以诚挚的谢意。

由于研究性学习课程实施方法多样，教与学的模式没有统一范式，加之编写时间仓促，难免有疏漏和不足之处，恳请广大读者和同行批评指正。

编著者
2024 年 12 月

目录

下篇　课程管理篇 / 131

第一章

绪论

2017年教育部《中小学综合实践活动课程指导纲要》（以下简称《纲要》）中指出"综合实践活动是从学生的真实生活和发展需要出发，从生活情境中发现问题，转化为活动主题，通过探究、服务、制作、体验等方式，培养学生综合素质的跨学科实践性课程。"《纲要》指出：考察探究是学生基于自身兴趣，在教师的指导下，从自然、社会和学生自身生活中选择和确定研究主题，开展研究性学习，在观察、记录和思考中，主动获取知识，分析并解决问题的过程，如野外考察、社会调查、研学旅行等，它注重运用实地观察、访谈、实验等方法，获取材料，形成理性思维、批判质疑和勇于探究的精神。考察探究的关键要素包括：发现并提出问题；提出假设，选择方法，研制工具；获取证据；提出解释或观念；交流、评价探究成果；反思和改进。由此可知，研究性学习不等同于常规的学科课程，虽然是以一门单独课程的形式出现，但涉及的知识却是综合的、多学科的；它不等同于活动课程，虽然它是以学生为主体开展自主活动，但它是以科学研究、问题探索为主的课题研究活动；它不等同于问题课程，虽然是以问题引入为载体，但不是接受性的被动学习，而是通过主动研究获取知识的一种学习方式。某种程度上，研究性学习课程是遵循教育本质，唤醒学生自我学习兴趣，培养自我学习能力的课程。

第一节　研究性学习思想的演变

研究性学习的思想根源可以追溯到孔子的启发式教育思想和苏格拉底的"助产术"。孔子主张"不愤不启，不悱不发，举一隅不以三隅反，则不复也"，启发式教育的核心在于学生主动求知的情况下，教师用举例的方式启发学生，使之触类旁通。苏格拉底的教学是通过讨论、问答甚至辩论的方式来揭露对方认识中的矛盾，使学生的学习变成一个不断探索知识的主动过程[1]。

研究性学习被广泛关注是在20世纪初，伴随着工业化浪潮和人们对传统教育的批

---

[1] 钟启泉. 研究性学习理论基础[M]. 上海：上海教育出版社，2003：3-5.

判，杜威的"问题教学法"和克伯屈的"设计教学法"鼓励学生从现实生活中发现问题，为研究性学习的发展提供了理论基础。20世纪50年代末，苏联第一颗"人造卫星"发射成功的消息促使美国开始了"学科结构课程改革运动"。美国著名教育家布鲁纳、施瓦布相继提出了"发现教学法"和"探究式教学法"，进一步推动了研究性学习的实施。

20世纪80年代以后，世界全球化、国际化的进程迅速加快，人类进入知识经济时代，社会对人才培养的趋向更加多元和全人方面发展。各国掀起了新一轮的教育改革浪潮。1996年美国公布《国家科学教育标准》，力求提高学生的科学素养，改革教学方式。受美国影响，各个国家也纷纷以建构主义学习观改造课程与教学模式，加强知识运用和问题解决能力的培养[2]。

纵观研究性学习相关思想的演变不难发现，在20世纪80年代以前世界各国基本上是以教学法或学习方式的改革来推进研究性学习的进行，80年代后期，各国开始重视以课程形式来推动研究性学习。

第二节　研究性学习与未来人才培养

当前世界正面临新一轮科技革命和产业变革，各国之间综合国力的竞争说到底是人才的竞争。当大家都认识到教育是人才培养的主要阵地的时候，培养怎样的人才才能提升本国竞争力成为世界各国都在思考的问题。1997年，经济合作与发展组织（OECD）和瑞士联邦统计署赞助了一个国际性的跨界合作项目，即"素养的界定与选择：理论和概念的基础"，之后陆续出版了关于"核心素养"的系列研究报告。OECD还依据报告中确定的核心素养框架，发展出后续的核心素养国际调查与评价，即国际学生评估项目（Programme for International Student Assessment，PISA）。

在OECD的持续推广下，"核心素养"迅速风靡全球。欧盟（EU）、联合国教科文组织（UNESCO）等国际组织以及多个国家或地区随后纷纷提出21世纪核心素养的观点（见表1-1），并借此驱动课程改革[3]。

表1-1　部分国际组织、国家或地区关于核心素养的观点

国际组织、国家或地区，时间	主要观点
OECD，2005	能互动地使用工具，能在社会异质群体中互动，能自主行动
UNESCO，2012	基本技能，可转移技能，技术和职业能力
欧盟，2005	母语交流，外语交流，数学素养和科技素养，数字化素养，学会学习，社交和公民素养，主动和创业意识，文化意识和表达
世界经济论坛，2016	基础素养、核心素养、品格
课程重构中心（CCR），2015，2021	知识（我们所知所理解的东西）、技能（我们怎样应用所知）、品格（我们怎样做人并融入世界）、元学习（我们怎样反思并改进）
美国，2011	21世纪技能
日本，2012	21世纪型能力：基础能力、思维能力、实践能力

[2] 胡红杏. 研究性学习课程实施研究[M]. 北京：中国社会科学出版社，2017：27-28.
[3] 崔允漷，冯生尧. 普通高中课程改革：世界性的课题与经验[J]. 全球教育展望，2018(10).

国际组织、国家或地区，时间	主要观点
新加坡，2010	自信的人、自主学习者、积极贡献者、热心的公民
澳大利亚，2008	成功的学习者、自信而创新的个体、积极而有文化的公民
新西兰，2006	使用语言、符号和文本；自我管理；人际关系；参与和贡献；思考
法国，2005	七项共同素养：掌握法语语言的能力，使用一门现存外国语言的能力，掌握数学、技术以及科学文化等主要要素的能力，掌握日常信息技术与沟通的能力，人文主义文化与素养，公民与社交能力，自主性与能动性
韩国，2015	创造性思维、审美感性、沟通、共同体、知识信息处理、自我管理
中国台湾，2014	自主行动、沟通互动、社会参与三个面向，细分为九大项目
中国大陆，2016	文化基础（人文底蕴、科学精神），自主发展（学会学习、健康生活），社会参与（责任担当、实践创新），细分为18个基本要点

纵观各国提出的核心素养观点可以发现，虽然部分核心素养的内容不一致，但还是有共同点的，如"自主""沟通""表达""创新"都是大家高度认同的未来人才要具备的能力。核心素养的培养离不开课程、教学与评价改革等一系列配套措施的跟进。从课程角度需要教育者以学生需求为中心，将教育目的落到教学目标与内容的设计、教学方法的变革，才能真正通过课程变革聚焦和落地核心素养的培养。

课程改革不仅仅是内容的更替，更重要的是学习方式的变革。自我国 1999 年首次提出研究性学习以来，2000～2003 年期间，研究性学习的相关研究的文献迅速增加，学者们对研究性学习的内涵界定、理念演变、各国实施研究性学习的情况等方面做了很多的研究。如对比了英国中学与我国中学的课后作业发现，英国中学在对研究性学习课程设计理念的准确解读后，设计出的作业在过程、完成方式、题型等方面都具有开放性，对学生提高学习自觉性、增强广泛收集信息的意识和能力大有益处[4]；法国"研究性学习"从初中、高中到大学的预备班统一开设，形成相互衔接的课程系列，TPE 课程（有指导的学生个人实践课程）作为法国开展研究性学习的特色课程之一蕴含并体现了法国教育改革中始终以学生为本的理念，强调作为学习主体的每个学生的自主性[5]；美国非常重视研究性学习成果的呈现，会以演讲、竞赛、视频、展览等方式展示出来，既是研究性学习过程的自然延伸，又是激发学生学习热情的有效手段[6]。

从分析美国、英国、德国、法国、新加坡、日本等国家实施研究性学习的经验可以看到，研究性学习的核心是打破学科内容之间、学科与学科之间以及学科教师之间的边界壁垒，为学生构建一个开放的学习环境，学生围绕来自真实世界的学习主题，或者聚焦学科中的某个学习主题进行合作式探究学习，潜移默化地培养解决问题、审辨式思维、合作交流等这些面向未来的核心素养。

各国研究性学习的实施经验充分表明了研究性学习在培养学生核心素养方面的重要性和可行性，给了我们很多启迪，研究性学习或是改变学习方式的突破口或着力点。

[4] 田华. 英国中学"课程作业"及其对我国研究性学习的启示[J]. 教育探索，2005(9).
[5] 孙启林，贾东立. 法国的 TPE 课程概述[J]. 外国中小学教育，2005(2).
[6] 吴维宁. 研究性学习在美国[J]. 广西教育，2015(36).

第三节　我国研究性学习的历史沿革

在教育教学课程研究的历史演变过程中，研究性学习既是一种学习方式，又是一种课程形态。我国具有研究性学习性质的教育实践在民国时期就有了，体现为陈鹤琴和陶行知展开的"生活教育""活的教育"改革实验。

20 世纪 80 年代后相继出现了以培养学生个性和创造性为主要目标的教学模式，如"异步教学法""导学式教学法""八字教学法""尝试教学法"等，这一时期的研究性学习的内涵主要体现在学生学习思维、学习方法的培养和相应的教学模式或教学方法的转变上[7]。

90 年代中后期，我国开始了第八次基础教育课程改革，全面推进素质教育。1999年初，上海教育科学研究院普通教育研究所首次正式提出研究性学习这一概念，并受到广泛的关注。同年 6 月，上海市教委召开了"上海市中学研究性课程研讨会"，对研究性学习予以充分肯定[8]。

2000 年 1 月，教育部在颁布的《全日制普通高级中学课程计划（试验修订稿）》中指出："综合实践活动是国家规定的必修课，包括研究性学习、劳动技术教育、社区服务、社会实践四部分内容。"[9]这是我国首次将"综合实践活动"课列为必修课，自此，"研究性学习"顺应课程改革的需要，成为综合实践活动课四项核心内容之一。

2001 年 4 月，教育部印发《普通高中"研究性学习"实施指南（试行）》，并于同年秋季在黑龙江、辽宁、山东、河南、安徽、江苏和青海等七省的高一年级进行试点。随着教育课程实验工作的进行及在全国范围内的展开，研究性学习这一基础教育课程改革的亮点，日益受到人们的重视[10]。这意味着我国开始将研究性学习作为一门独立的课程加以设置。

2001 年 6 月，教育部颁发了《基础教育课程改革纲要（试行）》，对新课程的结构做出如下规定："从小学至高中设置综合实践活动并作为必修课程，其内容主要包括：信息技术教育、研究性学习、社区服务与社会实践以及劳动与技术教育。"[11]研究性学习自此正式成为我国整个基础教育领域的必修课程。

2003 年 3 月，教育部颁布《普通高中课程方案（实验）》，文件中明确规定："研究性学习活动是每个学生的必修课程，三年共计 15 学分。设置研究性学习活动旨在引导学生关注社会、经济、科技和生活中的问题，通过自主探究、亲身实践的过程综合地运用已有知识和经验解决问题，学会学习，培养学生的人文精神和科学素养。"[12]

在落实立德树人、推进基础教育课程改革和实施新高考改革的大背景下，《普通高中课程方案（2017 年版）》和语文等学科课程标准正式出台。这次修订不仅再次明确了研究性课程作为必修课程的地位，还着眼于培养学生的核心素养，针对不同学科精选、充

[7] 林群，余桥. "研究性学习"概念的演变及重构[J]. 教学与管理，2016(3)：4-8.
[8] 钱旭升. 我国研究性学习的研究综述[J]. 教育探索，2003(8).
[9] 教育部. 全日制普通高级中学课程计划（试验修订稿）[R]. 2000-01-20.
[10] 教育部. 普通高中"研究性学习"实施指南（试行）[R]. 2001-04-09.
[11] 教育部. 基础教育课程改革纲要（试行）[R]. 2001-06-08.
[12] 教育部. 普通高中课程方案（实验）[R]. 2003-03-31.

足教学内容，设计教学活动，提出考试评价建议，引导各学科的教师都要转变教学方式，克服现实中存在的重教书、轻育人的倾向。这种学科内教育教学方式改变的要求从一定意义上可以看作研究性学习的一种延伸与发展。

我国研究性学习的发展历经教学法改革与课程改革的不同时期，从目前教育部出台的相关文件内容看，不仅把研究性学习作为一门课程，同时也把变革学科的课堂教学方式作为目标导向，由此以"双轮驱动"来推动课程与教学改革。

第四节　研究性学习课程的目标及实施意义

一、研究性学习课程的目标

2001年4月教育部发布的《普通高中"研究性学习"实施指南（试行）》中指出研究性学习强调对所学知识、技能的实际运用，注重学习的过程和学生的实践与体验，因此，需要注重以下几项具体目标[10]：

① 获得亲身参与研究探索的体验；
② 培养发现问题和解决问题的能力；
③ 培养收集、分析和利用信息的能力；
④ 学会分享与合作；
⑤ 培养科学态度和科学道德；
⑥ 培养对社会的责任心和使命感。

2017年9月教育部印发《中小学综合实践活动课程指导纲要》，要求各地充分认识综合实践活动课程的重要意义，确保综合实践活动课程全面开设到位。《纲要》明确提出了课程总目标："学生能从个体生活、社会生活及与大自然的接触中获得丰富的实践经验，形成并逐步提升对自然、社会和自我之内在联系的整体认识，具有价值体认、责任担当、问题解决、创意物化等方面的意识和能力。"

2020年5月教育部印发的《普通高中课程方案（2017年版2020年修订）》中提出："普通高中的培养目标是进一步提升学生综合素质，着力发展核心素养，使学生具有理想信念和社会责任感，具有科学文化素养和终身学习能力，具有自主发展能力和沟通合作能力。"对应的学科课程标准也更加注重培养学生核心素养，更加强调提高学生综合运用知识解决实际问题的能力。如《普通高中语文课程标准（2017年版2020年修订）》中明确提出："要引导学生在语言文字运用的过程中发现问题，培养探究意识和发现问题的敏感性，探求解决问题和语言表达的创新路径。"

研究性学习作为综合实践活动的一部分，根本出发点就在于从改变教师的教学方式和学生的学习方式入手，实施以培养学生的创新精神和实践能力为核心的素质教育，具体体现为改变学生以往单纯地接受教师传授知识为主的学习方式，为学生构建开放的学习环境，提供多渠道获取知识，并将学到的知识加以综合应用于实践的机会，促进他们形成积极的学习态度和良好的学习策略，培养创新思维科学素养和实践能力。

2018 年，由北京师范大学中国教育创新研究院、美国 21 世纪学习联盟（P21）联合发布了《21 世纪核心素养 5C 模型研究报告》。研究性学习主要以小组合作形式，开展关于自然科学、社会科学、人文科学等方面的课题研究活动，高度契合 5C 模型提出的"文化理解与传承、审辨思维、沟通、合作、创新"五项核心素养（见图 1-1）。

图 1-1　21 世纪核心素养 5C 模型

我们相信研究性学习课程的开设不仅能让"文化理解与传承、审辨思维、沟通、合作、创新"五项核心素养得到提升，还能将学生的脚步引领到学校的围墙之外，将学生的眼光拉回到真实的家庭环境或生活环境之中。学生能为解决真实的问题贡献一己之力，这不仅体现了学校教育紧跟社会发展的步伐，并且对于社会发展也具有长远的好处。

二、研究性学习课程的实施意义

传统模式下，到了小学高年级或中学，大部分学生都已经顺应了主流公办学校生活，形成了被动接受式学习的惯性。首先，学生不必考虑"学什么"。每当新学期开始的时候，各学科新教材就会及时送到手中。书本就是要学的东西，难道还有什么值得怀疑的吗？既然大家（当然包括主体评价体系、父母和相当数量的教师）只关心那些被认为必须学的东西，那么许多孩子在长期的迎合中也就慢慢割舍了自己的兴趣，任由自身的个性特长、潜质潜能逐渐流逝。

也不必操心学生在什么地方跟谁学。学校、教室、课桌就是学习的战场。方寸之地，十几年的光阴，常常是"两耳不闻窗外事，一心只读圣贤书"。古训说："师者，所以传道受业解惑也。"教师先生于我，必先学于我，凡事依靠教师，凡疑问教于师是十分正常的现象。在这样的习惯中，学生们渐渐将自我封闭，并渐渐远离了鲜活火热的生活和社会现实，眼界日趋狭窄，实践能力难以形成。

当然，学生也没有太大的空间去思考"怎么学"。自打背起书包上小学起，学习的程序就被固定下来。上课、听讲、回答问题、做作业、考试……优秀学生不断介绍"怎么听""怎么练"的经验，教师天天练习"怎么讲""怎么考"的基本功。知识发生的艰辛过程，科学探索的曲折经历原本已被教材浓缩为简洁的定义、原理，再加上教师多年"应试经验"的提炼，全部变成了两点间的直线。学生被压在"优秀学生"和"有经验"教师的两座大山下，没有机会品尝在学习过程中不断探索和发现的快乐。

最终，学生也没有权利决定"学到什么程度"。标准是统一的，考试的分数就是学习程度和水平的绝对代表，别人学习成绩的高低就是衡量自己的唯一参数。为此，学生不得不去多做几遍不知来源于什么需要的习题，多答几份不知来自什么地方的试卷。既然把学习的缰绳放给分数去把握，那就只能失去对学习价值的选择权。

以上就是应试体系内大部分孩子学习方式的粗描。当然，这并不是在否定接受式学习的必要性，而是意在指出接受式学习自身需要改革弊端，同时也需要有新的学习方式来进行补充完善。

研究性学习课程在过程中强调学习的主体作用，学生的主动性、积极性和创造性将有更广阔的发挥空间：

在研究性学习中"学什么"要由同学们自己选择；

在研究性学习中"怎么学"要由同学们自己设计；

在研究性学习中"学到什么程度"要由同学们自己作出预测和判定。

当前，世界正经历百年未有的变化，新一轮科技革命和产业变革加速推进。少年智则国智，少年强则国强，对这些新时代的人才来说，只获取知识显然已经不够了，重要的是如何在知识获取过程中培养能力、开发潜能，收获终身成长的动力。

第五节　研究性学习实施现状及问题

"研究性学习"是 2001 年教育部第二次新课程改革时就已经设立的一门必修课程，但当时的教育形势下，升学还是学校和教师最为关键的任务，研究性学习在学校并未得到充分实施。

一、课程实施现状

2003 年，华东师范大学课程与教学研究所崔允漷、余进利对我国普通高中研究性学习课程实施现状进行了调研，在调研结果分析中提到："研究性学习课程在其性质为广大利害关系人所知晓的情况下，能赢得广泛'民意'支持率，然而现实图景是这门课还没有多少学校在现实中所采用，采用的学校以各种方式进行裁剪；实施与开发二位一体的教师与学生动力不足；研究性学习作为一门课程的地位受到各种因素的侵蚀；即便是研究性学习开展得比较好的学校也不能说达到了'制度化'阶段，焉论持续化、整合成为学校的常规？"[13]这次调研所选择的 12 所样本高中分布在上海、江苏、浙江、江西、北京、湖北六地，值得注意的是 12 所样本学校中只有 5 所独立开课，7 所没有开课。

---

[13] 崔允漷，余进利. 我国普通高中研究性学习课程现状调研[J]. 全球教育展望，2003(7).

不同地区对研究性学习的认识以及经济发展水平各不相同，我国各地在研究性学习的实际开展过程中仍然有较大差异。有调查显示，从全国各省、市（自治区）研究性学习的开展水平来看，上海和浙江的研究性学习开展水平最高，江苏、福建等省份的研究性学习开展水平也较高；在北京、湖北、重庆、甘肃、西藏等地，研究性学习的开展水平要高于周边的天津、安徽、山东、江西等地；此外，在云贵川、陕晋豫、黑龙江和吉林、内蒙古等地，研究性学习的开展水平较低[14]。

根据我们在实践中所接触过的一百余所中学的调查显示，研究性学习课程的开展现状大致如图1-2所示。

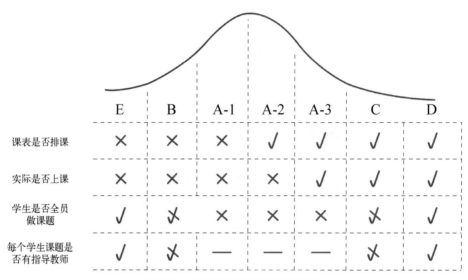

图1-2　研究性学习课程开展现状

根据学校"课表是否排课""实际是否上课""学生是否全员做课题"和"每个学生课题是否有指导教师"，可将研究性学习的实际开展情况分为A、B、C、D、E五种类型：

A类的共同特征是学生都没有做课题研究，按"课表是否排课""实际是否上课"再区分为A-1、A-2、A-3三种，A类学校占比60%～70%。

B类是少数学生有做课题研究，多以社团课、兴趣选修课的方式开展。

C类是课表有课、实际也有教师在认真上课，但大部分学生课题因没有教师指导而流于形式。

D类是研学课程真实有效落地的理想状态，每个学生的课题研究落到实处。

E类是学校要求每个学生必须完成课题研究，也要求每位教师参与指导学生课题指导，学生课题研究落到实处，但课表没有排课，学生利用课外时间完成课题。

其中，"课表有课"的学校中课程落地形式往往存在两类问题：

其一，"课时集中式"：一个年级的研学排课在同一个时间，多位教师（往往是班主任）担任授课教师。这种模式经常会出现研学课时被挪用，"课表有课、实际无课、绝大

---

[14] 卢晓旭，赵媛，陆玉麒，等. 我国基础教育研究性学习开展水平的省际差异分析[J]. 上海教育科研，2011(2)：45.

多数学生不做课题"的情况。

其二，"课时分散式"：一个年级的研学排课分散在不同时间段，由几位教师专任或兼任研学授课教师，其他教师是否参与、如何参与学生课题指导随机松散。这种模式往往出现"课表有课、实际有课、绝大多数学生不做课题或课题无人指导"的状况。

而"实际有课"的学校，也存在一个共性的核心问题——授课教师学科专业不能覆盖所有学生课题领域、时间和精力无法顾及所有学生课题，其他学科教师很少参与指导学生课题，绝大多数学生课题由于缺乏必要的教师指导、不能有效完成。

我们在与学校校长、教师沟通的过程中发现，一方面教育者们能意识到在传统教学向未来教育转变的过程中，能力的培养、综合素质的提升离不开综合实践，研究性学习是最好的着力点和突破口；另一方面，由于学校、教师和学生都不得不面对中高考选拔的考试压力，研究性学习相对费时费力，在追求短期实效面前就成了可有可无的虚设，或者由于方法问题绝大多数学生没有"有效"参与。

二、课程实施的问题

2011年，贵州省教育科学研究院刘钢在《贵州省高中研究性学习课程的现状、问题和建议》一文中提到贵州省研究性学习课程在实施层面也存在开课、课程制度、教师配备与安排、学分管理等一系列问题。关于开课的问题文章中这样说："目前不少学校面临的基本问题，仍然是开课的问题，主要有两种情况：一是不开课，一些学校到现在还是不重视研究性学习课程，仍有部分学校纯粹不开这门课；二是开课不规范，一些学校虽然在课表上已经排好了课，但教学过程中往往不按课表实施。仅从表面上看，课表上安排的是每周三课时或二课时，但是一些学校将这几个课时分别交给语、数、外三个学科或理、化这两个学科的教师来完成，名义上是安排的研究性学习课时，但这几个学科的老师常常是用来上学科课程，尤其是即将进行月考、期考的时候更是如此，这实际上是在变相地给语、数、外或物理、化学等学科课程增加课时。"[15]

2015年，西北师范大学胡红杏和陈琳基于甘肃省普通高中研究性学习实施现状的调查研究撰写了《课程改革对教师观念与教学行为的影响探析》一文，文中这样写道："我们对甘肃省普通高中研究性学习指导教师的教育观念、教学行为以及研究性学习课程实施中存在的问题进行了调查研究。研究表明，一方面，课程改革对于变革教师的教育理念、改善教师的教学行为、变革学生的学习方式起到了有效的作用；另一方面，教育改革的复杂性使教师的教学行为呈现出多元和复杂的特征，多数研究性学习指导教师的教学行为与新课程的要求有一定距离，教师先进的教育观念如何转变为积极的教学行为，是当前基础教育课程改革中亟待解决的问题。"[16]

近年来，我们实地走访项目学校了解到课程实施的问题可以分为以下三个层面。

（一）认识层面的问题

在课改的推动下，大部分校领导和教师对研究性学习多少有了一些了解，但存在了

---

[15] 刘钢. 贵州省高中研究性学习课程的现状、问题和建议[J]. 贵州教育，2011(18)：34-38.
[16] 胡红杏，陈琳. 课程改革对教师观念与教学行为的影响探析[J]. 当代教育与文化，2015(4)：71-77.

解不清晰的问题，比如一些学校和教师坚持传统的教学方式和理念，认为研究性学习用处不大，会浪费教师和学生宝贵的学习时间；又比如一些教师在学校计划下参与研究性学习的授课，但是本身不积极主动了解研究性学习，在教学中研究性学习的开展流于表面。对研究性学习的认识不充分，使得研究性学习课程在实践中效果大打折扣。

教学第一线的教师本身的教育教学工作就非常繁忙，在欠发达地区，由于教育评价理念的相对落后，教师除了要面对教育工作本身繁忙的压力，还要面对考试竞争和教学考核的压力。而研究性学习这门课程在教学效果上，难以收到立竿见影的效果，短时间内对提高学生的考试成绩似乎帮助不大，教师们容易产生误解，认为研究性学习费时费力，与学生成绩提升是对立的，或者是毫无用处的。

然而，在已有实践中，有很多中、高考成绩傲人，名列前茅的学校一直在开设研究性学习课程，不但不会影响成绩，反而会促进学生的学科成绩和综合能力的提升；也有一些中、高考成绩平平甚至不尽如人意的学校由于开设了研究性学习课程，教师教学理念得到更新，学生思维慢慢活跃起来，中、高考成绩有了进步。这两种情况说明考试和开设研究性学习课程二者之间的关系不是互相矛盾，而是相辅相成的。但是别人再好的效果也无法替代自身的实践，一个学校推进研究性学习课程，在效果尚未显现之前，谁都可以提出疑问，最终需要靠实效证明。

（二）实践层面的问题

依据研究目标和内容的不同，研究性学习的实施主要可以区分为两大类，课题研究类和项目（活动）设计类（在实践中，这两类常常都被称为课题研究）[17]。

课题研究类以认识客观世界和人自身的某一问题为主要目的，具体包括调查研究、实验研究、文献研究等类型。

项目（活动）设计类以解决一个比较复杂的操作问题为主要目的，一般包括社会性活动的设计和科技类项目的设计两种类型。前者如一次环境保护活动的策划，后者如某一设备设施的制作建设或改造的设计等。

在研究性学习课程实施过程中，学生在没有指导的情况下，往往会出现选题过大或过小，课题不符合实际，课题缺乏新意等问题。即使是能力很强的学生，也需要教师给予适时、必要、谨慎、有效的指导，选好了研究课题，才能给接下来的研究带来方便和可供指引的方向。这就意味着教师需要审视自己一直以来的教学方式是否符合研究性学习课程的特点，适当做出改变。

研究性学习课程对教师的要求相对传统课堂教学发生了相应改变，由于学生的课题内容十分广泛，课题的类型也是多种多样的，教师要根据学校和学生本身的特点，引导学生充分关注当地的自然环境、人文环境以及生活环境，从中发现需要探究和解决的问题。启发学生根据自己的兴趣、爱好和社会热点来选取探究课题；而课题确定后，在实施过程中教师要及时了解学生遇到的困难以及需要，有针对性地进行指导；教师还要注意观察每一位学生在能力、个性方面的发展，给予适时的指导和帮助；教师需要和学生

---

[17] 胡兴宏. 研究性学习活动实施中的操作问题[J]. 上海教育科研，2001(5)：45-47.

一起完成评价，同时强调评价的激励性，鼓励学生发挥自己的个性特长，施展自己的才华，使评价成为学生学会实践和反思、发现自我、欣赏别人的过程。

（三）保障层面的问题

我国对研究性学习的探索已经有二十多年的时间，但省、市、县各级教育主管部门对于研究性学习都有着不同理解，导致研究性学习实际开展过程也大不相同，具体采用什么形式进行实践一般都由研究性学习的操作者自己选择。由于"中考不考、高考不考"的现实，这门课程在很多学校一直处于边缘化地位，对多数师生来说，研究性学习课程"流于形式，课题研究可做可不做，做了也含糊混过"。造成这一现象的主要原因之一在于学校层面没有相应的课程管理和教学评价制度与激励机制。

课程改革的关键在于实施，在研究性学习课程实施20多年的过程中，学者们通过实地调研发现了种种问题，不论是制度问题还是教师的教育理念问题都说明了研究性学习课程实施并不尽如人意。课程的改革是一个过程，影响研究性学习课程实施的原因是多种多样的，学校如何开发校本教材、怎样实施、怎样评价来保障研究性学习课程的开设？教师怎样指导、课堂怎样管理？这些问题都没有特别成熟的经验和参照办法，所以在目前推广研究性学习课程使之真正实现落地实施是有必要的。

第六节　研究性学习推广过程中的挑战与突破

春禾公益自2014年开始在项目学校推广研究性学习课程，在走访学校的过程中，发现了与很多学者、专家在研究性学习课程相关的调研报告中提到的相似情况，如学校没有按课表开课、教师教育教学理念无法保障课程的开设等，可见研究性学习课程实施仍然面临很多挑战。

2014年9月，以国务院印发《关于深化考试招生制度改革的实施意见》为标志，我国开启了自1977年恢复统一高考以来最全面、最系统、最深刻的一轮高考改革，同时随之带动了一系列教育改革。14个率先落地改革方案的省份均开发了高中学生综合素质评价信息管理系统，客观记录学生成长过程，以此作为毕业和升学的重要参考，这项改革方案正在逐步改变简单以高考成绩评价学生的方式和导向。

2020年，国务院印发了新中国成立以来第一个关于教育评价的系统性改革文件——《深化新时代教育评价改革总体方案》（以下简称《总体方案》），把新时代教育评价改革的主要原则表述为"五个坚持"，即坚持立德树人、坚持问题导向、坚持科学有效、坚持统筹兼顾、坚持中国特色。《总体方案》的出台实施，对于全面贯彻党的教育方针、完善立德树人体制机制，破除"五唯"的顽瘴痼疾，引导全党全社会树立科学的教育发展观、人才成长观、选人用人观具有重大意义。

随着中国新高考方案的不断推进和教育评价改革的推出，学生的综合素质培养较此前受到更多的重视，在与各类学校的接触过程中，我们也欣喜地看到研究性学习这门课程在学校尤其是高中教育阶段的受重视程度有所提升。

在制度层面，各类教育改革方案陆续推出，可以说给予了素质教育一剂强心针，但是教育改革是一项复杂的系统工程，需要方方面面工作的通力配合、协同推进。值得欣喜的是，自1999年我国正式提出研究性学习以来，这门课程因其顺应课改的需求慢慢受到更多人的关注和研究。

上海作为最早提出并推进高中阶段研究性学习的地区，以"让每一个学生在高中阶段至少有一次完整的课题研究经历"为目标，通过在学校中配置研究性学习专任教师、组建专业的研究性学习教师团队，为学生开展研究性学习提供支持和指导；联合高校、科研院所、企业、社区开发学生研究性学习资源，邀请相关领域专家学者为学生的研究性学习提供指导；通过建设中小学创新实验室，为学生提供开展研究性学习的良好空间环境和设备技术支持。2014年，《上海市深化高等学校考试招生综合改革实施方案》和《上海市普通高中学生综合素质评价实施办法》的推出，又为高中开展研究性学习增添了新的动力。新高考招生政策将高中生综合素质评价信息作为"两依据一参考"的参考内容，其中创新精神与实践能力重点记录的就是学生参加研究性学习、社会调查、科技活动、创造发明等情况。为了给学生的课题研究提供个性化的网上虚拟学习空间和互动空间，上海市电化教育馆委托北京青湖软件有限公司开发了"研究性学习自适应学习系统"（MOORs），学生可以通过该平台收集和存储相关资料，在平台中记录自己的研究过程，与老师和同学在平台上进行线上的互动交流，教师通过网络平台指导学生的研究性学习，依据学生的研究记录科学评价学生的表现，形成了一站式的研究性学习指导与评价平台[18]。

在北京、温州、武汉和成都等其他区域，我们也越来越多地见到一些中学在积极推进研究性学习课程的实践。

当然，教育改革实效的显现，需要一个长期的过程，面对既成事实的应试体系和区域教育资源梯度差，尤其需要有理想、有情怀的校长及专业教师团队，通过有效的方式，坚定而合理地组织实施。上海春禾青少年发展中心自2013年成立至今，一直致力于通过智力扶贫的方式帮助中国中西部欠发达地区教育的均衡发展，这与国家"共同营造教育发展良好环境"的目标是一致的。春禾努力推广的以研究性学习课程为载体的"春禾启梦计划"项目，其目标是通过项目的落地切实改变教师教学理念、改变学生学习方式，为国家培养适应未来社会的接班人才。我们结合多年项目推广经验，总结提炼出"选题走班、课程跨接，全学科参与"的课程实施与管理方案（具体详见本书下篇），以期帮助学校解决对课程的系统开展缺乏深刻理解的问题，保障课程开展的效果。

在国家层面开展素质教育制度日益完善的今天，春禾十分愿意与各级教育部门和学校通力合作，一起推进包括研究性学习课程落地在内的相关教育改革。

---

[18] 王枫. 高考改革背景下高中生研究性学习的现状、分析与思考[J]. 上海教育，2019(3):26-27.

上篇

教学实践篇

Implementation Guidance
for Research-based
Learning

研 究 性 学 习
实 施 指 导

第二章

研究性学习课堂教学的组织与实施

我们在充分研读了 2001 年 4 月教育部发布的《普通高中"研究性学习"实施指南（试行）》的基础上，结合陆续出台的《中小学综合实践活动课程指导纲要（2017 年版）》《普通高中课程方案（2017 年版 2020 年修订)》《义务教育课程方案（2022 年版）》等教育部相关文件精神，在实践中逐步摸索出行之有效的教学进度安排、教学流程以及课堂教学原则等，旨在帮助学校更好地开展研究性学习。

第一节　教学进度安排

一、研究性学习课程实施学段差异

在 2017 年推出的《中小学综合实践活动课程指导纲要》中提出："综合实践活动是国家义务教育和普通高中课程方案规定的必修课程，与学科课程并列设置，是基础教育课程体系的重要组成部分。"该文件中不仅确定了"综合实践活动课程"作为必修课程的定位，同时从价值体认、责任担当、问题解决、创意物化四个方面对小学、初中、高中三个学段的目标做了清晰的阐述，可以看出综合实践活动课程对学生的培养从小学一年级到高中三年级的培养路径是相关联的。

从 2001 年起，研究性学习课程作为"综合实践活动"的一部分，首先被列为国家规定的、全体高中学生的必修课。在《普通高中课程方案（2017 年版 2020 年修订)》中有规定，高中研究性学习共 6 学分，学生在高中阶段需要完成 2 个课题研究或项目设计。

"春禾启梦计划"把中学生作为项目对象，首先在初中和高中推广研究性学习课程。从学生的认知特点和心智发展看，初、高中学生存在着比较大的差异。在推广研究性学习课程落地实施的过程中，从学生课题完成的情况也可以明显看出初、高中生的研究进度、研究深度都是不一样的。由此我们对教学进度给出这样的建议：初中一个学期完成一个课题，高中一个学年完成一个课题。

二、课时安排建议

根据初、高中学段的学情，以研究性学习每周每班一节课的课时数，教学进度安排建议如下：

1. 初中学段（表 2-1）

表 2-1　初中学段研究性学习教学进度安排（一学期）

周次	计划课时		阶段
	单元（课）内容	新课课时	
1	介绍本学期教学内容	1	情境创设，提出问题
2～3	情境创设，提出问题	2	
4～6	从问题到课题	3	从问题到课题
7～9	方案设计	3	方案设计
—	开题答辩	—	开题答辩
10～12	数据采集与分析	3	数据采集与分析
13	结论分析与提炼	1	结论分析与提炼
14	结题报告编写	1	结题报告编写
—	演示文稿（PPT）或海报准备	—	
15	预答辩	1	
—	结题答辩	—	结题答辩
16	总结与反思	1	总结与反思
	总课时数	16	

2. 高中学段（表 2-2）

表 2-2　高中学段研究性学习教学进度安排（一学年）

第一学期			
周次	计划课时		阶段
	单元（课）内容	新课课时	
1	介绍本学期教学内容	1	情境创设，提出问题
2～4	情境创设，提出问题	3	
5～9	从问题到课题	5	从问题到课题
10～11	研究方法介绍	2	方案设计
12～14	方案设计	3	
15	开题报告	1	
16	预答辩	1	
—	开题答辩	—	开题答辩
	总课时数	16	
第二学期			
周次	计划课时		阶段
	单元（课）内容	新课课时	
1～2	假期活动情况陈述	2	数据采集与分析
3～6	数据采集与分析	4	

第二学期

周次	计划课时		
	单元（课）内容	新课课时	阶段
7～8	结论分析与提炼	2	结论分析与提炼
9～11	结题报告编写	3	结题报告编写
12～13	演示文稿（PPT）或海报准备	2	
14	预答辩	1	
—	结题答辩	—	结题答辩
15～16	总结与反思	2	总结与反思
	总课时数	16	

上述初、高中学段研究性学习课程每阶段课时安排，教师根据实际进展可以适当调整，其中的答辩活动没有安排进总课时内，建议学校统筹安排时间进行。另外，需要特别说明的是：研究性学习课上内容主要是学生课下活动成果的展示和小组之间的交流与讨论。

第二节　课堂教学的基本流程

研究性学习是一门国家规定、地方指导与校本开发的综合课程，与其他学科不同，它没有国家课程标准和教材，这也说明了研究性学习课程具有一定的独特性。

一、九大课段

研究性学习课程的实施主要依托课题研究，倡导学生通过自主的探究活动，亲历问题探究的实践过程，获得研究的亲身体验。在春禾推广研究性学习的过程中，发现由于很多学校的教师教育教学理念还未转变，在实际教学中无法实施研究性学习的教学过程，近年来春禾组织专家和教师们一起研讨，逐步梳理出研究性学习课堂教学的基本流程，分为九个课段，即：情境创设、提出问题，从问题到课题，方案设计，开题答辩，数据采集与分析，结论分析与提炼，结题报告编写，结题答辩和总结与反思。

九个课段不是完全割裂的，在学习进行的过程中也存在相互交叉和交互推进的情况，教学过程各课段内容见图 2-1。

二、课堂活动分工

研究性学习的课堂与传统课堂不一样，更强调学生的主体作用，在尊重学生自身学习兴趣的基础上，学生可以通过课堂上自主思考、自由交流和自发分享等活动充分发挥学习的主观能动性并在过程中感受到学习的快乐。

学生学习方式能否发生改变，建立在教师的教育观念和教学方式转变的基础上。在研究性学习的课堂上，教师将成为学生学习的促进者、组织者和指导者。研究性学习各课段课堂中学生活动和教师活动内容见图 2-1。

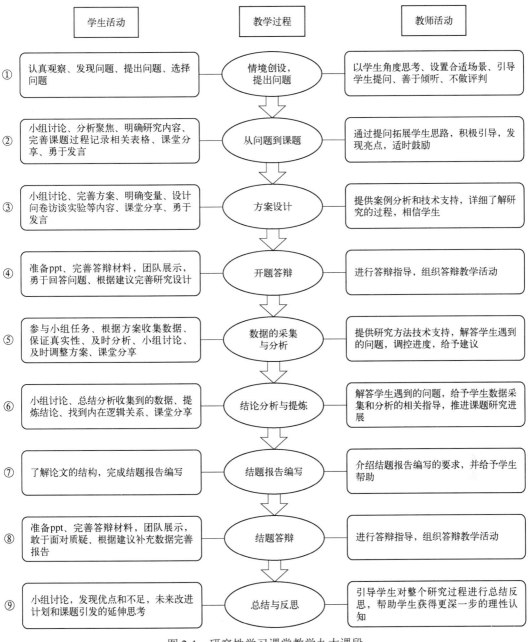

图 2-1　研究性学习课堂教学九大课段

第三节　课堂教学的内容及师生关系

研究性学习关注学生的现实环境、生活背景和经验阅历，不论是教师的"教"还是学生的"学"，范围都是整个生活世界。研究性学习只有回归五彩缤纷的生活世界，与自然、社会和自我作真实的对话，学生的研究才能获得意义。

一、教学内容的选择

（一）情境创设的内容

教师在选择教学资源创设情境阶段的内容时，可以关注以下三点：

1. 现实环境，真实问题

教师需要结合真实的生活情境，引导学生充分关注当地自然环境、人文环境以及现实的生产、生活，关注其赖以生存与发展的乡土和自己的生活环境，从中发现需要研究和解决的问题。把学生身边的事作为研究性学习的内容，有助于提高各地学校开展研究性学习的相关活动，有利于培养热爱家乡的情感以及社会责任感，有利于学生在研究性学习活动中保持较强的探索动机和创造欲望。

2. 重视资料积累，提供共享机会

师生在研究性学习中所获取的信息、采用的方法策略、得到的体验和取得的成果，对于本人和他人，对于以后的各届学生，都具有宝贵的启示、借鉴作用。可以将这些资料积累起来与其他教师和学生共享。

3. 因地制宜，发挥优势

不同地区、不同类型学校和不同学生中间开展研究性学习在内容和方法上是有层次差异的，因而在内容选择上可以各有特点。学校和教师可以根据当地传统优势和校内外教育资源的状况，形成有地区和学校特点的研究性学习内容。学习内容的开放性为学生的主动探究、自主参与和师生合作探求新知识提供了广阔的空间。

（二）学生选题的范围

"选题"是整个课题研究的核心，直接关系到课题研究的方向、进程和成果。选题的核心则是学生的兴趣与爱好，研究课题的选择范围要向学生整体的生活世界开放，引导学生发现自身、社会生活和自然世界中的问题并进行课题研究。

研究性学习是基础教育阶段唯一一门学生可以根据自己的兴趣爱好去探索和研究困惑问题的课程，这门课是最可能真实反映学生心理活动与状态的平台。学生时代是一个人心理成长、心智发育最重要的阶段，是形成三观的关键时期，因此这个阶段的心理活动与变化是最复杂、最多样、最不可控的。所以在研究性学习中，不仅要探究事实和规律，更要注重学生在提出问题时内在的心理。例如，遇到一些带有负面认知、暴力甚至触犯法律的问题，教师可以帮助学生转换研究的视角，使学生有机会正确应对，用课题研究的方式处理"生活、生存、生命"等一系列问题。

二、良性的师生关系

在传统课程教学中，师生关系更多层面上是一种知识的传授与接收的关系，而在研究性学习中这种关系却发生了巨大转变。某种程度上，教师只是起到督导、启发、建议和协助的作用，知识的运用、获取和能力的提升更大程度上是由学生们在自我探索中实现的。这种教学关系的转变，需要教师们首先在教育教学观念上实现相应的转变。

（一）教师也可以"不懂"

在课程实践中，有些刚刚接触研究性学习的教师常常会有畏难心理，不像教授有现成教案和充足备课准备的课程那样信心满满。孩子们的兴趣和想象力一旦被点燃，各种天马行空的问题都有可能被提出来，许多教师担心对于自己不了解的领域或者问题难以"接招"，影响自身权威性和对孩子们的指导。

其实只要真正理解了研究性学习的培养目标和实施方式，这种担心完全可以放下。任何教师都不是万事通，更何况作为研究性学习的指导教师，他们的主要角色是启发者、引导者、督导者、协助者，而不是传授者，只有那些没有现成答案的课题才具有研究价值。教师们参与执教研究性学习课程的过程也是不断地吸纳新知识、更新自身的知识结构、提高自身综合素质的过程。作为指导教师，对孩子们提出的课题不熟悉、不了解并不"可怕"，只要掌握了课程基本实施流程，了解了研究方法及工具，就可以带上探索精神和耐心，陪孩子们展开求索之旅。

（二）教师是来当"帮手"的

不只教师们会有担心，有时学生们在对研究课题充满好奇之余，也会缺乏对自己能力的自信和不断克服困难的毅力。以贵阳市第三实验中学学生课题"关于高效安全的除菌方法的研究"为例，随着 2020 年新型冠状病毒肺炎疫情的暴发，各地防疫物资紧缺，有位同学就想到为什么不利用自己所学的学科知识来解决这一问题呢。于是他选择了 84 消毒液、75%酒精、日用洗洁精（某品牌宣传具有杀菌功能）、95%柠檬酸钠液及鲜柠檬汁进行对比实验，分别对 15 分钟、30 分钟、1 小时的细菌数量进行观察，详见图 2-2。

图 2-2　消毒液对比实验示意图

从 15 分钟至 1 小时对 84 消毒液、75%酒精、日用洗洁精、95%柠檬酸钠液和鲜柠檬汁的观察，可得到的实验数据见表 2-3。

表 2-3　15 分钟至 1 小时消毒液杀菌效果对比

培养时间	84 消毒液	75%酒精	日用洗洁精	95%柠檬酸钠液	鲜柠檬汁
15 分钟	无细菌生长	无细菌生长	有部分细菌生长	无细菌生长	无细菌生长
30 分钟	无细菌生长	有部分细菌生长	有大量细菌生长	无细菌生长	无细菌生长
1 小时	无细菌生长	有大量细菌生长	有大量细菌生长	无细菌生长	无细菌生长

通过上述实验数据得到结论：某品牌宣传具有杀菌功能的日用洗洁精只能在15分钟内暂时抑制细菌的生长，不具备消毒作用；75%酒精在30分钟内对细菌有抑制作用，超过30分钟就失去了消毒作用；95%柠檬酸钠液在1小时内对细菌有抑制作用，超过1小时就失去了消毒作用。

从对日用洗洁精、75%酒精、95%柠檬酸钠液、84消毒液和鲜柠檬汁的24小时、48小时观察可得到表2-4中的实验数据，从这些数据可见84消毒液和鲜柠檬汁长时间对细菌仍有很好的抑制作用，消毒效果较好。

表2-4　长时间消毒杀菌效果对比

培养时间	日用洗洁精	75%酒精	95%柠檬酸钠液	84消毒液	鲜柠檬汁
24小时	有细菌生长	有细菌生长	有细菌生长	无细菌生长	无细菌生长
48小时	有细菌生长	有细菌生长	有细菌生长	无细菌生长	无细菌生长

通过以上实验该同学给出建议，消毒杀菌没有必要去哄抢物资，将那些物资留给医院和更需要的人，我们家庭和个人消毒采用95%柠檬酸钠液或者鲜柠檬汁即可，高效、安全、持久的目的都能达到。最终该课题获得了贵州省青少年科技创新大赛二等奖。

通过这个案例可以看出"兴趣是最好的老师"这句话对学生科学探究精神的指导意义。苏霍姆林斯基曾说过："教给学生借助已有的知识去获取知识，这是最高的教学技巧之所在。"学生通过化学和生物学中所学知识，同时结合当时的实际情况发现问题，并对解决问题产生兴趣，最终通过自己的实践完成实验并得出科学的结论和合理的建议。

该课题的研究过程中教师只是一个引导者、激励者，当学生提出这个想法之后，教师对学生这个想法给予充分肯定，但是也对学生的实验条件和安全提出了疑问。学生回家之后与家长交流了想法，家长也觉得孩子的课题研究有实际意义，能帮助人们解决日常消毒杀菌的问题，家长帮助孩子联系了某具备细菌培养条件的实验室。实验室负责人对接待这样一位特殊的研究人员给予了极大的帮助，指导学生完成培养基的制作，教他如何灭菌、取样、培养、观察、记录等。教师对他最终的研究无论是想法、实验用品、实验过程、实验结论都给予了极大肯定，也对他提出了新的要求，让他再去思考一下，自己的实验结论是否对病毒有效，毕竟病毒和细菌是有区别的。

通过上述案例，教师在学生的研究过程中是观察学生状态，帮助他们找到克服困难短板的途径，激励每位成员发挥自身的优势和能动性，必要时给出课题选定、研究方法和结论分析与提炼等方面的帮助和建议，做好"帮手"和"配角"，才能更好地帮助学生通过课题研究，得到更多的收获，对他们的未来发展产生更加深远的影响。有些课题的完成也离不开家长的支持，家长支持了，学生才能利用课余时间顺利完成自己的想法；还能帮助学生克服一些困难，促进亲子关系和谐发展。对于一些学校不具备的完成课题研究的条件，社会相关机构能够提供帮助，能让学生的研究如虎添翼，让研究更加科学、规范和得到相应的安全保障。

另外一个案例，加拿大两名华裔女孩姚佳韵（Jeanny Yao）和汪郁雯（Miranda Wang），在高中的一次参观活动中对垃圾处理问题产生了关注和浓厚的兴趣，投入了大量课余精力研究微生物自然降解塑料的可能性。遇到实验条件瓶颈之际，哥伦比亚大学的林赛博士为她们提供了实验室设施甚至人力等方面的帮助。最终，经过几年努力，两人的环保科技成果在加拿大全国科学大赛中获奖，得到科技巨头微软总裁比尔·盖茨（Bill Gates）和 Google 创始人之一赖利·佩吉（Larry Page）的关注，也引起不少科技开发公司的兴趣。如今两位年轻的姑娘已经成立了 BioCollection 公司，致力于用基因工程菌将塑料降解为可应用于纺织业的产品。这是一个高中生进行研究性学习并取得卓越成效的案例。两位女生的家长、校方和林赛博士等，合力成为一项了不起的研究课题的"指导教师团"，为孩子们的探索创造了环境和条件，提供了力所能及的帮助，最终助力两位年轻人为社会做出了积极的贡献。

指导教师是学生的引路人和陪伴者，同时也是观察者和激励者。

（三）提问是为了启发

研究性学习的课堂上，教师与学生之间是一种合作研究的关系，不存在教师的绝对权威。所以课堂提问可以是师生间的，也更鼓励生生之间的互动提问。

不论提问者是谁都需要注意，课堂上提问的目的不是为了挑战、驳斥、问倒对方，而是通过收集研究者的陈述，在提问者脑海中勾勒出研究者关于该项研究的思考、实践、结论与反思（思维导图与逻辑过程）。然后用自己的认知、逻辑、常识去比对，看看有哪些异同，但不要轻易去下结论或给出判断，因为提问者的认知、逻辑和常识在研究者的认知范围内未必是有效、合理的，而且只有差异的碰撞才能产生新的认知、新的思考和新的发现。

对于差异，要通过进一步启发式的提问与探讨，深入理解研究者的思考与逻辑，同时也把自己（提问者）的思考与逻辑分享给研究者，但切记这不是为了灌输、说服研究者接受自己的思考与逻辑，而是提供一些案例与参考，双方共同进行研讨，为研究者自己做出选择提供尽可能丰富的案例素材、逻辑思考和资源渠道。

课题研究没有"对与错"的概念，只有相对的合理与不合理，而这包含了常识与逻辑、提炼与归纳、数据与分析、推理与演绎、角度与体验等认知方法和思维方式，对于基础和中等教育阶段而言，更重要的是让学生学会一种学习认知的方法、思索问题的方式，成为其终身学习成长的重要工具。

（四）研究性学习没有标准答案

研究性学习成果没有固定形式，更没有标准答案，只是从学生的研究过程得出的结果。研究成果在形式上可能是研究论文、调查报告、模型、展板、主题演讲、口头报告、研究笔记或活动设计方案等，内容上就更没有标准答案模板了。不同年龄段、不同能力素质的学生，因为思维角度、研究方式、切入点和深度的不同，即使对同样的课题也可能得出五花八门甚至可能相左的结论。只要研究过程和研究方式没有问题，作为教师都应该支持和尊重学生对自己研究结果的表达。尊重科学、坚持真理是研究性学习教师都应该具备的素质。但是，在中小学阶段的这门课程教学中不必追求结果的完美，而应该看重学生的核心能力和素养的提升，鼓励他们自我探索、自我超越。

第四节　研究性学习的评价

研究性学习既是一种新型的学习方式，同时也是一门在全国范围内推广的课程，开展研究性学习的过程中，对学生来说，有效的评价能激发学生的学习热情，增强学习动机；对教师来说，了解如何更有效地对学生进行评价，有利于教师顺利实施研究性学习课程及达成研究性学习课程目标。评价体系本身也随着人们对教育和自身发展关系认识的加深而不断发展，由传统的知识、能力导向转变为鼓励学生人格和谐发展的价值导向。

在这样一门全开放的，以学生自主进行探索、实践为形式的研究性学习课程中，应该如何对学生进行评价？评价的内容是什么？有哪些评价的方式方法？如何应用评价结果？下面结合实施研究性学习课程的经验进行阐述。

一、研究性学习评价的目标

研究性学习评价的主要目的是了解教学效果是否达到课程培养目标，所以评价应以课程培养目标为依据，并贯穿整个学习过程。从教师的角度看，评价可以检视教学目标的设定是否合理、教学方法是否妥当，及时调整教学策略；从学生的角度看，评价可以反映学生在教学过程中是否有困难、激发学习的动机。

《中小学综合实践活动课程指导纲要（2017年版）》中指出，课程目标以培养学生综合素质为导向，强调学生综合运用各学科知识，认识、分析和解决现实问题，提升综合素质，着力发展核心素养，特别是社会责任感、创新精神和实践能力，以适应快速变化的社会生活、职业世界和个人自主发展的需要，迎接信息时代和知识社会的挑战。2022年4月，教育部发布《义务教育课程方案（2022年版）》，特别强调要"变革育人方式，突出实践……优化综合实践活动实施方式与路径"[19]，综合实践活动课程受到前所未有的重视，成为核心素养导向时代深化课程改革的着力点。

研究性学习作为综合实践活动课程很重要的一部分，其核心在于改变学生的学习方式，培养学生的创新思维、科学素养和实践能力。春禾在推广研究性学习课程普及化的过程中，将开放性的课题研究作为学习的载体，希望能帮助学校更好地落实课程目标。

在实际的推广过程中，特别是在一些偏远地区实施课程时，春禾发现课程除了通过课题研究培养学生的创新思维、科学素养和实践能力外，学生的心理成长与心智发育同样值得关注。学生会在提出问题阶段阐述自己感兴趣的、疑惑的或关心的问题的背景缘由，如果在这一阶段深挖问题背后的形成因素，其中反映出的是学生心里的真实感受、情感与价值观。所以春禾认为，在研究性学习课程实施过程中，还需要培养学生在建立健康的人际关系、提高心理素质、养成积极乐观心态等方面的综合能力。

---

[19] 中华人民共和国教育部. 义务教育课程方案 (2022年版)[M]. 北京:北京师范大学出版社，2022：5.

二、研究性学习评价的一般原则

研究性学习强调学习的过程，重视对过程的评价和在过程中的评价，重视学生在学习过程中的自我评价和自我改进，使评价成为学生学会实践和反思、发现自我、欣赏别人的过程；同时强调评价的激励性。

（一）强调个体激励

组织者和指导教师在评价开展过程中，要充分关注每名学生的处境和需要，鼓励所有参与的学生结合自身兴趣，发挥自己的个性特长，施展自己的才能，努力形成激励广大学生积极进取、勇于创新的学习氛围，提升全体学生的参与感和成就感。

（二）强调思维评价

《中小学综合实践活动课程指导纲要（2017年版）》中关于活动评价强调："要对学生作品进行深入分析和研究，挖掘其背后蕴藏的学生的思想、创意和体验，杜绝对学生的作品随意打分和简单排名等功利主义做法。"

研究性学习主要考查学生的创新思维、逻辑分析、抽象归纳等能力，希望学生在研究的课题中能有自己的思考和自己的结论，所以要关注学生从提问到结论之间的整个过程中思维是否活跃、逻辑是否自洽，而结论本身是否有现实意义或实用价值，或者在当前认知水平下正确与否，则不是关注的重点。

（三）强调全过程评价

研究性学习强调学习开展的过程，重视对过程的评价和在过程中的评价，将评价作为保障、激励手段贯穿于研学活动的每一个环节。选题、实施、结题过程都有相应的评价指标和评价手段。评价的过程，也是教学的过程，是推动项目开展和问题探索的抓手，也是启发和激励学生的途径。

（四）强调为人的终身发展服务

研究性学习的培养目标之一是为学生的长远发展提供动力，因此教师在评价指导中要注意跳出课题或项目的局限，为学生思维方式和钻研精神的发展提供指引，而不仅仅是检查学生当前的表现。

三、研究性学习评价的特点

（一）评价主体的多元化

研究性学习的评价者可以是指导教师或教师小组，可以是学生或学生小组，可以是家长，也可以是与开展项目内容相关的企业、社区工作人员或相关领域的专家等。如果有的研学成果参加评奖或在报刊、网络上公开发表，则意味着其他专业工作者、媒体和社会大众也都扮演了评价的角色。这种多维度、多元性的评价，能够给学生们远超出传统课程考核的反馈和收获。

（二）评价内容的丰富性和灵活性

研究性学习评价的内容和标准是由其培养目标决定的。传统应试教育追求给学生尽可能精准的分数或者结论，作为选拔或施教的依据。随着世界各地教育改革的推进，教育评价的研究也同时在发展，以纸笔测验为唯一方式的评价观念显然已经不符合教育改革的导向了。研究性学习追求的则是通过对学生状态的了解，分析学生的优点与不足，从而提出建议，帮助学生提升能力素质，达到培养目标。

四、研究性学习的评价对象及内容

《中小学综合实践活动课程指导纲要（2017年版）》中指出："评价的首要功能是让学生及时获得关于学习过程的反馈，改进后续活动。要避免评价过程中只重结果、不重过程的现象。"

（一）评价对象

研究性学习是以学生为主体进行主动探究的过程，在课程的实施过程中，学生是主体，教师是以学习伙伴的角色出现，启迪、陪伴和鼓励学生完成研究性学习。所以在进行研究性学习的评价时，应该把学生在课题研究过程中展现出的整个学习过程作为被评价的对象，从学生的认知、情感、能力、态度、行为等多视角出发进行综合评价，着重对学生个性化的表现进行评定和鉴赏，使用多种评价方式，结合各种评价工具及时反馈，以期达成评价目标。

（二）评价内容

每所学校、每项研究性学习活动的组织方都可以结合自身情况，确定具体的评价内容及标准，通常会涉及以下方面：

（1）研究结论的独立性。课题的研究结论或成果是否体现了研究小组独立的见解与思考，这主要通过对研究结论评估与对比来判别。

（2）研究整体的逻辑性。即从研究的问题、研究方法、数据分析，到形成结论或成果，整个过程是否具备合理的逻辑与明确的依据，这主要通过对研究过程中相关环节的质证来评估与判断。

（3）参与研究性学习活动的态度。它可以通过学生在活动过程中的表现来判断，如是否认真参加每一次课题组活动？是否认真努力地完成自己所承担的任务？是否做好资料积累和分析处理工作？是否主动提出研究和工作设想、建议？能否与他人合作、采纳他人的意见？等等。

（4）研究性学习活动中所获得的体验情况。这主要通过学生的自我陈述以及小组讨论记录、活动开展过程的记录等来反映，也可通过行为表现和学习的结果反映出来。

（5）研究方法、技能掌握的情况。要对学生在研究性学习活动各个环节中掌握和运用有关的方法、技能的水平进行评价，例如：如何查阅和筛选资料，对资料归类和统计分析，使用新技术、新工具作为研究手段，对研究结果的表达与交流等。

（6）学生创新精神和实践能力的发展情况。要考查学生在一项研究活动中从发现和提出问题、分析问题到解决问题的全过程中所显示出的探究精神与能力，也要通过活动前后的比较和几次活动的比较来动态评价其发展状态。

（7）研究成果的交付物。研究性学习结果的形式多样，它可以是一篇研究论文、一份调查报告、一件模型、一块展板、一场主题演讲、一次口头报告、一份研究笔记，也可以是一项活动设计的方案等。教师需要灵活掌握对不同形式成果的合理评价标准。

五、研究性学习的评价方法

（一）表现性评价法

春禾提倡的研究性学习的课堂是学生交流分享的课堂，学生通过课题小组的分工合作在每一个课程阶段都会有不同的成果，包括资料收集、调研问卷制作、实验数据等。课堂是学生将自己课题小组的阶段性研究表现分享出来的舞台。可以通过学生在分享过程中表现出的行为特点，对学生的小组合作能力、表达能力、解决问题的能力、创新能力、逻辑思维能力等做出相应的评价。

（二）小组积分评价法

研究性学习通常采用小组合作的学习方式，美国约翰斯·霍普金斯大学的斯莱文认为："合作学习指的是让学生在小组中从事学习活动，并根据他们整个小组的成绩获取奖励或认可的课堂教学技术"[20]。

在研究性学习的过程中，教师可以制定积分规则，课堂上和课堂外的各项学习活动都可以成为学生获取积分的途径，学生通过获取积分体验到来自教师和同学的鼓励与肯定，感受到成功的快乐，从而提升学习的兴趣。最终评价学生为小组总积分做的贡献，使学生建立起过程与结果之间的联系，认识到只要努力都会受到鼓励，从而提高学生以后继续参与到课题研究中的积极性。

（三）档案袋评价法

《中小学综合实践活动课程指导纲要（2017 年版）》中对于活动评价要求做到突出发展导向、做好写实记录、建立档案袋及开展科学评价，明确要求教师要依据课程目标和档案袋，结合平时对学生活动情况的观察，对学生综合素质发展水平进行科学分析，写出有关综合实践活动情况的评语，引导学生扬长避短，明确努力方向。

研究性学习作为综合实践活动课程非常重要的组成部分，也应该遵循国家综合素质评价导向，学校可以根据学情自行设计记录学生个人成长的档案袋。

档案袋由学生本人在教师指导下完成填写、搜集和积累，内容尽可能丰富，涵盖选题方案确定阶段的选题讨论记录、研究或调查、实验方案等；研究过程阶段的观察日记、访谈记录、实验记录、原始数据、参考资料等；结题阶段的结题报告表及各种形式的报告正文、学生自评、教师评价、成果评审、成果答辩、成果展示等。学生、教师在研学过程中的其他有关日记、心得，也都可以尽量按时间顺序予以收录，并编好目录。

---

[20] （美）George M. Jacobs，Michael A. Power，Loh Wan Inn. 合作学习的教师指南[M]. 杨宁，卢杨，译. 北京：中国轻工业出版社，2005：5.

档案袋的维护过程，也是学生课题开展、能力提升的成长过程，同时能够全面、客观地记录研究性学习过程，为学生个人总结和教师结题评价提供参考依据。

六、研究性学习评价的实施建议

（一）由简入繁增加评价环节

对学生研究性学习的评价通常采用形成性评价，不仅注重学生完成的课题研究结果，还会考虑学生为完成这一结果而经历的整个过程。教师在参与研究性学习的整个过程中（包含课上教学和课后指导），要通过观察与互动，了解学生的真实表现，结合研究性学习的课程目标，对学生进行评价。原则上评价要贯穿于研究性学习的全过程，有条件的学校可以通过为学生建立电子档案袋等方式，收集记录学生学习的过程性资料。如果暂时不具备建立档案袋、全面记录学习过程的条件，可以重点从三个重要时间节点着手，即开题评价、中期评价和结题评价。

（1）开题评价要关注学生发现问题、提出问题、提出解决问题设想的意识和能力，促使学生以积极的态度进入解决问题的过程中。

（2）中期评价主要是检查研究计划的实施情况，研究中资料积累情况，以及研究过程中遇到的问题、困难和解决问题、克服困难的情况等。对评价结果要及时反馈，对于在研究中学生自己难以解决的问题，要通过教师指点、学生小组内部讨论、学生小组间交流、寻求校外帮助等方式予以解决。

（3）结题评价主要对学生参与研究性学习全过程的情况、体验情况、资料积累情况、结题情况、研究结果及成果展示方式等进行评价。

在实践中，建议教师由简入繁、先易后难，即每年先对每个项目只进行一次结题评估，等工作成熟顺畅之后，再逐步增加评价的环节与次数。

（二）先简后全完善评价标准

研究性学习评价的目的要激励、促进学生学习，鼓励学生全面发展，所以探索一套可行的评价标准，为学生搭建分享平台，营造开放、宽容、自主的学习环境是至关重要的。

研究性学习的评价标准是"不求每个学生都优秀，但求每个学生都有进步"。由于学生之间存在着很大差异，每个学生都有自己的学习风格、倾向及态度，评价不能"一刀切"，要允许学生保留自己的特点，这就意味着评价最好是增值性的，而增值的标准其适切性就需要教师通过课堂教学或者课后指导等近距离观察得出。

每一个学校甚至每一个班级的学生情况都不一样，评价标准的建立有着独特性，对于研究性学习刚起步的学校，如果一开始就面面俱到会增加难度。所以我们建议学校或教师建立评价标准时可以先简后全，抓住核心的几项评价内容设计评价标准。

评价标准的设计可以根据评价方法、评价主体等调节，在此选择本节"四、""（二）评价内容"中的（2）、（3）、（4）、（5）这四项针对学生的课题研究陈述设定评价标准，作为小组之间互评的评价表（表 2-5）。

表 2-5　小组表现评价表

小组表现评价项目		分项得分				
		5	4	3	2	1
主要分享人	能清楚描述小组活动过程及成果					
	阐述分享内容时逻辑清晰					
	能对其他小组提出的问题进行合理解释					
	分享内容能体现全组成员的观点					
小组成员	每个成员都能认真完成各自承担的任务					
	能帮助主要分享人解答其他同学的提问					
	在分享时每个成员都表现出积极参与的热情					
	小组能遵守活动时间和规则完成分享					

注意：分项得分 5 为最好，1 为最坏。

这个评价标准的设计可以配合表现性评价法对学生的课堂活动表现进行评价，在此基础上也可以根据课段的不同叠加研究方法、创新和实践能力等评价内容。

再如表 2-6，选择本节"四、""（二）评价内容"中的（3）、（4）、（5）、（7）这四项针对学生的课题研究合作体验设定评价标准，作为学生自评评价表（表 2-6）。

表 2-6　学生自评评价表

评价项目	分项得分				
	5	4	3	2	1
我能认真参加小组每一次活动					
我清楚自己承担的任务并努力完成					
我能积极表达自己的观点					
我能倾听其他组员的意见和观点					
我在课题研究过程中能积极思考					
我享受和组员一起进行课题研究的过程					
我能积极承担分享小组研究成果的任务					
其他同学提出的意见和观点，我能与组员进行讨论					
我能在课题研究过程中有收获					
我能与组员一起完成预期任务					

注意：分项得分 5 为最好，1 为最坏。

如果教师选择的是档案袋评价，那么这份学生的自评表可以在课题研究中期以及课题研究结束时分别让学生进行自评，对比可以看出学生的进步程度。两份自评表作为评价记录录入学生档案袋。

总之，教师根据学生的实际情况选择 3～4 个重点内容设定评价标准，先把评价活动开展起来，确保研究性学习课程实施的完整性。

（三）从局部到整体全面关注

研究性学习评价既要考虑学生参与活动、达成研究性学习目标的一般情况，又要关注学生在某一些方面的特别收获，顾及学生的个别差异。要使认真参加研究性学习活动的学生普遍获得成功的体验，也要让研究上卓有成效的少数优秀学生脱颖而出。研究性学习的评价既要着眼于对整个小组的评价，又要注意到个人在课题研究中所承担的角色、发挥的具体作用及进步的幅度。

（四）鼓励学生多形式参与评价

之前提到过评价主体要多样化，评价的具体方案与指标也可以在师生协商的基础上提出，教师可以鼓励由学生个人或学生小组自己设计评价方案，对自己的研究情况加以评价，充分发挥评价的教育功能。

第五节　常见课题类型

教育部发布的《普通高中"研究性学习"实施指南（试行）》中这样描述研究性学习的实施类型："依据研究内容的不同，研究性学习的实施主要可以区分为两大类：课题研究类和项目（活动）设计类。"本章前面也有提到，在实际实施中这两大类通常都被称为课题研究，在"春禾启梦计划"项目推进过程中，接触到上万份学生课题，由于我们前期实施的是全开放的选题模式，所以课题类型也比较多样。

本节将春禾项目学校研究性学习课程教学中学生的课题进行归类，提炼概括为常见的五种类型，分别为：社会调查类、科学实验类、专项学科类、阅读类与项目（活动）设计类。分类仅基于春禾研学项目全开放选题产生的课题，方便教师大致了解开放性选题会遇到哪些类型的课题，也为之后摸索"选题走班、课程跨接，全学科参与"这一课程实施方案做铺垫。

一、社会调查类课题

社会调查是社会"调查"和"研究"的简称。这里所指的社会调查类课题是学生针对社会生活或者校园生活中的某一情况、某一事件、某一问题等现象，进行深入细致的调查研究，然后把调查研究得来的情况以第三方的视角客观、如实地表述出来，不能带有自己的主观意愿来反映问题、揭露矛盾、揭示事件发展的规律或者问题，通过自己在调查基础上的分析向人们提供经验教训、建议或改进办法。

社会调查类的课题可以让学生很好地体会社会责任感，从自己的视角去看待社会问题，去主动构建将来为社会主义建设添砖加瓦的思想；通过对社会现象的调查，也能为学生的生涯规划奠定基础。

（一）实施社会调查课题的优点

学生的主要活动场所是学校，很多学生只知道埋头课本学习，"两耳不闻窗外事"。社会调查活动是帮助学生走出校园，解决所学知识脱离实际生产、生活的有效途径之一。

实施此类课题的主要优点有：

第一，通过活动，学生得以走出了学校、家庭的小圈子，从社会、经济、生态等方面接受社会大课堂的洗礼。通过自己的观察，提出自己的问题，有利于学生知识的运用和视野的拓展。

第二，调查研究要基于科学研究的思维和方法。学生参与调查研究活动，能初步学习研究的基本方法，如问卷调查法、观察法、文献研究法、统计分析方法、信息处理方法等。这些研究方法是对学科学习的补充和拓展，有利于学生的学习能力提升。

第三，调查过程中的亲历感受与在校园里的活动完全不一样。通过调查活动的开展学生获得了亲身研究探索的经验，能激发兴趣、发展特长、培养创新精神和创造才能。这也是培养学生面对挫折的一次难得的学习经历。

第四，小组合作是社会调查的主要形式。社会调查活动将为学生创设有利于人际关系与合作的教育环境，使学生学会交流和分享研究的信息和成果，发展乐于合作的团队精神。小组合作能促进相互取长补短、相互包容的学习精神培养。

第五，在调查研究过程中，学生利用多种手段和途径获取信息，整理与归纳信息，判断和识别信息的真伪和价值，并恰当地利用信息。通过这样的调查能培养学生收集、分析和利用信息的能力。

第六，调查后，学生还要对收集的事实进行整理、统计、分析，进而用准确的文字写出调查报告。通过调查活动，有效锻炼学生的交际组织能力、语言文字表达能力、创新合作能力。能有效弥补学科课程"重传授，轻实用，忽视学生兴趣发展、爱好培养"的缺陷。在最后的整理过程中，要求学生以中立的态度陈述事实，用科学的思维进行分析，避免学生产生对社会现象偏激的思想，养成他们对主流价值观的认同与推进的习惯。

第七，通过社会调查课题的开展，让学生接触社会、了解社会，进而了解到什么样的专业适合什么性质的工作，对学生未来职业生涯规划提供帮助。使学生能够在将来填报志愿时根据自己的兴趣选择学校和专业，而不是单纯因为分数去选择某所大学或者某个专业。

（二）实施社会调查课题学生实践中的困难表现

虽然社会调查类课题学生容易上手，但是很多学生对于这类课题难以坚持或者深入展开调查，往往这类课题的实际表现是虎头蛇尾。

第一，题目选择不当。一个调查类的课题，针对某一现象，在选题时学生不容易聚焦，容易将题目选择过大、过宽泛，导致后续难以完成。

第二，前期准备不充分。对于一个社会现象，不是就事论事，往往需要前期文献阅读，了解该现象出现的前因、自己从实际观察和文献中获得了什么样的研究灵感。学生很难充分阅读文献从中找到自己发现的问题起源以及他人观点。

第三，研究方法单一。学生完成这类课题往往就只用问卷调查法一种方法展开研究，其实通常要想高质量完成此类课题，往往还需要访谈法、实地考察法等，甚至还需要实验研究法。

第四，后期结束马虎。由于前期文献资料准备不充分，研究方法单一等，学生难以获得有质量的数据、观点，导致课题结束的时候不能形成自己独到的观点，草草结尾，形成的结论没有任何实质性的意义。

（三）社会调查类课题类别

1. 关注自身感受或发展的课题

此类课题通常由学生从自己感兴趣的课内、课外生活中找到话题，经过教师引导和学生小组提炼之后形成与学生自身感受或发展相关的课题。例如，"网课对学生学习效率情况调查""组织社团活动对学生未来发展的影响"等。

2. 关注校园生活的课题

校园是学生生活的主要场所，校园建设、课程开发等问题也是学生会关心的问题。学生可以出谋划策、为学校发展贡献自己的力量，这也是培养学生主人翁意识很好的途径。例如，"校园垃圾分类收集情况调查""学校劳动教育对学生未来择业的影响"等。

3. 关注社会热点话题的课题

引导学生关注社会热点话题也是增强社会责任感很好的途径，以往也有不少与之相关的学生课题，如疫情防控、脱贫攻坚所取得的成绩等，学生不仅参与讨论，还由此形成研究的课题。例如，"××社区医院在疫情防控中的作用""×××地区厕所变革""×××产业的发展带动××地的脱贫"等。

4. 关注本土文化的课题

随着党和国家及普通市民对传统文化的重视和喜爱，学生群体中关注传统文化的人数也日益增多。中国有 56 个民族，每个民族都有着自己独特且丰富的习俗和文化，保护和传承民族文化可以帮助我们建立文化自信，更好地走上强国之路。

学生在生活中经常接触一些传统的文化现象，从小耳濡目染，他们对身边的传统文化是一种既熟悉又陌生的状态，他们热爱本地本民族的文化，同时又并不深入了解本地、本民族的文化。我们建议教师们可以充分利用本土资源优势，开展调研当地非物质文化遗产保护的情况、采访非物质文化遗产传承人等活动。学生在对非物质文化遗产的保护提出自己建议的过程中，可以更好地理解和传承本土文化，培养对家乡的责任感。

春禾研学项目的起点在贵州省，并且在贵州省的项目学校也是最多的，这些项目学校中有很多的学校地处多民族聚居的区域，所以在研学项目推进过程中，学生完成了很多与民族文化、非遗传承相关的课题，如"关于屯堡文化的传承及发展的调查研究""非物质文化遗产'赤水独竹漂'的调查研究""侗族大歌在黔东南州青少年中传承情况的调查"等等。

二、科学实验类课题

科学实验是科学理论产生的源泉，纵观自然科学的发展历史，任何一个科学理论的提出、建立和发展都离不开科学实验的证明。它们有的是直接建立在科学家们对自然界的长期观察、对大量实验现象的探索之上；或者是研究者提出了大胆的假设，通过大量实验论证，最后得到结论；也有科学家在研究的过程中偶然发现了独特的现象，随之经过大量实验进行反复验证。这些结论无论是谁提出的、正确与否，最终能成为"理论"都必须经过无数次的实验检验。爱因斯坦说："一个矛盾的实验结果就足以推翻一种理论"，这句话高度概括了在科学发展过程中科学实验举足轻重的地位。

（一）科学实验类课题开展的意义

学生虽然在物理、化学、生物学科的学习中都经历过实验操作和相应理论的学习，但是这些实验对于学生来说都是验证性实验，大家按照课本要求统一步骤，得到统一的实验结论。这些实验有利于巩固学生的课本理论知识学习，但是对学生的创新精神却不能体现。

在研究性学习中，科学实验研究对于学生的思维发展具有极其重要的作用，它有助于激发学生对科学的兴趣，进而促进学生的全面发展。通过学生大胆的猜测、设疑，培养学生的思维能力和创新精神，并进一步发挥学生在学习中的主体作用。教学中要鼓励学生对科学实验的积极态度，还可以引导学生在现有基础上改进课本实验，倡导他们开发出新的技术方法和工具设备，来改进课本实验或者创新实验，形成科学技术与科学实验相互促进共同发展的良性循环。

（二）科学实验类课题的常用方法

1. 对照实验

对照实验是科学实验中最常用的方法。对照实验方法是根据事物的异同点，通过比较而揭示其属性的一种科学实验方法。通常的做法是：将实验分为三个组群，其中一组是"空白组"；另一组为"实验组"；还有一组为"对照组"，作为比较的标准。

（1）空白组：是指不做任何实验处理的对象组。空白对照能明白地对比和衬托出实验组的变化和结果，增加说服力。

（2）实验组：实验组中的个体要接受对照组所没有的某种特殊待遇。几乎所有设计较好的实验（有时也包括观测研究）都有一个对照组和一个或多个实验组[21]。

（3）对照组：是指实验对象中一个被随机选择的子集，其中的个体没有特殊待遇。需要对照组的原因是：没有对照组，就没有办法确定这样的操作或是某些其他变量（或几个联合变量）是否产生了作用。

2. 对比实验

对比实验，是指设置两个或两个以上的实验组，通过对结果的比较分析，来探究各种因素与实验对象的关系。学生用得最多的实验方法将会是对比实验。

对比实验是一种特别的收集证据的方法。通过有意识改变某个条件来证明改变的条件和实验结果的关系，学生操作起来比较容易，因为每次只改变一个变量。例如，比较脱脂棉、海绵、尿不湿、纱布的吸水性，只需称取相同质量的材料，放置于烧杯中，加水至不再吸水，取出后称取各实验材料的重量，对比前后重量差，最后得出结论。这里就一个变量"水"的多少。

（三）指导科学实验类课题的注意事项

（1）科学实验要注意安全。实验安全是首要注意事项，学生提交实验方案之后，相应学科教师一定要认真审查，确保学生在实验过程中的安全。如果学生要通过网络购买实验器材、药品、标本等，一定要通过合法途径，若是买来实验器材等用品后在家完成实验，教师需要和家长沟通，请家长行使好监护人的权利。

（2）小组合作要注意全员参与。在进行科学实验的小组合作中，确保每个成员都能积极参与并贡献自己的力量。小组长应明确分工，让每个成员根据自己的能力和兴趣承担特定的任务。这不仅有助于提高实验效率，还能让每个学生都能从实验中学到知识，

[21] 袁卫，刘超. 统计学——思想、方法与应用[M]. 北京：中国人民大学出版社，2014.

增强团队协作能力。教师应鼓励学生进行定期的小组讨论，以确保每个人都对实验进展有所了解，并能提出自己的见解和建议。

（3）实验数据要鼓励质疑。科学实验的核心在于对数据的精确收集和分析。教师应教育学生对实验数据持有质疑精神，培养他们对数据的敏感性和批判性思维。这意味着学生需要学会验证数据的准确性，考虑可能的误差来源，并在必要时重复实验以确认结果的可靠性。同时，鼓励学生对实验结果提出问题，探讨不同变量如何影响结果，以及如何通过改变实验条件来进一步探究问题。这种质疑和探索的过程是科学方法论的重要组成部分，有助于学生形成严谨的科学态度。

（四）实施科学实验类课题学生实践中的困难表现

科学实验类的课题能促进学生学习兴趣、培养实践能力和科学思维的发展；也能培养学生的动手能力、观察能力；还能激发学生的好奇心和探索欲。然而，学生在实践过程中也有以下几个困难表现。

第一，高估学校实验室的设备。不是所有学校的理化生实验室都能满足学生们的课题设计，例如很多学校就不具备恒温、恒压、高温、高压、精细化分析等实验设备。

第二，低估了实验的时长。有些实验需要连续几个小时或者几天的时间观察记录，学生不具备这样的观察时间。

第三，不能正确面对失败。学生在最初选择课题之时总是信心十足，觉得自己可以完成这个课题的实施，但在多次面对失败之后，信心也就跟着失去，开始怀疑自己或者直接放弃了接下来的实验。

第四，对安全预估不足。学生毕竟是未成年人，他们的生活阅历很浅，对实验过程的安全保障往往考虑不到或者不周全，指导教师就必须认真审查学生的实验方案，对安全问题做出全方位的评估，避免实验过程出现安全问题。

三、学科类专项课题

学科类专项课题是指学生由所学科目中的相关知识点引发思考并形成的研究课题，简单来说就是在学科的学习中发现问题，从而提出问题并通过课题研究的方式解决相应问题。由于这一类课题产生的源头是学科课程，所以除了研究性学习课程的任课教师外，学科的任课教师在现有课程内如何激发学生兴趣，对此类课题有着很大的影响。

（一）研究性学习与学科教学融合的方式

前文提到过，目前国家层面也把变革学科的课堂教学方式作为目标导向，综合实践活动课程不仅是一门课程，同时它也承载着变革学科课堂教学方式的任务，现有的各年级、各科、各版本的新教材中均设定了课程内的综合实践活动课程，例如：人民教育出版社小学《语文 三年级 下册》（2019 年版）第 44 页"综合性学习：中华传统节日"；上海科学技术出版社《物理 八年级 全一册》（2024 年版）第 31 页"设计一个研学旅行方案"；凤凰教育出版社高中《通用技术必修 技术与设计 1》（2019 年版）每章之后都有综合实践的专项活动。教师根据新课程标准和教材在进行学科教学时也应该逐渐变革教学方式，激发学生的学习兴趣和创新能力，鼓励学生进行综合实践活动的拓展训练。

1. 将知识化整为零，提供研究性学习思路

传统课程以课程标准为核心，以课本为载体，以知识为体系而成。绝大多数教师因为习惯于传统教学模式，"知识"这个概念就意味着学生会回答提出的问题。这种观点就容易促使教师对学生的脑力劳动和能力做出片面的评价：谁能把知识储存在记忆里，一旦教师要求，立刻就能把它"倒出来"，那么他就被认为是有能力、有知识的学生。这在实践中会造成什么结果呢？其结果就是：知识好像脱离了学生的精神生活，脱离了他的智力兴趣。掌握知识对学生来说变成了一件讨厌的、令人苦恼的事，最好能够尽快地摆脱它。

通过研究性学习与学科教学相融合，我们的教师就由教材知识的传授者，转变为课程资源的开发者，学生将成为知识的创造者，学生将从被动接受知识变为主动探索知识。在中学阶段，以研究性学习的方式开展学科教学，必然会打破教师原有的教学顺序，我们可以将一学年或者一学期知识化整为零，形成若干个子课题，也就是将原有的知识体系分解后重新组合为若干个课题进行研究。由教师发布课题，学生可以用学习兴趣小组的形式自己认领课题展开研究。

以英语学科为例，英语教学中"听、说、读、写"是学生的基本功，教师可以利用教材也可以打破教材，只需要跟着课标思想走即可，与学生一起重构教学内容。"高中英语教学中'学'与'用'的矛盾及建议""如何在原创英语情景剧中记忆英语单词""如何提高英语阅读能力""××景区英语标志规范性调查""如何在学校创设英语语境""美剧对英语听力的训练技巧"等，还可以开设"英语沙龙"，师生共同选择喜爱的英文小说、电影等也可以纳入研究领域。

在新课程改革后，所有学科的教材上都有研究课题可以提供给教师和学生参考，如果学生能将教材中的这部分用好，那么研究性学习的开展与高考学科知识的学习和运用两者都不会被耽误。

2. 利用各学科特点开展研究性学习

研究性学习涉足的领域是十分广泛的，大体上可以分为自然、社会、科技、文化几个部分，这些领域特点各有不同，因此探寻方法也不尽相同。这种差异性也表现在中学阶段的课程当中，每个学科都有自身的特点，教师要善于利用本学科的特点进行研究性学习的实践。例如：学生在小学学习了人民教育出版社小学《语文 三年级 下册》（2019年版）第40页《赵州桥》这篇课文，到了高中可以通过跨学科融合学习来重新学习这篇课文，教师可以先带领学生回顾，之后让学生从技术的角度去分析"赵州桥"为什么被称为——我国桥梁建造史上的里程碑，它对现代桥梁建设有什么样的启示；既可以带领学生从物理学的角度分析为什么可以"既减轻了流水对桥身的冲击力""又减轻了桥身的重量，节省了石料"；也可以从美学的角度分析"这座桥不但坚固，而且美观"；还可以从历史学的角度分析，建桥历史以及李春的任务背景；也能介绍为什么这篇课文不是一位文学家所写而是一位桥梁专家所写，强调技术与人文的统一性；进而还能从工程学角

度讨论赵州桥改变我国传统拱桥中拱长与拱高的比例，其解决的实际问题是什么；自建桥到现在，地基仅下沉了5厘米，这从地理学科角度说明赵州桥选址地质条件稳固、科学，但是在当时的技术条件下，如何进行科学选址……通过对这篇课文换角度学习形成多学科知识的融合，使学生对这篇课文以全新的学习方式重新诠释，落实"崇尚科学""创新思维"的育人思想。

课本中有很多这样的故事或者片段，都值得我们形成课题去探讨。物理、化学、生物等学科中的实验是一种探索性活动，它不仅能为学生充分发挥主观能动性提供重要途径，而且有利于学生进行大胆想象和推测，有利于创造性思维的形成。将验证性实验转化为探索性实验，将待验证的物理、化学、生物规律看作是科学假说，然后让学生亲自参与到探索和实践中去。例如高中化学讲述"原电池"的有关内容时，我们可以让学生自己去尝试组合形成原电池，在探索性实验之后，让学生归纳得到原电池的相关理论，相信这样的教学方式会让学生对该知识点的认识更加深刻。

例如物理学科中的"研究自由落体运动""探究影响通电导线受力的因素""如何提高煤气灶的烧水效率"等；化学学科中的"探究肥皂的去污原理""科学探究原电池构成材料的选择""探究软化永久硬度的水"等；生物学科中的"绿叶中色素的提取和分离""设计并制作生态缸，观察其稳定性""调查农业套种对生态系统的保护作用"等；政治学科中的"脱贫攻坚中农户个体如何合理利用扶贫贷款"等；历史学科中的"××地区少数民族图腾形成的历史原因探究"等；地理学科中的"××地区旅游资源的开发设计"等，这类课题的研究既巩固了学科知识，又培养了学生的实践能力与创新精神。

3．充分利用学科教材中的研究性学习教学资源

首先，人教版新教材在编写中为各学科教学单元列举了很多综合实践活动项目（研究性学习主题），有的教学单元本身就构成了一个研究专题，例如语文教材的单元内容是"现当代外国诗歌""汉魏六朝以前诗歌""唐宋诗词""古代散文"等，这些单元的设计对于以专题的形式开展研究性学习是非常方便的，教师们可以将一个主题拆解为若干子课题，指导学生开展课题研究。

其次，要利用好教材中已经为我们罗列出来的研究性课题。在一些学科中，教材编者为师生直接设计了许多研究性课题，如数学教材中的"向量在物理中的应用""分期付款中的有关计算"，化学教材中的"调查本地区固体废弃物的主要品种和回收价值"，生物教材中的"调查媒体对生物科学技术发展的报道""调查人群中的遗传病""调查环境污染对生物的影响"等。既可以用教材中的课题进行研究，也可以利用这些课题提供的思路进行拓展提出自己想研究的课题。

最后，充分利用教材中提供的阅读材料或者延伸阅读材料，培养学生主动学习的意识和自主探究的能力。这些材料与教学内容联系密切，同时也与社会生产生活实践息息相关，完全可以转化为研究性课题，教师可以通过引导学生对这些课题进行研究，从而完成本学科的教学目标。

教师在学科内用研究性学习的教学方式进行教学是未来的方向，但目前在学科内的

研究性学习还不具备成熟环境的学校，教师可以先尝试用研究性学习的教学方式引导学生提出问题，然后利用研究性学习课程的时间让学生体验课题研究。

（二）指导专项学科类课题的注意事项

研究性学习课程中存在两种指导教师身份：一种是研究性学习课程授课教师，另一种是学生课题指导教师。可能一名教师既要承担授课的工作，同时还要指导学生课题，也有可能部分学生课题需要由学校内其他教师来承担指导工作。当学生的课题立题后，这两种教师都要履行指导的职责，在指导过程中要注意：

1. 研学是不讲授知识的

专项学科类的课题会涉及许多学科相关知识，教师要明确，研学教师的作用不是去给学生讲授知识，而是引导学生去发现新知识、锻炼新能力。如果恰巧学生的课题方向和教师执教学科方向一致，教师也不需将知识讲给学生听。首先，教师要改变自己是权威知识的发布者的角色，引导学生去发现问题、解决问题、生成知识；其次，教师要成为学生课题的督导者，督促学生课题研究的进度；最后，教师要成为学生课题的参与者，与学生共同探讨课题研究过程中出现的新问题。

总之，研究性学习的过程是放手让学生自己去探索的过程，所以即使指导教师指导的不是自己专业方向的课题，也不影响他作为课题督导者参与到学生课题指导中去。

2. 不要干涉学生选题

在指导专项学科类课题时，指导教师如果用学科专业的眼光去看，会发现一些看似幼稚的选题或者是有正确答案的问题，这时教师不要急于纠正或者否定学生的选题，应站在学生的角度多想一想，用引导的方式鼓励学生去尝试，因为试错的过程也是一种学习。

（三）实施学科类专项课题学生实践中的困难表现

学生会觉得学科类专项课题与考试学科有关，在主动性上会表现得相对积极一些，指导教师也会因为与自己所教学科有关指导起来相对轻松。而学生实际在完成此类课题中也会表现出一些指导教师意想不到的情况。

第一，研究不深入。学生的研究容易重复课本内容，缺乏对相应文献或者专业书籍的阅读，导致对知识的深入了解和研究不到位，最后匆匆结题。

第二，功利心太强。随着研究的不断深入，有的学生发现自己研究的课题远离了考试内容，觉得继续研究下去是在浪费时间，就不愿意继续展开研究。

第三，好高骛远。有的学生对某个学科知识产生了浓厚的兴趣，对此大量阅读相应书籍，可能包括一些学术论文、学位论文、大学教材等，不断追求更高难度、更专业的知识体系，从而对自己现在所学知识产生怀疑，不能协调现在的学业和课题研究之间的关系。这时就容易导致学生与家长之间的矛盾。

四、阅读类课题

随着近年来阅读被越来越多的学校重视，学生也越来越多地参与到阅读活动中。在阅读过程中，他们也会产生一系列的问题并在研究性学习中形成研究的课题。

（一）开展阅读类课题研究的好处

阅读是关系到学生现在和将来发展的重要学习方式，阅读能力是学生掌握知识必备的基本素养。开展阅读类课题的研究有以下好处：

1．采用研究性学习的方式去阅读，让学生更有学习的愿望

苏霍姆林斯基说："学校教育的缺点之一就是没有那种占据学生的全部心智和心灵的真正的阅读，没有这样的阅读，学生就没有学习的愿望，他们的精神世界就会变得狭窄和贫乏。"学生在研究性学习选题时是从自身兴趣出发，这意味着学生选择的都是他感兴趣的内容，可以是通过研究作者引发的思考，例如"《斗罗大陆》与金庸作品的武功对比研究"；也可以是对一个事件的不同作品的阐述，例如描写改革开放初期普通老百姓的人生百态的作品；也可以是针对一部小说在改编成影视作品时对小说作品本身还原程度的研究，例如可以是针对目前网络小说被改编成为影视作品的研究；也可以是对某部影响较大的文学作品挑选一个感兴趣的话题展开的研究，例如《红楼梦》中"从一支人参看贾母为何不喜欢薛宝钗"等类似话题的研究。在整个阅读和研究过程中，学生是在真正地读"自己的书"，思考"自己的问题"。

"兴趣是最好的老师"，学生阅读自己感兴趣的书目，更能调动持续阅读的内驱力和主动阅读意识，也更有可能做到投入全部的心智去阅读，从而更有学习的愿望，使自己的精神世界更加富足。

2．采用研究性学习的方式去阅读，让学生拓展阅读面

阅读类的课题研究不是阅读理解，没有标准答案，要把一个问题研究清楚不是只读一本原著就可以解决的，还需要去解读大量其他作品，所以学生在进行此类课题研究时必定会以群文阅读的形式大量阅读，再通过分析、总结等方法处理信息，在他人研究的基础上提出自己新的想法并去验证。采用研究性学习的方式可以从以下三个方面深入展开阅读：第一，作者的生活背景、写作风格；第二，关于同类型事件其他作者或者相关新闻报道的观点；第三，同一事件不同时间不同作者的观点。要将研究性阅读做好，不仅要精读目标书籍而且还要范读其他书籍，形成图 2-3 所示三个坐标系的交点才能成为一个好的课题。

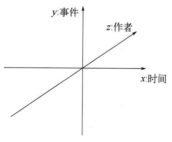

图 2-3　作者-事件-时间坐标系

3．采用研究性学习的方式去阅读，让学生发展审辨式思维

阅读的过程是把外部语言转化为内部语言的过程，而在研究性学习的课堂上，教师

们让学生学会提问、尝试推论，鼓励学生表达自己的观点，于是学生学会了质疑权威，尝试结合文本进行思考辩论，从多角度考虑问题，最后还能自信地、有理有据地表达自己的观点。

研究性学习的过程，给了学生独立思考、独立活动的时间和空间，阅读结合研究性学习，使学生阅读的自主性得到充分体现的同时也发展了学生的审辨式思维。

（二）阅读类课题的指导原则

1. 教学实施以学生为主体，教师的职责是"启发、引导"

课堂教学以学生分享为主，教师耐心倾听学生的观点，不轻易给出自己的答案，用评价学生发言吸引学生注意，从讲自己对书本的理解变为讲自己对学生理解的理解。教师还要注重促进学生之间有效分享经验，交流思想，使合作学习真实地发生。教师的引导不只是在课上，课后的个性化指导也非常重要。阅读本身具有私人化和个性化的特点，在班级授课制下，教师必须关注到每个学生的具体问题。

2. 教学目标重在建构"解释性理解"

学生能确立自身对文本的"解释性理解"，并用自洽（自圆其说）的逻辑讲说出来[22]，意思是指学生不仅要能读出文本讲了什么、怎么讲的，还要能分析作者为什么这么讲，文本或相关文献材料中的事实依据是什么。在拓展教学资源、丰富教学活动的同时，应始终坚持以文本分析、文献阅读、问题探究和论文写作等学习活动为基础。

（三）研究性阅读的教学形式

除了学生从自主阅读中产生问题从而在研究性学习的课堂上提出并进行课题研究的课题外，有些教师会选择用研究性阅读的方式开展研究性学习的教学，即通过研究性学习的学习方式指导学生进行阅读，从书籍、影视作品和报纸杂志等阅读材料中，选择和确定议题或问题，并进行文献研究。

研究性阅读是研究性学习课程在阅读上的具体表现，教学理念和教学的方式方法与研究性学习一致，课程目标、内容、教学进程和评估等围绕阅读及阅读类课题展开。研究性阅读以"学生自主阅读为基础，让学生经历完整的'发现—选题—研究—写作'的学习过程"[22]。

研究性阅读也是一种培养学生自主探索的教学形式，但它对学生来说是有门槛的，学生要对阅读感兴趣并愿意用课题研究的形式探究阅读中发现的问题，再通过亲身的阅读落实践和独立思考，体验课题研究的完整过程。所以研究性阅读的教学形式可以针对本身就对阅读活动感兴趣的学生，而不太适合在自然班级直接开设。

（四）实施阅读类课题学生实践中的困难表现

无论哪个年级的语文课本都有课外必读的阅读书目，还有的学生本来就喜欢阅读课外书籍，通过阅读同学们可能会产生一些衍生问题，从而进行更广泛的阅读，利用这样的阅读产生的问题可以在教师的引导下形成一个课题来展开研究，但是研究过程中学生往往会出现以下困难表现。

---

[22] 李煜晖. 探索和发现的旅程——整本书阅读之专题教学[M]. 上海：上海教育出版社，2019.

第一，阅读不广泛。由一篇文章或者一本书产生的问题想要得到科学的解释，往往需要其他书籍或文章的辅助证明，同学们往往不愿意花更多的时间进行更加广泛的阅读，在结论中就成为了管中窥豹的样子。

第二，阅读不深入。阅读过程停留在文字表面，没有深入思考事件的历史背景或者作者的生活经历，也就导致最终研究成为学生的主观理解而缺乏深入思考。

第三，半途而废。通过阅读对某个问题产生兴趣，当真正展开研究的时候发现需要阅读的书籍太多时或者需要对某一本书反复阅读时，就产生了厌倦情绪而不愿意继续研究下去。

五、项目（活动）设计类课题

项目（活动）设计是以解决一个比较复杂的操作性问题为主要目的，一般包括社会性活动的设计和科技类项目的设计两种类型。前者如一次环境保护活动的策划，后者如某一设备、设施的制作、建设或改造的设计等。在春禾所接触到的课题中活动设计类的课题较少，更多的是科技类项目的设计与制作（简称"科技小制作"），如"智能大棚"的研究模型、"易发现的智能门把手"研究报告、"3D智能提示井盖"研究报告等，这类课题研究是培养学生的创新思想、工程思维能力很好的途径。接下来主要围绕科技小制作类课题的相关教学展开。

（一）科技小制作类课题的流程及指导重点

在科技小制作类课题中，学生需要动手制作出实物，虽然学生的研究形式与其他课题研究略有区别，但研究性学习课程的流程是相同的，教师在指导这类课题时需要关注的重点略有不同。

1. 从问题到课题阶段——明确目的、提出预设

科技小制作往往是学生根据自己所见、所闻、所用之后对一些物品的改造，也会有一部分学生产生出原创性的创造发明。在提出问题阶段，教师需要关注学生是否明确自己的制作究竟想要解决一个什么样的问题，不可以凭空想象，毫无根据。

在学生明确自己的制作要解决什么样的问题后，教师要关注学生是否可以预设自己的制作能怎样解决问题，并引导学生通过查找资料的方式了解市面上是否已经有类似的产品了，如果类似的产品已经有了，可以让学生思考一下是否可以更优。

学生可以在"国家知识产权局（https://www.cnipa.gov.cn/）"的官网查询是否已经有了相关产品的专利，也可以通过"淘宝网"检索一些日常生活中的常用小物件，以便在现有素材的条件下进行改进和优化。

2. 研究方案设计阶段——用户调研

学生在立题后进入了研究方案设计阶段，这个阶段要引导学生进行用户调研以了解目标用户的需求，看看他们对于产品有什么期望，有了用户调研的数据再进行方案的构思和设计能更好地达到制作产品的目的。

3. 实际制作阶段——安全第一

这一阶段对应九大课段中的数据采集与分析部分，当学生完成设计图的绘制后，要

根据设计图和加工流程选择工具、材料，并完成制作。这个阶段教师对于学生的制作流程和制作工艺要严格审查，确保学生在制作过程中的安全。

4．测试、优化阶段——目标达成

这个阶段对应九大课段中的结论分析与提炼部分，学生的小制作做出来以后，需要关注是否达到了设计目标，如果达到了设计目标，可以鼓励学生在此过程中判断是否有可优化之处。如果没有达到设计目标，那么学生需要返回去，从头开始检查，看看是哪个环节出现了问题。

（二）科技小制作类产品评价

产品的评价一般采用坐标图法和表格法进行自评和他评。例：图 2-4 为某新型可充电手机支架的坐标图评价；图 2-5 是产品制作过程的表格法评价，其中“评价说明”因产品不同而标准不同，而且有些产品还要因人而异，教学中需根据实际情况进行编制。

产品是科技小制作类课题的研究成果，关于产品的评价，可以指导学生到高中通用的技术教材中找到更具体的评价方式。但是研究性学习的评价还要结合学生的表现，不能由于产品不成功就否定学生的学习过程。具体可以参照学生在学习过程中课堂分享以及开题答辩、结题答辩的表现，比如是否能简述设计思想、设计过程、设计原则，进行了什么样的技术试验、运用了什么样的优化手段等；是否能介绍产品的科学性、创新性、可操作性；是否能应对其他同学的提问，比如怎样恰当、安全、高效地使用产品、产品的常见保养和使用禁忌等。

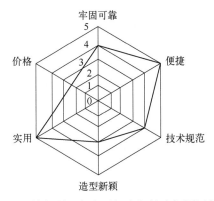

图 2-4　某新型可充电手机支架的坐标图评价

评价角度	程度评价	评价说明
计划是否科学严密	低 中 高	
分工是否合理	低 中 高	
过程是否全心投入	低 中 高	
采用的方法是否正确	低 中 高	
组织是否协调	低 中 高	
工作是否有创新性	低 中 高	
资源运用是否合理	低 中 高	

图 2-5　产品制作过程的表格法评价

以上是春禾在推广研究性学习的过程中遇到的比较常见的课题类型，根据资深教师们在指导相关课题时的经验梳理了一些教学策略和建议，希望能给广大教师以启示。

第六节　课题研究的过程管理

学生做课题的过程长达一个学期（初中）或一个学年（高中），课题研究是一个规范有序的过程，教师对学生课题研究的过程管理可以影响课题研究的效率和课题研究成果的质量。教师对学生课题研究的过程管理如果能借助一些工具会达到事半功倍的效果。

一、学生课题研究活动记录手册

为了加强对研究性学习课程的实施过程管理，我们建议课程教学借助于"学生课题研究活动记录手册"推进，手册样例详见"附录1"。这本手册既给学生用，也给教师用。手册上面所有的研究步骤、每个步骤里面所有的问题都已经详细化。对刚接触研究性学习课程的教师和学生来说，学生按照这个手册的流程来填写，教师按照这个流程进行指导，当完成了手册里每个步骤的时候，基本上也就完成了研究性学习课程的课题研究。

学生通过课题研究活动记录手册的方式，记录小组课题研究活动全流程，包括课题征集表、研究方案设计、研究活动记录表、课题成果汇报表等。为了提高课题指导的实效性，并减少指导教师的重复记录，将指导教师的意见以批注的形式设计在活动记录手册中。课题组活动记录手册是研究性学习课程教学过程化管理的有效载体，教学进展到哪一步，学生课题研究的每个环节具体发生了什么，教师是如何指导的，从手册上一目了然。

学校教师在指导学生的课题研究时，需以可操作、注重实效的原则根据学校实际情况调整具体内容。这样的过程管理，让教与学都有足迹可循，让学生的研究过程和教师的教学指导过程都"可视化"，既是一种过程性管理，也是课程教学过程性评估的依据。

二、线上课题管理系统

线上课题管理系统能从课题组立题信息到过程性内容，从分享PPT到师生评价，帮教师们有序管理多而繁杂的研究性学习课题资料，让研究性学习课题管理走上信息化的"高速路"。

学校可以开发自己的线上课题管理系统，也可以使用第三方的成熟平台和服务。北京、上海等许多地区的学校都在使用一款叫作MOORs的一站式研学服务平台。MOORs是北京青湖软件有限公司开发的基于互联网思维和方法构建的一站式研学服务平台，该平台聚焦于学习方式的重构，定位于研学教育生态的构建，从在线平台、研学服务、实践空间及创新教育平台定制开发与服务等方面合力打造面向未来的师、生、校全方位的成长体系，携手促进教师专业化研修成长、学生个性化自主成才、学校特色化卓越发展。

从2020年开始，开发公司将该平台免费捐赠给春禾项目学校使用。学校管理员可以在平台自建校本化研学资源，沉淀学校特色化研学体系。也可以直接使用课题框架模板。学生课题结题后可直接下载课题信息表，做到一站式管理平台资源及数据，高效便捷、多维度交叉数据分析，多形态可视化展示。学生可以在平台上清晰了解课题研究流程、校区互动交流、查找研学资源，上传课题信息，分享研究课题，评价他人课题。教师可以在平台及时点评互动，明确研学目标与步骤、研学过程节点审核，做到研学过程反馈更及时、有效地管理研学活动，方便研学过程管控。

第三章

课堂教学实操指导

在教育部 2020 年修订的《普通高中课程方案（2017 年版）》中，研究性学习属于综合实践活动的一个领域，但是由于研究性学习对学生发展的价值不能立竿见影地体现，致使这门课程的推进在许多学校遇到了困难，不乏出现有名无实的种种情况。

春禾做研究性学习课程普及已经有十年的时间，在这十年的普及过程中，着眼于课题研究，组织专家深入课堂，关注教学实际问题，开展了百余次教学研讨交流活动。基于这些鲜活的问题和教师的实践经验，春禾总结出了一套有效的教学模式。

如第二章所述，春禾把研究性学习的教学进程分成九个课段，下面将对每一个课段进行剖析，给予一线教师更明确的教学建议。

第一节　情境创设，提出问题

爱因斯坦曾经指出："提出一个问题往往比解决一个问题更重要。"因为解决一个问题也许仅是一个数学上或实验上的技能而已，而提出新的问题、新的可能性，从新的角度去看旧的问题，却需要有创造性的想象力，而且标志着科学的真正进步。

20 世纪初，美国教育家杜威在《我们如何思维》一书中提出"思维起源于直接经验的情境"，他认为："生活是真正的教育家，而学生求学的地方却成为世界上最难取得实际经验的地方。要把社会搬到学校和课堂中。"基于这样的观点，杜威提出了"教学五步法"，并把"创设情境"作为五步法的第一步，让学生有一个与现实生活经验相联系的情境，使学生有兴趣了解某个问题。

新一轮基础教育课程改革（简称新课改）中，非常强调"情境化教学"，新课改中强调"真实情境的创设"，在真实情境中发现问题并且质疑，最后通过学习解决问题。在这一过程中学生要完成明确任务、收集信息、制订计划、进行决策、组织实施、过程检查、结果评估等环节。在研究性学习课程中的所有学生课题都可以来自学生真实的生活、学习及观察情境，在研究过程中所经历的历程与新课改所要求的学习过程基本一致，并且更加强调逻辑关系的构建、认知规律发展、知识储备和拓展等综合能力的培养。

春禾在设计研究性学习的课程阶段时，把"情境创设，提出问题"作为研究性学习的第一个课段，教师们可以通过创设学生能够感知的真实情境的方式，培养学生敢于质疑的勇气和创新思维，使学生能提出自己感兴趣的、真实的问题或话题。

一、课段目标

"情境创设，提出问题"课段的目标是通过创设真实情境，让学生在情境中发现自己感兴趣的话题，再由教师或同学的启发将话题转变为一个可以研究的问题。

二、提出问题的基本方法

（一）在观察中发现问题

人类探究自然和未知世界的第一个工具就是通过自己的感官，用眼看、用耳听、用手触、用嘴尝等。观察是有目的、有计划、有方向、比较持久的知觉。它是以视觉为主，融其他感觉为一体的综合感知，是知觉的一种高级形式。观察中包含着积极的思维活动，因此，人们也把它称为思维的知觉。这里所讲的观察，从心理学的角度来讲就是"注意"，人们在观察事物时，往往会忽略其他对象，会有明确的指向性。根据心理学领域中"注意"的概念可分为"不随意注意"和"随意注意"，不随意注意是指没有目的也不需要意志努力的注意[23]；随意注意是指有预定目的、需要一定意志努力的注意[24]。根据这一概念可以把观察对应为无意观察和有意观察。无意观察是指学生在做其他事情时，无意发现的问题从而产生好奇感，例如学生在上学路上突然发现有工人在用听诊器一样的东西听水管，学生对这一现象和工具产生好奇，并展开深入研究。有意观察则是学生带有一定的目的性或者预设结果，对事物现象展开观察研究，例如学生针对疫情来袭，探究哪种消毒剂能够有效杀菌和抑菌，学生通过有目的地观察实验现象从而得出结论。

好奇心是每个孩子与生俱来的基本特点，但是随着年龄的增长、课业负担的增加，许多学生渐渐失去了这种天马行空的好奇心和探索欲，习惯于被动完成交代的任务。新课程改革中强调培养未来社会主义合格的建设者，创造力则是未来国际竞争的主导趋势，我们作为一名研究性学习的教师有责任重新唤醒和启发孩子们的这一本能，要唤醒学生最基本的求知欲，能够在观察中发现问题，并且去探究问题结果，感知知识产生的过程。

研究性学习的教师首先要学会观察学生，在课堂教学中或者与学生私下交流中，一定要做到"眼观六路、耳听八方"，也许是学生一闪而过的一个表情，也许是学生在交流中无意表达出来的一个想法，也许是学生经常谈论的一类话题等，教师经过初步筛选之后也可以把这些拿到课堂上作为话题让全班进行讨论，引发学生的深入思考。

教师的观察要注意以下几点：一是要注意学生所观察的事物要符合习近平新时代中国特色社会主义思想社会主义核心价值观、大众审美、公众的主流思想、文化传承等；二是要留心记录学生们平时通过观察提出的有趣而值得探讨的问题；三是要注意结合学

---

[23] 彭聃龄. 普通心理学[M]. 北京：北京师范大学出版社，2004：189.
[24] 彭聃龄. 普通心理学[M]. 北京：北京师范大学出版社，2004：190.

生的年龄段和兴趣点，通过适当的情境创设或鼓励、引导，启发学生的有意观察和无意观察，做学习生活中的有心人，激发他们提出自己感兴趣的问题，进而确定开展研究的课题或者方向。只有当教师学会观察学生和身边事物之后，才能有效地指导学生利用观察法去发现问题。例如我们可以引导学生去观察这样一些问题：

为什么在"脱贫攻坚战"中有这么多驻村干部愿意抛家舍业与贫困山区的人一起攻克难关？

"绿水青山就是金山银山"在我的家乡如何落实？

如何保养"小白鞋"？

有哪些妙招可以清除衣服上的墨水印记？

……

（二）在体验中发现问题

孩子成长中认识世界的两大法宝，除了观察，还有体验。新鲜事物需要亲身体验获取感受，许多事情只有沉浸其中才更有体会。大多数学校开展综合实践活动或研究性学习课程，大量课题都来自学生们在生活、学习体验中发掘的问题。例如：

"苟坝会议"精神如何培养当代青少年的决策力？

如何证明过氧化钠与过氧化氢（双氧水）的漂白性强弱？

共享经济是如何进入我们的生活圈的？

……

根据布鲁纳的发现学习理论，让学生在教师创设的问题情境中发现与以往认识的矛盾之处，提出假设，通过理论指导实践、实践验证理论的学习过程去体验问题的产生和激发学生想要验证假设的欲望。布鲁纳说过："发现不限于那种寻求人类尚未知晓之事物，正确地说，发现包括用自己的头脑获得知识的一切形式。"发现按其实质来说，"不过是把现象重新组织或者转换，是人能超越现象再进行组合，从而获得新的领悟而已"[25]。指导教师可以根据这一理论引导学生去感受日常学习、生活中的事物，去体验这些习以为常的事物，去发现它们的不同之处，去体验能否有值得探索的新问题。所以再次强调，研究性学习教师必须是一个热爱生活、善于观察生活、热衷思考生活、对学生具有敏锐洞察力的教师，我们在研究性学习课堂上可以将自己的所见、所闻、所想变成教学情境，去激活学生的思维，尽量给学生们创造体验的环境、思考的氛围，帮助他们找到兴奋点和兴趣点，挖掘出值得他们去深入研究的问题。

（三）在比较中发现问题

需要有深入的观察和真实的体验后才能通过比较发现问题，当研究对象由单个个体或现象扩展为两个以上时，通过比较分析，学生们常常会发现问题或兴趣点，通常也会提升为很好的课题切入点。要能够在比较中发现自己感兴趣的问题，首先需要有丰富的背景知识作为铺垫，能够在这些背景知识下整合、获取新的信息，设立较为明确的目标和制订相应的策略。

在实践中，比较研究方法往往是与其他研究方法结合着使用的。比较的类型和方法

---

[25] 冯维. 现代教育心理学[M]. 重庆：西南师范大学出版社，2005：405.

也很多，包括横向比较和纵向比较、同类比较和异类比较、定量比较和定性比较、单项比较和综合比较等等。例如：

德江傩戏与安顺地戏有什么联系与区别？

新型冠状病毒肺炎疫情对外卖行业有什么影响？

国产动漫和日本动漫在中学生群体中受欢迎度有多大差别？

如何高效去除厨房纱窗上的油烟污渍？

......

（四）在其他学科中发现问题

学生从读小学一年级开始就在为考试而学习，所有课本上出现的知识都被奉为权威，然而大多数学生学习课本上的知识仅仅是用于考试，而较少将其应用于解决实际问题。研究性学习课程的任课教师都是其他学科转岗或者兼任的，所以可以充分利用自己的学科知识背景为学生创设问题情境，让学生知道学科知识不仅仅是为应对考试，也可以用于解决实际问题、提高生活品质；课本上的案例也不一定是权威，也许同学们可以得到更好的方案。例如：

如何将楞次定律运用到生活中？

能否为加热装置设计一个可活动的酒精灯支架？

是否有更简单的方法检验蛋白质？

......

【拓展阅读】"10 后"小学生发现"教科书错误"，出版社表示感谢

新学期开学后，家住上海的二年级"10 后"小学生吴叶凡在翻看新发的美术书时注意到一幅很熟悉的图。

这幅图被标注为"《树叶》现代陶艺作品"［图 3-1（a）］。作为上海自然博物馆的"小粉丝"，吴叶凡一下子就发现了这幅图可能配错了，她觉得这是在自然博物馆里见过的海百合化石的照片［图 3-1（b）］。

（a）美术书配图　　　　　　　　　（b）海百合化石照片

图 3-1　美术书配图和海百合化石照片对比[26]

---

[26] 刘春霞. 又有学生发现教科书错误？这次是上海 10 后！[EB/OL]. 青春上海，2021-10-19[2024-1-10].
https://baijiahao.baidu.com/s?id=1714063726633905434&wfr=spider&for=pc.

她和爸爸说出了自己的疑问。第二天，爸爸就带着吴叶凡到自然博物馆求证，经过自然博物馆工作人员的现场考证和实物对比，这确实是数亿年前的古生物海百合化石。

这种生物生活在海底，有很多腕足，身体的形状确实形似树叶，很多人将它误认为一种植物。对此，美术书的出版方上海教育出版社也很快做出回应，表示已经上报修改，并对吴叶凡同学表达了感谢。

（五）在往届学生作品中发现问题

已经开展研究性学习课程的学校，必然会有很多往届学生的作品，我们既可以将往届优秀作品作为范例给学生展示，让他们了解优秀课题是怎样的，也可以将一些做得不是很完善的课题展示给学生，看看他们能有什么更好的想法。学生们也许会想在往届作品的基础上深入研究其中一个分支；也许会对同一个问题提出一个完全不同的假设，然后想要去验证一下；也许会认为往届作品虽然规范但是研究不够深入，想进一步展开研究；也许有人会直接推翻往届学生的研究结论。所以这要求教师妥善保管学生的研究资料，为后面的学生提出问题提供帮助。

三、情境创设的基本方法

（一）信息情境法

信息情境法是指教师在课堂教学中利用各种手段提供开放性、生活性、真实性的信息，为引导学生从信息中提炼、发现、解决问题提供帮助的教学方法。

1. 图片、视频、图书等多媒体信息

利用多媒体展示图片、视频、图书等信息是教师们最常使用的方式。比如某任课教师在给高一年级研究性学习情境创设课段中，任课教师给同学展示了图 3-2，让同学先观察图片，然后描述从图片中看到了什么，能想到哪些问题。在观察了几分钟后，每个小组都做了发言，有的同学说看到了北极熊，有的提到背景的岩石，还有的提到垃圾袋等，基于这样的观察，同学们提出了很多的问题，比如"为什么垃圾袋会出现在那里？""为什么有些地方没有被雪覆盖？""北极熊为什么看着不白？"等，这张图片带动了同学们对问题的提出，为后面形成课题打下了良好的基础。

图 3-2　情境创设——北极熊照片[27]

[27] 三好网. 中国为什么这么急着垃圾分类? [EB/OL]. 2019-12-15[2023-12-1]. https://www.sohu.com/a/360557361_507597?scm=1002.44003c.18301e6.pc_article_rec.

教师提供给学生的信息素材可以更宽泛一些，例如："中国空间站的建设历程"，这样的信息可以让学生了解我国前沿科技发展的情况，可以设问："作为中学生是否可以参与我国的航天事业？如何参与？"再给出案例"神舟十一号搭载的香港中学生实验"、《航天少年》杂志曾开展过"学生空间搭载实验赛事"评比活动等信息。通过这些前沿信息一是可以开阔学生的视野和拓展学生的思维；二是可以引导学生关注我国科技的发展；三是可以将学科知识与研究性学习相融合，提高学生的兴趣；四是可以为学生的职业生涯规划打下基础。

2. 往届学生的案例

往届学生作品中如果有研究步骤明确、逻辑关系严谨的案例，或者具有一定的创新性、行文规范等特点的课题案例都可以作为情境创设的内容，使本届学生初步认识研究性学习。把往届学生的课题案例作为创设情境，主要考虑的问题有以下几点：

第一，利用往届学生的案例可以让学生了解一个完整的研究性学习所要经历的流程。

第二，所选择的往届学生案例不要过于复杂，要符合学生的就近发展区原则，贴近学生的实际学习和生活，这样的案例会让新同学有亲切感和产生想要去尝试的冲动。

第三，如果所选择的课题组学生还是在校生，可以请他们去给新生讲一讲自己的心得体会，让新老学生直接面对面地交流互动。

第四，如果所选择的课题非常贴近学生实际的学习和生活，又有获奖经历，就更能激发学生产生课题研究的欲望。

不同的学校、不同的教师应该都有一些符合上述特征的案例，教师们可以互相分享。新开展研究性学习的学校和教师也要注意积累这些材料。

（二）问题情境法

问题情境法是指教师根据学生的学习情况，有计划、有目的地制订启发式的问题，引导学生发现问题中蕴含的丰富智慧，以解决问题为思考方向，从而提升思维能力的一种教学方法。

问题既可以是教师观察生活案例提出来的，也可以是同学观察提出来的，教师组织学生一起讨论出现问题的原因和解决方案，在过程中引导学生发现自己真正想研究的问题。很多乡镇中学由于山高沟深、交通闭塞，可利用的社会资源相对匮乏，所以就要让学生从本地资源中去选择和确定一些调查类的研究课题。比如位于贵州的一所少数民族中学，土家高厢房吊脚楼就是当地的特色，教师在课上就围绕吊脚楼进行教学，让学生去了解"吊脚楼的特点是什么？"基于这样一个问题，学生通过实地调查、向长辈请教等方式掌握了丰富的背景材料，而在这个过程中也逐渐找到了自己感兴趣的方向，有的想研究吊脚楼的历史，有的想解决底层养猪带来的卫生问题，还有的想到了传统木材防腐烂的特点等，这些想法有着比较明确的关注点，教师稍微进行引导就可以形成合适的课题了。

教学中问题情境法对教师的要求会非常高，往往当教师抛出一个问题之后，学生的思维会比较发散，学生所讨论的问题可能完全不在教师所精心准备的教学设计中，此时，教师就要学会"借力打力"，沿着学生的问题走，放手让他们将自己的想法展示出来。教师要在这一过程中不断追问，将学生的想法问清楚，"逼迫"学生将自己的最终问题讨论清楚，也就是要探究围绕这个话题最终想要解决的问题是什么。

（三）试验（制作）情境法

试验（制作）情境法是指教师在课堂教学中引导学生完成一个试验或者一个小制作，从而激发学生的兴趣、大胆质疑的教学方法。

试验（制作）指对某种已知事物，为了了解它的性能或者结果而进行的试用操作，与实验不同。还指为了察看某事的结果或某物的性能而从事某种活动。根据试验的概念，可以给学生设计一些尝试性的活动，让学生在活动中思考，养成不怕失败勇于挑战的学习精神。例如：给学生一堆一次性筷子和一枚鸡蛋，让他们用一次性筷子制作一个结构，将鸡蛋放在其中，从2楼扔下去，鸡蛋要完好无损。通过这样的活动设计可以锻炼学生的"手脑"结合能力、逻辑思维能力、理论联系实际的能力等。

试验（制作）情境法需要教师具有良好的创新思维能力，能够为学生设计具有一定挑战性的活动，而不是简单重复学生已经掌握的知识。

（四）游戏（竞赛）情境法

游戏（竞赛）情境法是指教师组织学生参与游戏（竞赛），引导学生在游戏（竞赛）过程中思考并产生问题的教学方法。

玩是孩子的天性，对于学习基础差、积极性不高的孩子来说，传统的教学方式非常枯燥，游戏（竞赛）是可以刺激他们集中注意力、积极思考的方式。对于初一年级新生来说，课堂上创造一个竞赛的情境，由于具有鲜明的竞争性，能使学生在紧张状态下，精神高度集中。比如春禾项目学校的某校教师暑期过后组织了一场名为"历史题材影视剧该不该'戏说'"的辩论赛，辩论赛采取综艺节目《奇葩说》的活动方式，除了辩手外，其他学生也沉浸其中。比赛结束后，很多同学打开了思路，提出了诸如"历史上皇帝性格有特征吗？"等有意思的问题。

游戏（竞赛）情境法需要教师在准备的时候考虑到学生的年龄阶段、背景知识掌握的情况、自己对这个问题是否有比较深入的了解等方面的因素，否则只是看着学生玩得热闹，最后基本知识点都可能在过程中出现错误，会对学生的知识体系构建形成误导。当然教师也可以针对需要开展的活动邀请外援，例如请对应学科的教师，或者请对这部分知识掌握较好的学生来担任裁判。

创设教学情境不是为了创设而创设，教师们要从学生的兴趣出发，通过创设的情境启发引导学生提出他们真实、有兴趣研究的问题。情境创设的方法有很多，教师们在情境创设的过程中可以使用一种，也可以综合使用多种方法，以满足学生的差异性发展。

四、案例分析

 案例 3-1　提出问题

有三位同学组成了一个课题组，在提出问题阶段，他们提出："为什么面包店烤的面包总比家里烤的要好吃？"在最后形成课题进行课题背景阐述时，他们这样说：随着人们生活水平的提高，大家逐渐不满足于在面包店买到的不新鲜的面包，于是很多人的家里都有了面包机，希望通过自己动手做出新鲜、放心的面包。可是每次做面包时，明明是相同的配料，做出来的效果却不同，这就引发了我们的思考：到底是什么因素导致了面包的膨松程度、口感、外观上面的不同。于是我们想探究牛奶温度对面包口感的影响。

同学 A 提问：你们组所说的面包口感是什么？

课题组同学回答：就是面包的蓬松程度。

同学 B 提问：只有牛奶的温度会对面包口感有影响吗？

课题组同学回答：没有做过具体的了解，课后可以去查找资料。

教师提问：你们了解过牛奶的温度为什么会对面包的膨松程度产生影响吗？

课题组同学回答：××同学的妈妈会烘焙，向她了解到牛奶温度可能会对面包的膨松程度有影响，没有具体了解原因，课后查资料了解。

📑 案例分析

这组学生感兴趣的问题来自生活实践中的无意观察，他们在日常生活中发现家庭自制面包无论如何都达不到从蛋糕店买的那样松软，并对此产生好奇。生活中的问题很多，学生对生活中的问题产生的好奇心应该被鼓励，教师鼓励学生最好的方法就是在他们寻找答案的过程中给予支持和帮助。

通过课堂上教师和同学们的提问和建议，这组学生不断聚焦问题，最后他们结合生物课本中学习的"酶"的知识，通过自己动手尝试制作面包，利用牛奶温度控制酶的活性，最终达到制成松软面包的效果。这组学生将课本知识活学活用，运用了"观察法""体验法""比较法"等来进行课题研究，可见在研究性学习课堂上做课题研究对学生学习掌握学科知识没有坏处，反而能巩固和灵活运用学科知识，学生学习的过程更贴近培养学科核心素养的目标。

【案例来源：贵阳市第三实验中学】

五、关键步骤

对学生来说，这一课段的关键步骤是提出问题。对教师来说，在学生进入创设的情境后，需要组织各种教学活动，引导学生打开思路，从各种角度提出问题，鼓励学生分享和表达（见图3-3）。

完成这个关键步骤有以下注意事项：

（1）教师不要用自己的理解和认识来替代学生的理解和认识，不要随意评价学生提出问题的好坏。

（2）教师要适度引导，不要用自己的思路代替学生的思考，多组织学生之间互相交流启发的教学活动，多采用生生互动的方式达到打开思路、提出问题的目标。

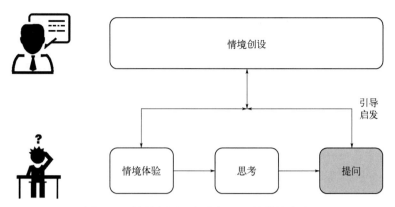

图 3-3　"情境创设，提出问题"的关键步骤

（3）关注学生是否能从不同的角度认识和看待问题，鼓励学生提出大胆假设或设想。

六、常见问题

1. 学生问的问题不着边际，教师无法回答怎么办？

学生提出的问题，教师答不上来也很正常。有问题，可以检索万方知识数据库、知网等学术网站。重要的不是答案，而是提出问题的过程。

学生不会提问，源头是传统的灌输式的教育教学方式。在研究性学习的课堂，教师要多鼓励、引导学生。首先是激发学生勇于提问的精神，其次才是对学生看似"不着边际"的问题进行引导。教师可以通过"打破砂锅问到底"式的提问引导学生，疑问词常常就是"为什么""什么时候""什么人""什么地方""怎么样"这几个。

教师也可以结合学生实际来举例。比如用往年指导过的课题来给新生举例，以此来启发新生。

2. 如何利用本地资源进行"情境创设，提出问题"？

关于这个问题，可以借用春禾项目学校铜仁市印江县的印江中学为例展开说明。

由于印江地处武陵山脉主峰梵净山脚下，山高沟深、交通闭塞，学生在进行研究性学习时，可利用的社会资源相对匮乏。近几年，在每个学年开学之初，任课教师都利用印江 7 分钟左右的宣传片《墨韵茶香　养生印江》创设情境，让学生围绕宣传片中的内容找出他们感兴趣的研究主题。看了视频后，同学们对印江的三大金字招牌"书法之乡""名茶之乡""长寿之乡"，梵净山的黔金丝猴、贵州紫薇王、活化石鸽子花——珙桐，以及红军长征史上的第一次会师——木黄会师、印江花灯、摆手舞、傩戏、红棺葬、古民居——土家吊脚楼和非遗——土家高腔山歌等都非常感兴趣。这几年参加全国中学生ETS❶大会的学生们带去的课题都是来源于这个宣传片，也取得了不错的成绩。

贵阳市第三实验中学的罗卫东老师从下面四点总结了这类情境创设的价值与需要注意的地方。

---

❶ 中学生 ETS（Explore Think Share，探索　思考　分享）大会是由上海春禾青少年发展中心发起并联合北京师范大学中国教育创新研究院等机构共同举办的研究性学习课题展示与分享平台，简介详见本书附录 4。

第一，这类情境创设能够很好地激发学生的"家国情怀"，家：人生开始的地方，共同生活的眷属和他们所住的地方；国：人生理想的源泉，有土地人民、主权的政体；情怀：一种感情，一种寄托，一种希望。所以通过这类课题的开展培养未来社会的接班人有很大的意义，可以对学生进行"增强民族凝聚力、建设幸福家庭、提高公民意识"等教育。

第二，学生在这样的情境中提出的问题最后转化成课题后，做起来会觉得容易上手，因为自己就生活在这样的环境中。

第三，当学生出现"容易上手"这样的想法时，课题也可能走入一个误区，就是简单重复自己所见所闻而缺乏深度的探究和思考。教师要用追问，一步步引导学生进行深层次的思考，最好能够形成自己独特的想法。

第四，没有学者专家可以访问的时候，可以问问村子里的老年人，了解一下当地流传的故事等，也能从另一些角度去探究文化的传承。

总之，教师不要大包大揽，要启发学生的思维，当教师把学生的思维打开，那么学生将还教师一个奇迹。

第二节　从问题到课题

一、课段目标

学生在选定好自己的研究方向之后，就要明确一个自己面对这个研究方向产生的问题，对于这个问题究竟想要研究些什么？如何研究？预期的研究成果是什么？对于教师，本环节就是要帮助学生明确这一系列问题，让学生的问题变成一个可以继续研究的课题，然后按照课题研究的方法展开有序研究。

本环节的核心是要让学生确定好自己的研究题目，在研究题目被确定的同时将要展开的研究目的、研究流程、研究方法、预期成果也初步明确下来。

二、问题的聚焦

学生提出的问题不一定能直接成为研究的课题，在指导学生从问题到课题的过程中，依旧要发挥学生的主观能动性，多组织学生之间的交流，让学生互相启发和辩难。教师在适当的时候起到引导的作用，主要关注学生是否能处理好以下两组关系：

一是"大"和"小"的关系。在实践过程中发现很多学生提出的问题涉及的研究范围非常广，这类问题如果能研究透彻，确实有很大的社会影响和价值，但是往往研究过程十分复杂，研究条件也非常高，短时间内不易出结果。在研究性学习课程中，课题有一定的研究周期，考虑到学生还处在学习如何做课题的阶段，课题研究的范围越小、越聚焦，研究的思路就会越清晰明了，这样可以保证学生完整体验做课题的流程，在一个一个小课题的研究过程中积累课题研究经验，为之后研究大课题打下基础。

二是"难"和"易"的关系。开展研究性学习要增强学生的认知活力，如果研究难度太大就容易打击学生的学习积极性。但是也不能过于简单，例如选择一些在教材中就能找到答案的课题，这样也无法达到培养学生创新能力的要求。

三、引导学生从问题到课题的注意事项

（一）引导学生厘清研究内容

学生的问题通常可以分为以下几类：第一类是"是什么"，主要是知识介绍类问题，这类问题适合小学及初一年级的学生，通过查阅文献、网络资源或者简单的访谈就可以知道答案。例如："日常生活中如何进行膳食营养搭配""遵义会议对中国革命史有何重要意义""汉字的起源与演变过程"等都属于这一类问题。第二类是"为什么"，主要是针对一些自己感兴趣问题的现象解释，这类问题就适合初中阶段以上的学生开展研究，往往需要一定的知识积累，能够根据目的制订较为完善的研究计划和策略，通过研究之后能够提出自己独特的见解，这类问题需要深入的调查、较好的逻辑思维能力、一定实验条件的支持等。例如："为什么盲道能够帮助盲人朋友""脱贫攻坚中为什么我的家乡适合种植羊肚菌"。第三类是"怎么办"，主要是深度研究、发明创造类问题，这类问题适合初中阶段以上且具有扎实的理论基础和广博知识面的学生，学生能够对问题进行深入思考，具有独特的思维、创新意识较强、有实验条件和较强的实验技能，而且对研究有强烈欲望。例如："葛藤对贵州土壤石漠化治理及其经济价值的开发""楞次定律在汽车防撞上的运用""'鸡鸣三省'会议的意义对当代青少年未来规划的影响"。

学生究竟要研究的是什么？研究内容的确定非常重要，这样可以帮助学生迅速聚焦问题。

（二）通过追问引导学生做力所能及的课题

在做到问题聚焦之后，学生出于好奇心提出的问题由于难度深浅或实现条件等，不一定适合作为课题来研究，教师可以通过不断追问，引导学生在他感兴趣的范围内生成一个适合他研究的课题或者能解决一个实际问题的课题。学生的问题有时会缺乏理论依据，有时现实不具备解决问题的实验条件。例如，有一组学生想了解关于水中某种重金属离子的含量，指导教师对于实验的可行性提出了质疑，认为在现阶段学校实验室没有条件完成，而专业研究机构的费用也不是普通学生能够承担的。这一组学生经过内部讨论，并听取同学和老师的建议，最终选择研究水质的新课题方向。

另外，对于学生提出的与社会主流价值观不同的问题、一些对生活充满消极情绪的问题，或可能出现的违法违纪的问题，教师不应该生硬地回避，而应该对这类问题进行有效的引导。首先需要弄清楚学生为什么想要研究这个问题，往往提出这类问题的背后可能隐含着学生目前遇到的一些生活困难、成长困境等状况，这正是这门课程的独特价值所在——释放学生情绪或反映心理问题的出口，如果有这类课题研究的"暗线"问题，教师应该予以重视，在课外对这类学生给予更多的关注与关怀。其次是要引导学生把原始问题或课题转换为正向的、积极向上的研究课题。

（三）小而难度适中的问题最适合作为研究课题

大问题一般很复杂，学生很难驾驭或者根本不是一个短时间内可以解决的问题。例

如："××地区水域污染情况"，这样一个问题所涵盖的面太广，这里的污染是指什么？污染源分很多种，究竟是哪一种构成了污染？而且对于一个地区而言不同区域可能污染源不一样，需要根据时间段、地域段采集水样，进行实验分析，大多数学生是没有这样的时间、精力和实验条件的。学生所提出的应该是目标集中，容易展开研究的问题，就是通常所说的"小而精"的问题。例如："××地区水域藻类生长迅速的原因"，这个问题和前面提出的重金属离子含量问题相比就小了很多，但是依然需要实验条件测定水体藻类生长的原因。所以确定一个能成为课题的问题，一定要考虑很多因素的影响。

很多教师反映引导学生从问题到课题是整个研究性学习指导中最难的部分，这是因为引导的思路和方向非常多，每个教师根据自身专业不同、学生能力不同等实际情况对相同的问题也能引导出不同的课题。

四、案例分析

 案例3-2　从问题到课题的引导

以下是某组学生提出"关于《红楼梦》的研究"这个问题后，教师的引导过程：

过程	学生提出的问题	教师或其他学生引导	分析
第一次	关于《红楼梦》的研究	你想研究《红楼梦》的什么	题目太大，无法展开研究
第二次	关于《红楼梦》饮食文化的研究	饮食文化是个比较大的概念，《红楼梦》中讲述吃的场景很多，每一个都要研究的话你们认为你们要研究多久	题目比上面一个要小了很多，但是《红楼梦》中讲述吃的场景太多，关于吃食引出的故事也特别多，研究范围依然比较大，不适合中学生展开研究
第三次	关于贾宝玉被打后喝"莲叶羹"的隐含意义的研究	隐含意义具体是指什么？你们需要找哪些资料才能研究清楚	这个题目比上一个题目更加具体，针对了一个特定场景的饮食。学生能够通过故事的情节去深入思考，这已经是一个不错的课题，但是要想研究这个课题就必须知道曹雪芹的生活背景，需要对其他书籍的阅读量比较大，此时教师就要考虑学生是否有时间完成这些阅读
第四次	从《红楼梦》中"莲叶羹"看王熙凤的理财之道	能从这个细节中提出问题，说明你们很会阅读	这个题目就具体到了人和事，从《红楼梦》这本书中的一个情节引出一个值得深思的问题，说明我们的学生真的会带着思考在阅读，而不是简单地停留于故事情节。而且这个问题不需要太多其他参考书籍的阅读，只需要认真研读《红楼梦》中有关的章节

案例分析

从上述案例可以看出，一个问题要想成为课题是需要反复论证的，是需要学生提出自己的见解，然后师生之间、生生之间互动讨论后才能确定下来的。

学生的问题被确定下来以后，教师就要与学生共同把课题的名称确定好，一个好的课题名称就意味着课题研究成功了一半。课题名称必须简洁明了，要让大家从题目中看出研究对象、研究内容、研究方法等。课题名称一般使用陈述句，也可以采用主副标题结合的形式。有一些课题名称可能还需要加入前置定语来对范围进行界定。例如："苗族同胞在日常生活中不愿意穿民族服装原因探析"这个题目就没有对地域进行界定，因为学生没有明确是对所有苗族聚居地都进行调查还是只针对自己所生活的区域进行调查，显然对所有苗族聚集地展开调查是不可能的，那么就应该加上一个区域限制，这样才能使自己的课题研究目的性更强、可行性更高。

【案例来源：贵阳市第三实验中学】

五、关键步骤

对学生来说这一课段的关键步骤是聚焦问题，并提出假设或者解决思路，这一步是最终能确定可研究问题的前提和难点。对教师来说，这个阶段要注意指导的尺度，尽可能不要因为从自己的角度觉得学生提出的问题意义或价值不大而予以否定，不然很容易出现学生的好奇点教师觉得不值得探究，教师的建议学生没有研究的兴趣和积极性的情况（见图3-4）。

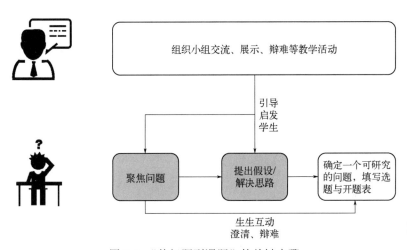

图3-4 "从问题到课题"的关键步骤

六、常见问题

1. 学生提出的问题或课题我不懂怎么办？

产生这个问题的主要原因在于观念还没有转变。很多教师还是习惯于传统教学中的权威、发布者的角色，其实在研究性学习当中，我们的教师是参与者和督导者，叫作平等当中的首席。

大多数教师所谓的"不懂"指的是知识层面的欠缺。其实，研究性学习的任课教师主要是在方法上进行指导，对于知识层面，学生之间可以互相补充，也可以让他们去找专业的教师进行咨询。"不懂"是指教师对于学生提出的问题或课题涉及的学科（知识）不懂、不了解。比如：一组学生提出想研究某个植物的生长，如果指导教师是音乐教师，因为不懂生物学，所以就担心无法指导学生的研究。很多刚接触研究性学习课程的教师，很容易在这个问题上发怵，究其根本，还是因为停留在知识灌输的层面，总是想自己要先懂才能教会学生，但研究性学习课程恰恰相反，不需要教师先懂，课程更多的任务可能是学生做出来让教师们学习。

综合实践活动或研究性学习就是为了解决遇到的不懂的问题，这是发现问题阶段。教师懂了，学生没懂，也是需要研究的。研究是基于学生层面的发现问题、探究问题，鼓励学生"跳"起来解决问题，这就是研究，研究的核心是让学生们的脑子动起来。

2. 为什么不宜把是否有意义或价值作为确定课题的条件？

很多刚开始上研究性学习课程的教师在开题时往往有一件很苦恼的事——那就是如何让学生们选择有意义、有价值的课题进行研究。教师想让学生们研究的问题学生不感兴趣，学生感兴趣的问题在教师眼里没有研究的价值和意义，教师真正看得上眼的问题凤毛麟角，教师觉得这个课很难教，学生也不积极、不配合。进而导致研究性学习这门课无法开展下去，从而对于这门课程的开设失去信心，没有动力。

很多刚开始看似毫无意义的事情，后来却成了伟大的科学发现，或者在一些看似与学习无关的事情中，却蕴藏着严谨的逻辑思维与丰富的各类知识，例如费曼在大学对甩盘子的研究、爱迪生孵蛋的故事、帝国时代游戏的剖析等。在不违反法律法规、道德伦理的前提下，满足好奇心与兴趣本身就是非常有意义和价值的，孩子们的家庭、心智年龄和性格各不相同，必然导致好奇心与兴趣点也不尽相同，当孩子们都能围绕自己的好奇心与兴趣点展开探究时，这门课就成功了。对课题研究其实不是学生们不积极、不配合、不感兴趣，而是我们教师没有理解研究性学习课程的精髓——研究者是学生，不是教师。所以是否有意义和价值不是从教师的角度去评价，而应当从学生的角度去理解和感知。满足学生的好奇心本身就是一种价值。

课题的意义要根据学生的年龄特点来决定。课题对学生来说，他觉得有意义就可以，我们教师用自己的思维觉得可能没有意义，要分清楚研究者是谁。不能用教师的眼光看待学生的管用与不管用，关键是引领学生感受探究的快乐。特别是小学生的作品，有的时候真的很幼稚，但是作为初学者，第一次参与研究性学习的课程，其实会思考就是胜利。

还有，更关键的是学生的心智水平，这个决定了他们感兴趣的方面。只要学生是真实表达了自己的意愿，那这对于他们来说就是有意义的。20世纪最伟大的儿童教育家蒙台梭利在《童年的秘密》一书中谈道：孩子从出生就有自我成长的模式，我们成人的教育很多都是画蛇添足，反而妨碍了孩子的成长。当然我们也不排斥具有社会价值和意义的课题，不是说这些课题不好，而是说我们作为教师不要刻意去追求这些，而要把学生的成长放在首位，即：要有底线思维！把目标值放在学生的成长（尤其是我们看不见摸不着的心理构建与成长上），把其他的放在附加值上，有则皆大欢喜，无也不影响。

对于刚做课题研究的学生来说，培养兴趣和继续下去的勇气应远大于意义和价值！当然最终还是要落实到意义和价值上去。这应该是一个逐层深入的过程！一定要理解"意义和价值"应当是从学生成长的角度出发，如果学生的研究能带来社会的价值和意义，那是附加值，而不是目标值。有无意义要看从什么角度去思考。从做研究这一行为本身来看，学生得到了成长，这就是意义和价值。而研究的具体内容本身的意义和价值又不一样。当学生学会如何研究后又可以促进他们去做更多有意义和价值的研究。好比我们学会钓鱼方法是最基本的价值和意义，当然钓到一条大鱼本身也有价值和意义，二者完全不同。显然前者更为重要。

3. 学生确定要研究什么课题的过程中，教师该如何引导？

最开始上课，学生的问题是天马行空的，什么课题都有。可以引导学生的意图导向，比如学生提出要研究如何把一个网站黑掉、能不能抢银行，甚至制造原子弹……当黑客，需要"技术"；抢银行，也需要"技术"；制造原子弹，更需要技术。是不是可以引发学生讨论，关于这些技术的正面应用：掌握黑客技术可以成为安全专家；破解抢银行"技术"，可以成为刑侦警察；那么精通制造原子弹的技术呢？等等。

遇到学生提出的这些问题，不谈、不想、不研究，并不代表它不存在，如同讳疾忌医，往往适得其反。例如：春禾的陆逊老师曾经在毕节赫章的一个乡镇中学碰到一个女孩分享关于自杀的经历，陆老师问她为什么要探讨这个话题，她说有很多她这样的留守儿童都有过这样的想法，她自己有过三次自杀的经历，现在她挺过来了，她想把这个分享出来，帮助更多的孩子走出阴影。陆老师认为像这样的探究其实很重要，如果不去触碰，我们就无法真正抵达学生的内心，了解学生课题的触点、心理以及产生应有的感知，这非常重要。

又如安顺市第一高级中学曾有一位学生，她说因为家人在生病过程中，服用某一种药物副作用比较大，所以就想寻找替代品，这就挺好的。虽然可能这个研究不一定成功，但这可能给学生奠定了一个未来发展的方向。与此同时，能够感受到亲人的痛苦和自己的顾虑，这是很好的情感引导。所以教师的引导很重要，价值引导主要在于取其积极意义。

第三节　方案设计

一、课段目标

确定好课题后，学生们需要在教师指导下选择合适的研究方法，细化课题研究方案，并进一步根据方案实施课题研究或者项目设计。换句话说，方案设计就是在回答完"做什么"后，阐述"怎么做"，具体包括选题的依据和意义、研究的基本内容、拟解决的主要问题、研究方法、选题的特色及创新点、主要参考文献等。因为在课题确定阶段，通过反复、细致的追问，"怎么做"的计划基本上已经有了比较成熟的答案，学生们通常能够比较顺利地完成研究方案的起草，这个课段的重点是引导学生选择合适的研究方法，指导随后开展的研究实施阶段。

本节将重点介绍课题研究常用的几种研究方法，包含相关的研究案例或教学设计案例，基本涵盖了社会调查类、科学实验类、项目设计类等各类课题的主要研究方法，供大家参考。

二、问卷调查法

问卷调查法是学生在很多类课题中都会使用的研究方法,例如在社会调查类课题中,学生针对相应社会现象的调查时会使用问卷;在发明制作类课题中,学生前期需要调查现有或者类似产品的缺陷以及了解用户对产品的期待时会使用问卷;在人文传承(非物质文化遗产的传承)类课题中,可能需要问卷调查现状和传承中的相关问题等。

(一)问卷调查法的定义

问卷调查法也称问卷法,作为社会调查收集资料的一种工具,它是调查者运用统一设计的问卷向被选取的调查对象了解情况或征询意见的调查方法。

(二)问卷调查对象的选择

学生用问卷调查法进行课题研究时需要根据研究目的来确定调查对象,被选择的调查对象要具有代表性。

(三)问卷设计的基本原则

(1)问卷中的所有问题都应和研究的目的相符合,即题目应是研究问题和假设所要测量的变量。

(2)整份问卷能显示一个重要的主题,使填答者认为重要而愿意合作。

(3)整份问卷要尽可能简短,其长度只要足以获得重要的资料即可。如果问卷太长、花时间太多,回答者可能不愿意或不认真回答。

(4)问卷中的问题表述要清楚,简明扼要,易于回答;要以第三方的角度提出问题,不能有强烈的主观性引导暗示。

(5)问卷中的问题不能违背社会主流价值观和涉及个人隐私。

(6)问卷中的问题要符合填答者认知能力范围。

(7)问卷中的问题所收集的资料要易于课题组统计和解释。

(8)问卷中问题排序要恰当,符合填答者由易到难的阅读习惯。

(四)问卷的基本结构

一份完整的问卷包括五个部分:题目(标题)、卷首语、问题和答案、编码及其他资料。

1. 标题

问卷的题目设置需要简明扼要地概括问卷调查的基本内容,常常以"关于……的调查"为基本形式。如"关于如何克服考试紧张的调查研究""关于凯里市苗族银饰的调查——以龙场镇为例""关于高中生与老师日常交流的心理调查研究"等。

2. 卷首语

卷首语是调查者致被调查者的一封简单的信,卷首语的内容可以包括:

● 调查的目的、意义和主要内容;

● 选择被调查者的途径和方法;

● 对被调查者的希望和要求;

- 填写问卷的说明；
- 回复问卷的方式和时间；
- 调查的匿名和保密原则以及调查者的落款。

为了能引起被调查者的重视和兴趣，争取他们的合作和支持，卷首语的语气要谦虚、诚恳、平易近人，文字要简明、通俗、有可读性。

3．问题和答案

问题和备选答案是问卷的主要组成部分，问题的设计更是整份问卷的关键，问题的设计要符合调查目的，否则会影响整个调查结果，也无法验证课题研究假设。问卷中问题的排序可以将"是什么"和"为什么"的问题靠前排序，将"怎么办"等决策性问题靠后排序。

问题类型按照备选答案给出的情况分为开放型、封闭型、半封闭型三种类型。如果对研究问题只需做一般了解，不需要或不可能做深入了解，建议最好使用封闭型问卷；如果需要填答者阐述自己的观点，可以采用半封闭型问卷。总之问卷中的问题尽量采用选择形式回答，减少开放型问题，要让填答者愿意回答。

4．编码

编码就是把问卷中的问题和被调查者的回答，全部转变成为 A、B、C 或①、②、③等代号或数字，以便对调查问卷进行数据处理。

5．其他资料

其他资料包括被访者的地址或单位、姓名、性别、访问开始和结束时间、访问完成情况等。这些资料，是对问卷进行审核和分析的重要依据。

（五）问卷的发放与回收

问卷的发放通常有实地发放与网上发放两种。我们常用的发放形式是采用面对面的纸质问卷发放，让学生走向社会，到城市、农村、公共场所等地方，这样可以培养学生与陌生人沟通和交往的能力。现在的网络条件也已经比较成熟，很多学生选择微信、QQ、微博等途径发放电子问卷，甚至有一些好用且基础功能免费的问卷平台如"问卷星""腾讯问卷"，学生可以很方便地在平台上生成问卷，并通过扫码、发送链接等形式在网络上发放问卷。采用电子问卷虽然有利于数据统计，但是缺少了学生与陌生人沟通能力的锻炼机会。

从回收问卷的角度看，由于时间精力的限制，回收相同数量的问卷，实地发放回收的工作量会比网络回收更大。网络发送问卷虽说比较轻松，但由于没有专人的沟通，无效问卷数量会比较多。

（六）学生问卷调查案例

 案例 3-3

目前贵阳市地下通道和人行天桥有 1260 条之多，但利民设施却不尽如人意。一些地下通道设计上普遍存在较多缺陷，这给老人、儿童、残疾人等特殊群体的通行带来不便。因此有一个小组的同学成立了课题"贵阳市地下通道存在的问题及建议"，想通过调查了解真实情况并提出自己的建议，以下是他们的调查问卷。

关于贵阳市地下通道现状的调查

您好！我们非常想了解您对贵阳市的地下通道的了解和评价。您的如实回答对于我们的调查分析非常重要，请您在认为恰当的选项上打"√"或填写相关内容。本问卷是不记名问卷，不涉及个人隐私，只做课题研究用。谢谢您的配合！

1. 请问您过马路时更愿意选择以下哪种方式？
   A. 人行天桥　　　　　　　　　B. 地下通道
   C. 斑马线　　　　　　　　　　D. 任意横穿马路

2. 请问您觉得是什么原因导致大部分人不愿走地下通道？
   A. 费时长　　　　　　　　　　B. 消耗大量体力
   C. 有安全隐患　　　　　　　　D. 分辨不清楚方向
   E. 其他＿＿＿＿＿＿

3. 您觉得地下通道中有商户合理吗？
   A. 不合理，人流拥挤有火灾隐患
   B. 合理，路过时遇到想买的东西会很方便
   C. 无所谓

4. 对于近来贵阳市地下通道频出事故，您的看法是：（可多选）
   A. 地下通道硬件设施问题
   B. 管理人员不到位
   C. 行人自身的问题
   D. 其他＿＿＿＿＿＿

5. 您认为贵阳市的地下通道主要存在以下哪些问题？（可多选）
   A. 坡度陡、阶梯多、无自动扶梯
   B. 多数路口地下通道未连通，不能过一次地下通道就到达目的地
   C. 路标不清，容易迷路
   D. 没有卫生间
   E. 设施老旧、出现漏水现象
   F. 残障设施不完善
   G. 出入口处无遮雨棚
   H. 有其他安全隐患＿＿＿＿＿＿

6. 您理想中的地下通道是怎样的？（可多选）
   A. 设计充满时尚和艺术的气息
   B. 设施完善、安全、便利
   C. 两边有可购物的商户和有特殊设施
   D. 合理的指示牌
   E. 其他＿＿＿＿＿＿

×××课题小组

××年×月×日

地下通道是现在城市常用的缓解地面交通拥堵的辅助建筑之一，同学们经过观察和新闻报道，发现贵阳市的部分地下通道存在建设不规范、路标指示不明确、不方便老年人和残疾人通行等问题，于是选择了"贵阳市地下通道存在的问题及建议"为课题名称展开调查。该问卷的设计基本格式完善，但是对于问题的设置将调查者的主观意识体现得过于明显，没有很好地作为中立方展开调查，因为问题的指向性很强，所以获得的数据说服力肯定不足。如前述案例问卷中第2题"请问您觉得是什么原因导致大部分人不愿走地下通道？"题目中的"大部分人"是调查者的主观判断，没有客观数据做支撑或给予说明，客观中立的问法应该是对选择"不愿走地下通道"的被访者询问"请问您觉得是什么原因导致您不愿走地下通道？"

【案例来源：贵阳市第三实验中学】

三、访谈法

访谈法也是学生在研究过程中常用的研究方法之一，学生根据课题的计划或者研究的深入，需要对预设的专家、教师、同学、路人、相应的工作人员等进行访谈；特别是访问专家的机会难得，也许只有一次，如果不能把握好可能没有下一次；还有一些突然出现的人或事，可能是偶然出现的，错过就很难再遇见，围绕课题的问题意识需要时刻准备着。所以如何完成一次有效的访谈是我们在出发之前就要做好准备的，接下来就来看看如何使用访谈法。

（一）访谈法的定义

访谈法是研究人员通过有目的地与调查对象直接交谈，来获取信息的研究方法[28]。这种方法与我们日常生活中与同学、老师之间的相互交谈完全不同，与老师、同学的交谈可以是有目的的，也可以是没有目的的闲聊。但是作为课题研究的访谈，首先要有访谈的计划，明确自己的访谈目的，提前拟定访谈提纲；其次还需要录音、录像等辅助设备；再次就是要从被访者那里获得自己想要的信息；最后将访谈记录整理、统计，从而获得相关信息。访谈法最大的优点在于与被访者的交流对话中可以形成追问，从而获得更多有效的资料，访谈形式也比较灵活多样。

（二）访谈法的实施主要步骤

1. 访谈前准备

访谈前须周密细致地完成下列工作，确定访谈的主要内容、选择适当的访谈方法、制订调查提纲和所需表格、确定合适的访谈对象、了解受访者的基本情况、拟定实施程序表、备齐访谈工具。特别是做专家访谈的时候往往只有一次机会，一定要在访谈前做好充分的准备。

2. 实施访谈

包括获准进入访谈、建立信任、正式访谈、做好访谈记录，录音、录像需要征求被

---

[28] 彭锻华，刘晓晴. 研究性学习基础[M]. 广东：广东人民出版社，2015：49.

访者的同意。实施访谈之前一定要提前预约，尊重被访者习惯，在被访者单位或家里，切勿高声喧哗，随意走动。见被访者时衣着不可以太随意，最好是穿校服，校服是一个身份的象征。访谈过程如果要使用录音、录像设备，需要征得被访者的同意，而且要告知对方录音、录像的用途，切不可自作主张。

3. 结束访谈

要控制好时间，在预定的时间内结束访谈，同时要善始善终，做好最后的收尾和道别工作。如果问题没有得到很好解决，可以和被访者预约下次访谈时间或者请被访者推荐他人继续访谈。访谈结束后，一般要请被访者在访谈表上签字确认访谈内容，以证实访谈的真实性。

（三）访谈的主要形式

1. 面对面访谈

访问者和被访者面对面地交流，就像很多电视访谈节目一样，例如"杨澜访谈录""鲁豫有约""新闻面对面"等。常用于专家访谈，这样会显得尊重被访者，还有就是一些街头随机访谈，另外还可以用于在学校里访谈老师或者同学。

2. 电话访谈

当一些机构不方便学生进入或者无法预约专家当面访谈时可以采用电话访谈，在访谈过程中可使用电话的录音功能，方便后续记录。

3. 网络软件视频访谈

一些远程访谈可以采用聊天软件的视频访谈功能进行访谈，可以采用软件自带的录屏功能录像（一定要提前告知被访者）。

无论采用哪种访谈形式，在访谈中都要做好相应的记录。

（四）访谈的注意事项

1. 预备性谈话要明确

在进入正式访谈前，调查者要简单地进行自我介绍，态度宜不卑不亢。首先要让被访者了解调查者，让被访者知道调查者的访问是善意的；其次可以进一步说明访谈的目的，为什么要做这样的研究等。

2. 访谈过程提问要清楚明确、自然流畅

提问是访谈能顺利进行的关键，最好能提前做好访谈提纲，提的问题要尽可能清晰，提问语气要婉转。提问的方式非常多，调查者应该根据被访谈者的实际情况，选择恰当的提问方式。

3. 访谈过程中要注意倾听

访谈过程中访谈者要将注意力集中在被访谈对象的身上，通过目光、神情、态度去表达自己是在认真倾听的。在理解被访谈对象谈到的内容时要探询所说语言背后的含义，了解他们看问题的方式和语言的表达。

访谈过程中要注意不要轻易地打断被访者的谈话，可以用"是的""明白"等语言或者用点头等非语言信息鼓励被访谈者讲下去。

4. 访谈时不要给予任何评价

提问的人要尽量保持客观、中立的立场，无论被访者的回答是什么，都不宜做评价，可以给出一些回应，如"我明白你的意思了""好的，我记录下来了"等等。

（五）资料的记录

资料记录有当场记录和事后记录两种形式。当场记录必须征得访谈对象的允许，而且要注意记录时不要贪多，应该只记要点，等访谈结束后再全面整理。如果访谈对象允许录音，可以采用录音后再整理，这样可以反复听，避免遗漏重要信息。在访谈记录的过程中，要忠实记录，实事求是，不要润色、添油加醋，尽量避免掺入主观成分。

（六）访谈法的局限

（1）代价较高，与问卷相比，访谈要付出更多的时间、人力、物力；

（2）时间长，从找到合适的被访者，到预约成功，再到实施访谈，可能耗时很长；

（3）受访谈员影响较大，访谈员的性别、年龄、容貌、衣着以及态度、语气、口音、价值观等特征，都可能引起被访者的心理反应，从而影响回答内容的真实性；

（4）缺乏隐秘性，从而使被访者顾虑重重，往往回避或不做真实性回答；

（5）会给被访者带来不便；

（6）访谈范围受限，一般访谈样本较小；

（7）访谈记录整理困难。

因为局限性，访谈法一般只用于访问专家或者非常具有代表性的任务，一般大众的随机访谈偶然性太强不建议采用。

（七）学生访谈案例

 案例 3-4

问卷调查法中提及的案例"贵阳市地下通道存在的问题及建议"，同学们为了了解更多的情况，对地下通道的保安进行了访谈。以下是该课题组的访谈记录：

问 1：请问地下通道的人流量怎么样？

答：紫林庵附近地下通道的人流量还是比较多的。

问 2：那么请问这个残障设施的使用率怎么样？

答：这个倒很少。因为来的残障人士不是很多，平均下来一天最多使用一次。

问 3：可是我听说很多地下通道的残障设施管理并不是很到位。在按了呼叫按钮以后，管理人员并没有马上上去帮助残障人士，甚至在按了许多下以后也没有人员上去。这是怎么回事呢？

答：这种情况还是很少的，一般情况下，可能是因为设施存在质量问题，有时候在按了许多下以后，容易出故障。像这种情况，我们管理人员都会去耐心解释，因为出了故障，你在上面按下呼叫按钮下面就没有反应。

问 4：那么据您所知，地下通道人来人往的，行人会不会出现迷路这种情况呢？

答：这种情况有是有，但并不多，偶尔会有外地人分不清楚来问路。

问 5：其实您看，在紫林庵这段人特别多，相对抱怨也是挺多的，您看这边的地下通道互相并不连通。平常若是要过马路，可能要走几次地下通道，对于老人更是一种大问题。您想，老人家走路本来就不方便，还要上上下下走那么多次。

答：因为这里不像喷水池或是纪念塔那边，是不连通的。这就是一个先修和后修的问题。修的时间并不一致，以前考虑的也并不是那么周到。比如说那个枣山路就是个明显的例子。

问6：今年就听说贵阳市的地下通道会进行改造。那您觉得对于紫林庵这边的改造，比如说将各个地下通道打通或增加其他设施服务之类的，可能性大不大？

答：这个问题我没法回答，因为我们也没这个权利，也得看政府方面是怎么想的，我们只能说是去建议之类的。

问7：那就您了解，紫林庵这边的地下通道有没有出现过事故之类的，比如说抢劫。

答：很少，不过出现这种情况我们会尽力保护受害者吧。因为我们并没有执法权。

问8：可是据我们了解，有些地下通道没有保安。而且贵阳市地下通道的管理十分混乱，基本上有七八家公司在管。

答：保安基本上是全天在岗位上的，而像你说的七八家公司管这个地下通道那倒不是，只有两家。有商铺类型的地下通道是人防在管理，其他一般的地下通道都是市政在管理，你所说的那种情况可能是在小区附近刚修好的地下通道，它还没有交付给市政或人防，而是由别的公司在代管，但这种情况很少。

📑 案例分析

本访谈依然来自课题"贵阳市地下通道存在的问题及建议"，本次选择的访谈对象是地下通道的管理人员，目标选择非常明确，也能很好地帮助自己了解更多难以了解的实际情况，因为管理人员每天都在，关于地下通道的常见问题他们最清楚。该课题所选择的地点也具有代表性，因为这是贵阳市人流量较大的地下通道之一。

【案例来源：贵阳市第三实验中学】

四、观察法

观察法是科学发现的一个重要途径，也是激起人们求知欲、探索欲的重要手段。人们通过实验、研究，就可能有出乎意料的发现。人类历史上许多伟大的科学发现都是利用观察法得来的。如哥白尼长期观察天文现象，最终提出"日心说"等。观察法也广泛应用于人文社会科学领域，如美国著名社会人类学家摩尔根在进行《古代社会》《人类家庭的血亲和姻亲制度》等著作的写作时，都采用了观察法而获得可靠的资料。其实很多影视作品中，演员为了更好地塑造人物，往往需要深入作品中角色的生活，参与角色人物的一切活动，去观察他们的言行举止，最终呈现在银幕上，给观众留下深刻印象，如巩俐在拍摄《夺冠》时为了演好郎平这个角色，一次次跑到训练场和比赛现场，用笔记本记录着郎平指导球员过程中的每一个细节，细心揣摩，最后呈现出了精彩的表演，并且凭借这一角色获得诸多奖项。

（一）观察法的定义

观察，从大的方面来看分为两种。一种是广义的观察，即一般日常生活的观察，如：抬头看天，低头看地；游玩时东张西望，与人打交道时察言观色。只要我们眼睛所到之处，就是观察。例如春天的时候我们到郊外欣赏美丽的风景，用手机拍照，这就是一种广义观察。另一种是科学观察，即指人们有目的、有意识、有计划地通过感官和辅助仪器，对客观事物进行系统察看、测量、记载，从而获取经验事实和理性认识的一种最基本、最普遍的科学研究方法。例如我们在学校完成理、化、生实验时，观察实验现象、记录实验结果、分析实验数据，这就是科学观察。

（二）观察法的基本原则

1. 客观性原则

观察的客观性，其核心就是从实际出发，真实地反映现实，绝对不能有主观偏见，随意取舍，甚至歪曲事实。

2. 系统性原则

客观事物都有其产生、存在、发展和灭亡的历史过程，因此要坚持观察事物的全过程；事物是普遍联系的，因此要坚持对事物进行全面的了解。

3. 典型性原则

世间事物纷繁复杂，所能观察到的东西相当有限，因而要选择典型的观察对象，把握事物的主要方面。只有把注意力集中和保持在经过选择的观察对象上，把观察始终和有意注意结合在一起，尽量排除外界无关刺激的干扰，观察才能获得预期成效。

（三）观察法的类型

（1）根据观察的情境条件划分为自然观察和实验观察。自然观察是指对观察对象不加控制、不加干预、不影响其常态的条件下的观察，能收集到客观真实的材料，但材料往往是观察对象的外部行为表现；实验观察则是指在有严密的计划、有详细的观察指标体系等控制下的观察，适用于可重复进行、多次再现的被研究对象。

（2）根据观察方式可以分为直接观察与间接观察。直接观察是凭借人的感官，在现场对观察对象进行感知和描述，比较具体；间接观察是借助一定仪器或其他技术手段为中介进行观察，这类观察突破了人的感官功能的局限性，扩展了观察的深度和广度。

（3）根据观察者是否直接参与被观察者所从事的活动划分为参与性观察和非参与性观察。前者指观察者不暴露自己的真实身份，直接参与到观察对象所从事的活动中，在活动中隐蔽观察研究对象。例如一些记者的卧底观察，像这样带有一些危险性的观察一般不建议的学生去实施。这种观察法获得有关较深层结构和关系的材料，但易受到研究者主观因素影响。后者指研究者以"旁观者"身份，采取公开或秘密的方式进行观察。这种观察结果较为客观，但无法深入了解观察对象或事件的深层原因。

（4）根据观察实施的方式划分为结构式观察与非结构式观察。结构式观察是指观察者根据事先设计好的提纲并严格按照规定的内容和计划进行观察，其特点是结构严谨、计划周密、观察过程和记录标准化，但缺乏弹性，容易影响观察结果的深度和广度。非结构式观察是指对研究问题的范围和目标采取弹性的态度，观察内容项目与观察步骤不预先确定，也无具体记录要求的非控制性观察。该方法灵活，简单易行，但获得的材料比较零碎，常用于对观察对象不太了解的情况下。

（四）观察法的基本步骤

1．制订观察计划

根据研究性学习所选定的课题制订好观察计划，观察计划主要包括观察目的、观察对象、观察内容、观察的时间和地点、所选择的观察方法、观察人员的分工等。

2．做好观察准备

准备观察过程中所需要的器材，设计观察记录表格，了解观察所需的背景知识，确定观察注意事项等。

3．实施观察

观察过程中力求按计划完成所确定内容，具体操作过程出现未考虑到的因素时，应对计划做适当的调整，对观察到的现象进行及时、客观的记录，对理论预期外的现象做好详尽的记录。

4．整理和分析观察资料

对观察的原始记录予以整理，并对观察到的现象和数据进行分析，寻找规律性的解释或结论，并与预期的观察结果进行对照，分析出现差异的原因，得出结论。

（五）观察法的局限

（1）观察法不能判断所观察现象的因果关系，只能说明有什么和是什么，因此，单凭观察所得的经验不能证明事物的必然性。

（2）由于观察时间和观察情境的限制，在研究对象多且分散的情况下应用较困难。

（3）由于事物的复杂性及多变性，观察项目归类性结论太多，会影响研究的信度。

（4）观察研究往往取样小，观察的资料琐碎，不易系统化，普遍性的程度不高。

（六）学生观察案例

📚 **案例 3-5**

某同学发现我们周围有很多行人过马路时常常不看红绿灯，同样也有很多机动车在过斑马线时并没有按照规定减速通过。针对这一问题他们利用一个下午的时间选择了人流、车流密度相对较大的路口进行观察记录。

关于路口行人和机动车通过斑马线的观察记录表

观察时间：_____年_____月_____日____时____分至____时___分

观察地点：_____

观察者：_____

一、行人过马路情况（均用"正"计数）

1．按红绿灯规定过马路人数_____。

2．按红绿灯规定过马路的人群：学生_____人，青年_____人，中年_____人，老年_____人。

3．不按红绿灯规定过马路人数_____。

---

4. 不按红绿灯规定过马路的人群：学生_____人，青年_____人，中年___人，老年_____人。

二、车辆过斑马线不减速情况（均用"正"计数）

1. 按照国家规定过斑马线必须减速的车辆有_____辆。

2. 按照国家规定过斑马线必须减速的车辆：公交车_____辆，出租车_____辆，小型轿车_____辆，其他车辆_____辆。

3. 未按照国家规定过斑马线必须减速的车辆有_____辆。

4. 其中未按照国家规定过斑马线必须减速的车辆：公交车_____辆，出租车_____辆，小型轿车_____辆，其他车辆_____辆。

📰 案例分析

本课题的研究采用了比较原始的观察法，这样的确可以获得第一手的原始资料，但是偶然性的因素也增加了，需要连续一段时间的观察才会更加有效，但是学生也只能利用周末、节假日、寒假展开调查，所以在数据的科学性上较为欠缺。但是同学们这种研究的精神是值得肯定的。

【案例来源：贵阳市第三实验中学】

五、实验法

实验法虽然是研究性学习中的重要研究方法之一，但是操作起来较为复杂，可能会涉及学校的理、化、生实验室，或者一些校外的实验机构等。当然一些简单的实验可以在家里完成，但是注意关注学生阐述研究方案时的具体实验方案，判断该实验是否具有危险性。

（一）实验法的定义

实验法是观察法的延伸和拓展，它是人们根据一定的研究目的，运用一定的科学仪器和设备，在人为控制或改变客观事物的条件下获得科学事实和结论的研究方法。实验法的主要目的在于查明研究现象发生的原因或检验某一理论或假说的实际效果。它和观察法的重要区别在于：观察是在自然条件下进行的，实验探索是在人为控制研究对象的条件下进行研究的科学方法。

（二）实验研究法的基本要求

1. 明确实验的目的和要求

对实验步骤做到心中有数，不仅要知道怎样做，而且还要懂得为什么这样做。实验之前要制订实验计划，计划主要包括实验题目、实验目的、实验对象、实验方法、实验所需器材、实验步骤、分析数据、得出结论等内容。

2. 树立安全、规范操作的意识

在实验过程中，应严格遵守实验室的安全守则，小心并规范地使用各种仪器、装置，如酒精灯、电器、玻璃器皿等，避免发生意外。如果需要进行活体动物实验则要经过正规途径购买，需要有检验、检疫证明，做好防护措施，避免细菌感染。如果借助相关科研单位的实验室，要在专业实验员的指导下进行实验，避免发生事故。

3．秉持实事求是的科学态度

准备记录各种数据和资料，不得随意更改实验数据。如果实验不成功，可以分析实验失败的原因，重新再做，但是绝对不能篡改数据，弄虚作假。

（三）实验法的类型

（1）根据实验的精确性和实验所处的环境，可分为实验室实验和自然实验两种类型。

实验室实验是在实验室内通过各种实验仪器和设备，在人为制造、控制或改变实验对象的状态和条件下，观察实验对象的一种有目的、有计划的活动。自然实验是在人为创造或选择的条件下，对自然界的事物进行观察和研究的活动，其优点是把观察的自然性和实验的主动性结合在一起，不足之处是在自然实验中缺少对某些因素的严格控制，实验结果的精确性较差。

对于学生而言，可能选择实验室实验会比较多一些，因为可操作性强，实验条件易于控制；自然实验虽然可以给学生更加广阔的空间和视野，但是实验的可操作性和安全性，以及实验条件都会要求比较高，这样在制订方案时要考虑充分。

（2）根据实验目的，可分为探索性实验和验证性实验两种类型。

探索性实验是探索研究对象的未知性质，了解它具有怎样的组成，有哪些属性和变化特征，以及与其他现象的联系等的一种实验方法。其特征是根据实验的目的，利用已知的、外加的因素去干扰研究对象，看它发生什么样的变化，出现什么样的现象，产生怎样的结果。这种实验一般具有试探的性质，因此也称为试验。探索性实验未必有唯一、确定的结论，其目的侧重于培养学生们的科学精神、科学态度和探究能力，注重探究过程的体验。验证性实验是验证某一理论或假设是否正确的实验方法。当对研究对象有一定的了解，并形成一定认识或提出某种假设时，就需要用实验来验证其正确与否。验证性实验侧重于培养学生的实验操作能力、数据处理和计算技能，注重实验的结果（事实、概念、理论）等。

理、化、生的课本实验都是属于验证性实验，但是同学们可以大胆假设，通过实验设计去验证这样的假设是否可行。探索性实验在研究性学习的课题选择上更利于多样性，学生可以有更大的发挥空间。

（四）实验研究法的基本步骤

（1）提出研究课题，明确实验的目的。提出的课题必须遵循以下四个准则：一是价值；二是创新；三是可行；四是准确。

（2）提出假设。就是根据一定的知识和经验提出一个假定性的观点。虽然假设具有一定的猜测性，但也要有一定的依据，这就是我们所掌握的理性知识和感性经验。

（3）设计实验方案。假设提出以后，就要通过设计的实验方案去验证它。这就要求设计出实验的基本方法和步骤，对用什么实验器材、采取什么步骤、如何控制变量、怎样处理数据、如何分析实验现象等进行通盘考虑。

（4）实施实验并做好实验记录。设计好实验方案后按照步骤展开实验，并对实验做翔实的记录。实验的实施过程中，需要建立实验档案，及时积累实验资料。建立实验档案应该注意以下四点：一是专人管理；二是全面、详尽、细致地收集资料，而不应遗漏；三是客观、公正、实事求是地收集资料，而不应带偏见地取舍；四是及时分类、编号。

（5）分析论证实验结果，形成结论。对实验的结果要实事求是。当发现实验结果与预想不一致时，无论如何不可以编造实验结果，而应对结果进行深入分析，检查实验方案的正确性，或通过进一步的实验，找出其中的原因。如果最终结果跟预期的不一样，就要从过程中寻找造成不一样的原因，如果实验程序是科学的、合理的，那么就是假设不成立。如果是假设不成立，就必须重新提出假设，重新设计实验方案进行论证，直到找到合理的答案为止。

（五）实验法的局限

（1）研究者人为地营造实验条件，使其远离现实情境中的"自然状态"，会导致外部效度降低。

（2）如果研究样本自身不具有代表性，即便在分组时做到了随机化分派，也会使内部效度和外部效度降低。

（3）研究只能限于当前问题，对过去问题和将来问题的研究，实验方法不太可行。

（4）当研究变量和水平数目增多时，成本会急剧增加。

（5）有些实验研究中实验的对象是人，人类行为变异相当大，较难控制，同时也使实验研究面临许多伦理和法律方面的限制。

（6）难以找到合适的测量工具，即使找到，也容易造成使用的偏差。

（六）学生实验案例

 案例 3-6　酒精炉的改进

问题来源：

现在外出野营、徒步已成为一种时代潮流，越来越多的人喜欢同驴友、家人一起露宿。而在野营、徒步过程中的炊饮问题是旅行的几大困难之一，在人迹罕至的山野之中对食物进行有效加热是不容易的。市面上有酒精炉卖，但是体积太大不易携带。于是，驴友们发挥想象，制造出了既便于携带也易于制作的酒精炉。而我们小组的课题目的，就是对酒精炉进行进一步改进，通过实际操作加大酒精炉功率，使它能为我们的野营、徒步带来更多的便利。

研究方法：对比实验

课题小组分别制作了一个改进前的酒精炉和改进后的酒精炉，然后在两个相同的器皿中每次加入等质量的水，改变每次（A、B、C、D、E、F组）加入水的质量，放在两个酒精炉上加热。

实验数据：

项目	改进前 酒精炉	改进后 酒精炉	项目	改进前 酒精炉	改进后 酒精炉
A 组平均沸腾时间	2′05″	1′30″	D 组平均沸腾时间	2′06″	1′31″
B 组平均沸腾时间	2′06″	1′32″	E 组平均沸腾时间	2′10″	1′40″
C 组平均沸腾时间	2′05″	1′31″	F 组平均沸腾时间	2′05″	1′32″

实验数据分析：每次烧开相同质量水的时间都有所差异，是因为在室外燃烧有自然因素的干扰，会使酒精炉在燃烧过程中产生热量损失，导致了每次所需的时间不同。

案例分析

该制作源于学生的爱好，通过观察现有产品的不足之处，自己动手改进，既有理论支撑又有对比实验数据说明改进优点。研究报告中很好地使用了对比实验的数据来说明问题，而且课题组的同学注重了变量的控制，使得实验更具有说服力，这是科学实验中非常重要的环节。

【案例来源：贵阳市第三实验中学】

六、文献研究法

文献研究法是一种最常用的科学研究方法，它不仅具有悠久历史而且一直活跃在当今的研究领域中。在历史的长河中先人就是通过各种文献给我们留下了永久的痕迹，我们今天才能了解过去；今天的文献记录，也让后人了解当今发生的事情。一般情况下，离开了文献就很难进行科学研究。正如牛顿所说，他的成功是站在了巨人的肩膀上。

（一）文献研究法的定义

《论语·八佾》中最早出现"文献"一词。宋代朱熹的解释"文，典籍也；献，贤也"，即文献应包括历史上的图书、档案和当时贤者的学识等[29]。文献是人们用文字、图形、符号、音频、视频等技术手段建立起来的储存与传递信息的载体[30]。文献研究法就是根据自己研究小组所选定的课题，有针对性地展开相关文献资料的收集、整理、分析、提炼等，并通过对文献的研究形成对所选课题相关内容的客观事实以及他人在类似问题展开研究的论述的科学方法。

文献研究法既是一种最基础和用途最广泛的收集资料的方法，也是一种独特的和专门的研究方法。相对于其他收集资料的方法，它体现出一些比较突出的特点：①没有时空和地域的限制，文献研究处理的资料是间接性的第二手资料，所以使用文献研究法既可以超越时空限制，还可以不受地域的限制，可以通过文献研究那些不能够亲自接触到的对象；②避免触及研究对象的敏感问题，文献研究法不会直接面对研究对象，不会产生由于直接面对研究对象而涉及的一些敏感问题，因而会得到较为真实的结果；③资料获取效率高、所需成本低，文献研究法是获取知识的捷径，特别是现在利用网络检索，

---

[29] 杨晓萍. 教学科学研究方法[M]. 重庆：西南师范大学出版社，2006：112.
[30] 彭锻华，刘晓晴. 研究性学习基础[M]. 广东：广东人民出版社，2015：51.

可以高效获得自己想要的相关信息,因此利用文献研究法查阅资料可以节约大量的人力、物力等，且获取的相关信息更加丰富。

中学生的研究性学习课程以课题研究为载体开展，学生在筹备课题之初就应该通过文献研究法查阅相关的研究，看看自己的研究方案、预期成果是否已经有了类似或者更好的结果；也可以通过文献研究他人在类似问题上的研究思路，为自己即将展开的研究提供参考。无论哪种课题类型都应该有文献研究的过程,并在研究报告中通过"文献综述"对自己研究相关主题的文献资料进行系统收集整理，形成对本领域和主题研究情况的相关报告，概述本领域研究的总体现状、存在的基本观点、有哪些问题和局限，并指明今后研究的趋势和方向、自己研究较前人研究的不同之处等。

（二）文献研究法的主要种类

文献研究法主要包括内容分析法、二次分析法和现存统计资料分析法。

（1）内容分析法，是一种以各种文献为主要研究对象的研究方法，它对各种信息内容进行客观、系统和定量的描述与分析。这种方法可以对明显的传播内容进行量化描述，并且可以借助计算机进行数据的分析处理，为使用现代信息技术处理研究问题提供了新的思路。内容分析法可以细化为定量分析和定性分析，前者包括选取样本、制定类目、制定统计单位、进行编码、分析解码等步骤，后者则涉及初步阅读、形成假设、精确决定资料中的关键因素、分析关键因素出现的方式等。

（2）二次分析法，指的是通过对以前已经由他人进行收集和分析的资料进行第二次分析，看看能否得出新的结论。这种方法可以细化为两种类型：一是分析与原有问题不同的问题，从而得出新结论；二是对于同样的问题、同样的资料，进行再一次的分析，发现之前没有得出的结论。二次分析法的一般步骤包括选择研究的主题、查找资料、对资料进行再加工和对资料进行再分析。

（3）现存统计资料分析法，则是对那些由国家和各级政府部门所编制的统计数据进行分析。这种方法适用于对国家和政府部门的统计数据进行深入分析和研究，以获取有关社会、经济等方面的信息和知识。

综上所述，文献研究法通过上述三种主要方法，使得研究者能够系统地整理和分析文献资料，从而深入了解研究主题的相关知识和信息，为研究提供坚实的基础。

（三）文献资料的收集

1. 收集文献的渠道

主要有图书馆、档案馆、博物馆、科研单位、学术会议和互联网等，中学生的课题研究通过图书馆、互联网基本就能满足。

2. 收集文献的工具

可以分为手工检索工具和计算机检索工具两种。手工检索工具主要有目录卡片、目录索引和文摘，估计现在的学生使用这样检索的方式会很少。计算机检索目前主要是利用互联网检索引擎（如百度、360、搜狗等）对所输入的关键词进行检索，找到所需要的信息，但网络信息鱼龙混杂，真假难辨，应尽可能选用正规网站或大型专业网站、专业数据库中的文献，例如中国知网、万方数据库、中国知识产权官网等。

3．文献检索的方法

（1）顺查法，按照时间顺序由远及近地检索文献信息。

（2）倒查法，按时间顺序由近及远地检索文献信息。

（3）抽查法，选取一定时间段查找相关文献。

（4）追溯法，利用文献后所附的参考文献，逐一追查原文，反复操作，直至源头的文献。

（5）综合法，结合采用上述方法，先采用顺查法、倒查法和抽查法，利用检索工具查找出一批相关文献；然后采用追溯法，利用所附的"参考文献"，分期分段、逐次地追溯查找相关文献。

4．选择和鉴别文献资料的注意事项

（1）要获得足够的文献资料，孤证不立。

（2）要尽量收集新的文献。

（3）要注意收集原始资料。因为原始资料的准确性、可靠性相对高些。

（4）要注意文献资料观点的多样性。不仅要收集观点一致的资料，也要学会收集观点不一致的资料，这样可以学会比较分析。

（5）要尽量收集多种类型的资料。文献资料可以是文字的，也可以是图片、声音、图像的；可以是直接的，也可以是间接的；可以是中文资料，也可以是外文资料。

（四）文献研究法的局限

（1）文献本身存在较多的不完善性。这主要表现在：第一，在许多用于教育研究的文献中，作者往往出于特殊目的和意图夸大或掩盖了部分事实，使文献记载偏差。第二，选择性存留和破损。文献的保存常具有选择性，名人写的文献可以得到维护，而有些人写的文献则常常不易留存，因此现存的文献未必就是活动现象的全部。再加之文献是用纸张书写或印刷的，常常会有破损。第三，信息不完全。许多个人文献尤其是日记、信件等，不是为研究目的而是为私人目的而写的，包含有一些研究者所不熟悉的关于某些事件的知识，这对于缺乏经验或缺乏有关事件知识的研究者来说，信息是不完全的。第四，限于言语行为，即文献提供的仅是关于一个回答者的言语行为，而不提供关于回答者非言语行为的直接信息。

（2）文献收集困难。由于具有记载偏差、信息不完全和选择性存留、破损等局限，致使文献的收集存在困难。并且在许多情况下一些客观事件根本无信息记录，无文献可资利用。除此之外，许多文献由于种种原因而不能公开，难以收集。

（3）抽样缺乏代表性。并不是所有人都能留下描述生活、思想、感情的文献资料，有些人的生活、思想、感情容易以文献资料留下来，而有些人的则很难，因此文献所反映的往往只是优势群体的生活、感情和思想观念，而很少反映劣势群体的生活、感情和思想观念，这实际上是一种抽样偏差，缺乏代表性。

（4）文献的整理和编码困难。各种文献由于撰写目的不同，研究对象各异，内容千差万别，又缺乏标准化的形式，因而文献资料的分类整理和对比都十分困难。此外，文献一般是用文字而不是用数字记载的，难以使之数量化。

（五）学生文献研究案例

对于大多数课题都应该有文献研究的部分，了解他人在类似问题或者同一个问题中曾经做过什么研究，既能避免重复研究，也能在他人研究基础上提出自己新的见解。

有的学生在学习金属 Al^{3+} 之后，经过查阅相关书籍，了解到 Al^{3+} 会对人的记忆产生影响，于是确立了课题"慢性 Al^{3+} 中毒对学习记忆的影响"，以下为该学生研究报告中的文献研究部分。

 案例3-7　文献研究法

痴呆主要表现为记忆、认知、语言、视空间功能和人格障碍等。一般认为痴呆与遗传、环境以及二者的相互作用有关。环境中较常见的因素之一为金属污染，金属中毒大多累积于中枢神经系统且易发展为痴呆。铝是地壳中含量最丰富的金属元素，广泛存在于岩石、矿物、土壤中。除职业性铝暴露和临床使用铝制剂治疗药（如氢氧化铝、硫糖铝），正常人摄入铝的来源主要包括食物性铝（油炸和烘烤面食中使用发酵粉和膨松剂等含铝添加剂）、水（经明矾处理的饮水中的铝多为离子，较易吸收）、铝制炊具及容器溶出铝等。铝有延展性，其合金质轻而坚韧，导热、导电性强，可作为飞机、汽车、火箭、高压锅、电饭锅、饮水器等器具的结构材料。其化学性质活泼，既可溶于酸也可溶于碱而放出氢气。铝在酸碱状态均能溶解，因不锈钢锅及铝锅均含有铝，经铝质制品烹饪的食品和饮料中铝含量明显增加，铝可改变血脑屏障通透性，也能直接影响其生物膜转运方式，从而使铝大量进入脑组织蓄积，产生神经毒性。其机制可能与铝引起中枢神经系统的乙酰胆碱系统功能减退、脂质过氧化反应、神经细胞代谢紊乱以及诱导大脑皮层神经元凋亡等因素有关。铝产生的神经行为学紊乱可导致神经行为功能改变，明显影响职业人群的运动协调能力、反应速度和记忆力，引起痴呆相似症状。也有报道认为铝不容易通过血脑屏障，铝与痴呆可能无关。

有关专家研究表明，我国居民每日由铝制炊具迁移到食物中而摄入的铝为4mg。对已使用不同年限的铝制容器进行铝溶出量检测，经实验证明使用铝制容器烧制饮水，加热或持续加热均有利于金属铝迁溶于饮水中，导致饮水中铝含量剧增。我国家庭使用铝容器较为普遍，这样大量铝溶出随饮水进入机体，并由血液分布累积于各器官；而铝由尿中排出量仅占摄入量的15%以下，如按每人每天 2L 饮水量计算，铝日吸入量平均为1.98mg。可见体内铝蓄积可随年龄的增长而递增。世界卫生组织 1985 年制定《饮水水质准则》中，铝的建议量为 $0.2mg \cdot L^{-1}$，用已使用过 0~6 年的铝制容器烧制饮水，铝含量均超过世界卫生组织的建议值，特别是新容器，铝溶出量超过 8~13 倍。经铝处理的饮水中的铝多为游离型，较易吸收。自来水中铝 $>0.03mg \cdot L^{-1}$ 时，脑病及脑损害的危险性就大大增加；饮水中铝 $>0.11mg \cdot L^{-1}$ 的地区较铝 $<0.01mg \cdot L^{-1}$ 的地区早老性痴呆发病危险性增加50%。对面食中铝含量的调查分析结果表明，蒸的面食的平均铝含量为 $50mg \cdot kg^{-1}$，符合卫生标准（$\leqslant 100mg \cdot kg^{-1}$）的占 95.2%；而油炸面食中铝平均含量为 $302mg \cdot kg^{-1}$，超标率为 42%，其中油条超标率达80%，最高值为 $1790mg \cdot kg^{-1}$；

烘烤面食（面包）平均铝含量为 126mg·kg^{-1}，超标率为 55%。造成油炸和烘烤面食铝含量超标与制作过程中使用发酵粉和膨松剂（明矾）等含铝添加剂有关。含铝药物的应用也是铝摄入的一个来源。含铝药物主要是抗酸药物和缓冲止痛药，这些药物使人摄入的铝量会上升 20～200 倍。日常生活中广泛与铝及其制品接触可能会导致人类铝摄入增加。

随着人类接触和使用情况的日益增多，铝可在人体内长期蓄积并对人体健康产生不良作用。如铝可在脑组织中蓄积，引起中枢神经功能紊乱；也会对人体骨骼产生不良影响。

参考文献

[1] 志彬. 脑研究前沿［M］. 广州：广东科学技术出版社，1995：385.

[2] 李增禧，楼蔓藤，李小木，等. 铝对人类智能的损害及其对策的研究［J］. 广东微量元素科学，2000，7（4）：1-17.

[3] 张兵. 铝的毒性［J］. 中国食品卫生杂志，1998，10（4）：31-34.

[4] 尹学均，董苍荣. 铝的脑转运及对血脑屏障功能的影响［J］. 国外医学卫生学分册，1996，23（4）：219-220.

[5] 王林，苏德昭，王永芳，等. 中国居民每日摄铝量及面制食品中铝限量卫生标准研究［J］. 中国食品卫生杂志，1996，8（2）：1-5, 12.

[6] 傅素虹，林专红，陈玉凤. 铝制容器烧水时铝的溶出量［J］. 海峡预防医学杂志（Strait Journal of Preventive Medicine），2000，6（5）：46.

[7] 吴英，段乐，周勤文.面制食品中铝含量调查分析［J］. 安徽预防医学杂志，1998，4（1）：21-22.

📋 **案例分析**

对于大多数课题研究都应该做好相应的文献研究，了解自己所要研究的课题发展到了什么样的程度，并以文献综述的方式呈现在研究报告中。本课题是关于 Al^{3+} 对人记忆力影响的研究，该同学通过查阅文献，了解科研人员的相关研究实验数据，避免自己的重复劳动，也可以在他人研究的基础上得到新的启发。该文献综述是非常规范，具有说服力的样板。

对于中学生来说，因为各类课题研究都涉及文献研究，教师在教学中要注意引导学生建立文献研究的观念和实际行动，至于文献研究能做到什么程度，可视学情灵活调整。

【案例来源：贵阳市第三实验中学】

七、个案研究法

"个案"一词，源出医学。在医学上，个案常被称为"病历"。医学上的个案研究是指对个别病例做详尽的临床检查和病史考察，以判断其病理和诊断过程中的变化。

个案研究法是社会科学中常用的研究方法。个案研究法在研究社会现象问题方面得到了广泛的承认和运用。随着科学研究的发展和需要，个案研究法的运用范围越来越广泛。

（一）个案研究法的定义

个案研究法也被称为案例研究法，通常是以单一的、典型的对象为具体研究对象，通过对其进行直接或间接、深入而具体的考察，来了解对象发展的过程与变化、内在与外在因素及其相互关系，以形成对有关问题深入全面的认识和结论。

个案研究法适合一些具有典型意义的人或事的研究，例如某个具有典型代表的建筑物的结构特征，前面所提及的某地区吊脚楼研究就适合采用个案研究法；也适合一些不能预测、控制的事件，例如某地非物质文化遗产消失的原因等。

（二）个案研究法的特点

1. 个别性

采用个案研究的对象往往是个别的人、事件、团体，这种对象具有单一性、具体性的特点。这些孤立的个体看似独立，但是这些个体与个体之间、个体与整体之间必然存在某种联系。个案研究的目的固然是了解和把握某个个体的具体情况，但也要通过个案的研究，揭示出一般规律。

个别虽可以反映某些一般的特征，但毕竟不等同于一般。作为个案研究对象的个别对象，应该具有与众不同的典型特征，不具有典型性的个别对象是比较缺乏研究价值的。进行个案研究的时候，尽管研究对象是个别的，但是为了详细地了解研究对象的情况，必须把对象放在一个更大的范围来进行考察。例如前面所提及的某种非物质文化遗产的消失，就应该从多角度来进行综合了解。

2. 针对性

任何个案研究都是针对个案存在的问题或者优势，探索形成问题或优势的根源，以便更好地有针对性地进行矫正或者推广，促进其发展。在研究性学习课题中，个案研究的对象一般都是比较特殊的个人、团体或者事物，怎样才能使这些特殊的对象获得正常的、适合其需要的发展，就要进行个别研究。

3. 深入性

对个案进行多维度、多层面的研究。如要研究某地区非物质文化遗产逐渐消失的原因，从空间上说，就要研究这项非物质文化遗产产生的背景，包括文化、地域、民俗等；从时间上说，要研究这项非物质文化遗产的过去、现在与未来可预见的趋势。总之，研究越透彻，越全面，针对性就越强，结论就越具有说服力。

4. 综合性

尽管个案研究的对象数量较少，目标也很明确，但是也往往要综合运用多种方法进行研究。只有这样才可能达到对研究对象较为深入的了解。如对某个路口红绿灯时长是否合理进行调查研究，需要研究小组利用观察法去统计车流量；通过问卷调查法或者访谈法去了解行人、司机对该处红绿灯时长设置的意见和建议。

因此，仅仅采用某种独立的个案研究手段还不能达到对研究对象的深入了解，只有综合多种研究手段才能全方位地揭示研究对象。同时，在个案研究中，常常是采用归纳的方法对收集的各种材料进行系统分析，从而从个别现象中概括出一般结论。

（三）个案研究法的基本步骤

1．确立研究对象

研究对象的确定是发现问题、提出问题的过程。问题选得好不好，直接关系到整个研究的成败和价值。因此，在选定研究对象时，事先要明确目的，并严格考察选题的价值和可行性。例如，调查非物质文化遗产的保护情况，就应该分别选择保护较好和保护较差的非物质文化遗产项目或者是地区，作为典型代表展开调查研究。这个项目或者地区就可以选择作为个案研究对象。

2．收集相关资料

研究对象确定以后就要着手收集与该个案相关的一切资料。能否准确地诊断行为原因并得出正确的结论，在很大程度上取决于收集的资料是否客观真实、全面系统。此时根据课题的具体调查内容，可能要借助文献研究法、访谈法以及问卷调查法等手段。

3．分析整理资料

将收集到的资料进行分析整理、归类提炼。如将收集来的资料按重要程度做不同的标记、索引、分类，以便今后查阅；在分析资料时，应从主观上分析个案发生的内在原因，客观上分析环境对个案行为的影响，从而发现造成个案某种特殊行为的原因。

4．拟定研究方案

根据个案产生问题的原因，提出有针对性的措施，这是个案研究的关键之处。拟定研究方案的时候不能忽略环境对个案产生的影响，研究方案应该要考虑个案在时间和空间中的变化，有可能需要持续追踪，这也是研究方案中不能忽略的环节。

5．总结研究成果

分析研究资料数据，从描述性的资料中分析出有统计价值的数据资料并对描述性资料进行对比分析，从中找出有规律性的材料来加以研究，然后写出研究报告。

如能坚持长期不懈地对个案进行追踪研究，就会不断地有所发现、有所发明、有所创造、有所前进。从这个意义上讲，个案研究永无止境。

（四）个案研究法的优点与局限

1．个案研究法的优点

（1）共性和个性的结合。个案研究注重共性和个性的结合，既强调研究人员必须充分考虑研究对象的个性特点，并能根据研究对象的实际情况，提出有针对性的建议和对策；同时，又强调研究对象与其他对象的共性，任何个体都是一定背景中的个体，要把研究对象放到所在的社会文化背景中去加以考察，注重研究对象的社会性，以保证研究的有效性。

（2）个案研究强调过去的背景研究与现在的状况研究相结合的动态研究。这种动态研究能更好地揭示研究对象变化发展的历程与特点，能够提供有关个别对象发展的具体材料；同时，通过多次同类问题的个案研究，所得的"案例"，不仅能为以后形成研究假设提供参考，而且也为解释同类事物提供依据。

（3）多种研究手段的融合。个案研究强调全方位地揭示研究对象，因此要达到对研究对象的全方位了解就必然将多种研究方法融合使用。如有关研究对象的背景资料就需要运用文献研究法、访谈法和问卷调查法，有些还需要运用测量法等手段。因此，通过多种研究手段的采用，达到对研究对象更为细致的了解，为提出有针对性的建议和措施打下良好的基础，进而达到研究的目的。

2. 个案研究法的局限

（1）样本较小，代表性较差。由于个案研究法的研究对象有限，从统计学的角度来讲，一般属于小样本研究，让一个小样本呈现出广泛的代表性是较困难的，因此所得的结论不具有广泛性意义。

（2）费时、费力。个案研究往往需要多种研究手段收集研究对象的各方面信息，因此需要花费的时间较长，同时投入的人力、物力、财力较大。

由于个案研究往往需要一个长期的研究过程或者非常具有代表性的事物，在学生课业负担较重的情况下很难有时间完成，不建议学生使用该研究方法。

八、关键步骤

方案设计是为了解决问题，在这一阶段对学生来说，弄清楚与要解决问题相关的因素是关键的步骤。对教师来说，根据学生的课题研究内容、步骤、预期成果等来判断学生的研究方法是否得当是非常重要的，如果课题要解决的问题涉及多个相关因素，那么课题的研究可能需要多种研究方法才可以完成。

九、常见问题

1. 方案设计常采用问卷法，在指导时要注意什么？

中学生在采用问卷法时，经常出现的问题有：①不清楚自己的研究问题是什么；②没有将研究问题转变成关键变量；③不清楚如何对变量进行操作化；④不清楚调查对象的特点；⑤问卷的基本结构不清楚。

面对这些问题，首先需要多实践，从实践中多学习、多总结，熟悉问卷设计的方法，积累问卷设计的实践经验。其次要了解问卷法一般对描述性研究和解释性研究比较适合。描述性研究，其关注的焦点在于回答一种现象的分布，即状况是"怎么样的"，它要求描述的准确性和概括性；解释性研究，是用来回答"为什么"的研究。问卷法特别便于进行定量研究。例如，有一组学生的选题是关于中学生"空心化"现象的研究，他们主要的研究问题是：中学生空心化的现状如何（描述性研究）和空心化的影响因素（解释性研究）。对于有明确研究内容、调查对象，有明确假设的课题研究较为适合，对于探索性的新现象、新问题，一般都从定性研究开始，比如观察法、访谈法。再次，从学生课题研究的可行性来说，一定要清楚调查对象是谁，这也是问卷设计的关键。课题研究本身就是一个整体，从选题到数据收集再到数据分析，都要考虑。同时设计问卷时不能光想着自己和自己的研究问题，而要考虑被调查者的处境，他们愿不愿意、会不会、能不能回答问题。

最后教师要了解问卷设计虽然有许多优势，但也不是万能的，问卷法只是收集资料的一种工具，它特别适合对于客观的、具体的行为、事物的现象进行测量，便于研究者进行定量研究。

2. 研究方案设计中，教师如何进行引导？

关于这个问题，可以用贵州省毕节市民族中学吴慧老师辅导过的课题举例说明，当老师帮助学生把问题引导到课题"毕节市纳雍山体垮塌事件的调查与反思"后，学生不知道该怎样去做，关键是找不出自己想要知道什么。

首先，让学生厘清该问题与哪些因素相关。如针对前面垮塌事件受害者的问题，他们的心里是怎么想的，是不是都觉得没有得到关爱？相关部门，提供了哪些政策？他们又做了哪些工作？我们应该如何去收集这些数据？如果作为一个中间者，不是受害者，要去调解政府部门与受害者之间的关系，我们应该怎样去做？教师引导学生带着这些问题思考，想到了用问卷调查法、访谈法和文献研究法来研究。当学生提出一个问题，不知道要怎么去解决的时候，可以问清楚：你要做什么？为什么要做？你打算通过调查或设计得出什么或想要验证什么？自然而然方案就出来了。通过"5why"法，就是对一个问题点连续以 5 个"为什么"来追问，以追究其根本原因。问多了，学生回答的问题多了，他们的思路也就越来越清晰，自然就知道想要了解的问题是什么了，想要了解的问题出来了，方法也就出来。

方案设计是为了解决问题，启发学生找相关点，要解决某个问题，就要把与之相关联的因素都弄清楚。方案设计就是要搞清楚要去收集哪些相关联的数据来检验我们的假设。

3. 如何引导学生对研究设计进行细化和完善？

根据我们对中学生 ETS 大会的学生课题的分析发现，当前学生课题研究常常出现的通病之一是很少在研究方案上做出详细而完整的设计，即针对其课题提出来的假设结论，设计出可以证实或证伪的验证模型与操作方法。针对这类问题，教师要从方案设计与论证逻辑两大要素展开引导，帮助学生完善研究设计。

【对于调查类课题】

（1）问卷调查方案（方案设计）

一套完整的方案设计包括：含有一组问题及答案选项的调查问卷，该调查问卷的设计原理（问题设置的逻辑），调查问卷的发放对象、发放数量、发放日期等相关要素。

设计问卷的一般方法：围绕如何证实或证伪假设的结论，细化出需要通过调查问卷解决（回答）的问题。再针对每一个细化出来的问题设计一个或多个有针对性的问卷问题与答案设计，最终形成一套完整的调查问卷。

（2）论证逻辑

对于什么样的问卷问题反馈数据是证实、什么样的是证伪要给出明确而细致的定义。对于不在上述两者范围内的数据可以定义为待分析，经详细分析后再做出结论。

【对于实验类课题】

（1）实验方案（方案设计）

实验方案（模型）设计，包括实验原理、实验方法（比如实验组、对照组的设计）、实验条件与环境（比如变量设计）、实验日期、实验数据采集方法与频率等相关要素。

（2）论证逻辑

对于什么样的实验数据是证实、什么样的是证伪要给出明确而细致的定义。对于不在上述两者范围内的数据可以定义为待分析，经详细分析后再做出结论。

第四节　开题答辩

研究性学习的开题答辩是学生在完成前期的孵化（问题的提出、文献资料的收集与课题的确立）后，形成的关于研究选题与如何实施的论述性报告与展示问辩环节。

开题答辩是提高学生选题质量并保证课题研究有针对性和有效性的关键环节。随着研究性学习的不断实施与推广，越来越受到研究课题组学生的关注和重视。

开题答辩的问辩环节有利于吸收研究智慧，使课题研究顺利开展。它可以体现在：使课题组进一步明确研究目标、内容、方法，完善课题研究计划，有目的、有计划地开展研究，合理地预算研究经费，按期完成研究任务[31]。

一、课段目标

通过开题报告的撰写和开题答辩的评审，引导学生掌握修改和完善研究对象、内容及计划等的方法与步骤。作为课题研究实施过程中的首次评审环节，既是对课题实施方向和目的意义的筛选优化，更是研究过程中的一个指引与调整的节点。教师应引导学生对即将开始的研究之路进行系统的梳理与思考，对实施进度的行进节点进行预估，了解开题答辩的作用和重要性。

二、开题答辩的准备

开题答辩，是指在课题立项后进一步对课题研究的目的、内容、方法、途径、步骤、条件和理论与实践价值做深入的、系统的评价，描绘整个课题的研究蓝图，是一项广义的研究活动。具体可以分为开题报告的撰写与答辩评审两个部分。

（一）开题报告

开题报告是指通过文本的形式阐述课题的选题由来、进行研究所具备的基础条件以及准备如何开展研究等内容。开题报告一般为表格式，它把要报告的每一项内容转换成相应的栏目，便于答辩时让评审者一目了然，把握要点。课题的开题报告是课题研究正式启动的一个标志性文本材料。开题报告作为一个文本材料，它是有一定格式和基本要

---

[31] 杨盛目. 基层学校教育科研课题开题论证引领策略[J]. 教育科学论坛，2016(09)：34-35.

求的。从内容上，它要有以下几方面内容的呈现：

（1）课题提出的背景；

（2）课题研究的主要理论依据；

（3）课题概念的界定；

（4）课题研究的目标；

（5）课题研究的主要任务（从哪几个方面着手研究）；

（6）课题研究准备采用的方法与原则；

（7）课题研究的计划（即步骤与时间的安排）；

（8）课题研究的措施制度及研究经费的落实；

（9）课题成员的分工与各自的主要职责；

（10）课题研究的预期成果形式。

在文本上，基本的要求是准确、明确、清晰。准确是从科学定义来说。如对课题概念的界定，一定要求准确、科学；对所引用的文献，必须准确无误，注明出处。明确是从目标、任务的制订而言，课题目标的制订与研究任务的表述，必须明确、清楚，一目了然。清晰就是要求在计划的安排、人员的分工、预期的成果等方面，体现出清晰的研究思路，以利于研究的具体实施。

在计划上，必须体现可行性和可操作性。课题的开题报告，相当于一个工程项目的施工方案。从这一点上来说，开题报告不只是写文章，它还是一个执行性文案。它必须让课题组的所有成员了解参与课题研究的意义、目的；知晓本课题的研究目标、主要任务，怎么去研究；团队所要做的研究，所要完成的事，如何去完成，用什么方法完成；完成的步骤、时间，如何来计划，如何来安排；预期得出的成果形式，如何去实现。总之，这个开题报告，必须是可行的、可操作的。就这个意义上来说，可行性和可操作性是开题报告的主要特征[32]。

（二）答辩论证

课题开题答辩论证可以从以下四个方面进行展示：

（1）选题，主要包括本课题国内外研究现状述评（文献综述），并说明本选题的意义；

（2）研究内容，主要包括本课题研究的主要思路和重要观点，包括视角、方法、途径、目的等；

（3）研究价值，主要包括本课题创新程度、理论意义和应用价值；

（4）研究基础，主要包括已有相关成果、主要参考文献、研究队伍和研究经费等。

开题报告的答辩，高中生答辩时长在 10～20 分钟。一般是陈述 10 分钟，然后评委提问和学生回答问题约 10 分钟。初中生的答辩时长可以根据学校学生的实际情况略作调整。从时长上说，学生没有太多的时间来陈述理由，因此，文献综述部分宜精练，不能为求全面而掩盖了综述的重点；同时，应该把报告陈述的重点放在拟研究的内容或关键问题上，并在陈述时对拟研究的内容进行必要的阐述，尽量解释内容的含义，

---

[32] 张革. 有关教育科研课题文本写作方面的一些思考[J]. 写作（上旬刊），2015(02)：94-96.

以及自己对此的观点或打算着手解决的构思，使人容易明白研究方案的可行性和创新性。另外，在评委提问过程中，要注意倾听，认真思考，对不能回答的问题最好明确表示不懂，不能糊弄评委。要认识答辩的目的，答辩不是为了蒙混过关，而是通过答辩，从评委提出的问题和建议中明白研究问题的关键所在，从而使课题的研究思路和方法受到启发[33]。

三、参考案例

 案例3-8　学生开题申请书（节选）

研究项目说明与规划
提示：你（们）是如何想到研究这个课题的？ 　　摄影作为许多年轻人的爱好，已经越来越广泛。对于想多了解摄影的人，网络课程是一个便捷又有趣的选择。我想借此课题来探究网络摄影课程是否能使初学者打下良好的摄影基础，提高他们的摄影技术。
提示：研究的对象和内容是什么？ 　　研究对象：网络摄影课程 　　研究内容：探究网络摄影课程是否能使初学者打下良好的摄影基础，提高他们的摄影技术。
提示：研究拟解决的问题有哪些？有什么现实意义？ 　　现实意义：提醒摄影初学者网络学习时应该注意什么，如何学习摄影。
提示：说明项目查新所使用的平台、关键词和检索式。 　　平台：中国知网 　　关键词：摄影技术，摄影艺术，网络课程。
提示：列举与研究紧密相关的文献（请注意文献引用格式）。 　　[1]郑波.扎实学摄影，别被网络教程和圈子忽悠 [N].中国摄影报，2015-10-13.006. 　　[2]柳素芬.明确主题，永葆活力——以网络课程"数字摄影技术与艺术"为例 [J].中国信息技术教育，2011（23）：11-13. 　　[3]郑波.练好摄影基本功 [N].中国摄影报，2015-08-14.014.
提示：通过查新，本研究与相关研究的差异性、突破点和创新点在哪里？ 　　相关大部分研究并没有细节分析网络摄影课程视频，而是泛泛而谈；本研究将分析国内外教程，并总结学习者在网络摄影学习中遇到的问题。

[33] 陈道兰. 浅谈本科毕业论文的开题报告[J]. 职业，2010(20)：151-152.

提示：如何获得（是否已经掌握）该研究所需要的基础知识、方法和技能？
询问相关从业人员，书籍，上网查询。

提示：通过何人、何种途径与方法获得帮助以解决研究中的困难？
老师，从业人员，上网查询。

提示：是否能够获得相关研究材料、研究数据、设施设备的支持？从何处获得？
从中国知网获得相关资料。

提示：列出研究的时间节点，阶段性的研究目标。
2021 年 8 月 完成相关主题的网络查询，主题申请书
2021 年 9 月 准备开题答辩 网络教程的统计
2021 年 10～12 月 网络教程的统计，相关问题的解决
2022 年 1 月 论文撰写
2022 年 2～3 月 结题答辩

提示：研究需要哪些方法与手段？在哪个环节使用？目的是什么？（可列表）
观察法：统计大多数网络摄影课程的流程，时长，内容
调查法：调查学习者的接受度

提示：说明主要的研究步骤（可绘制流程图说明）。
1. 探究初学者学习摄影的目的，学习的主题
2. 浏览教程，记录内容、主题、时长、特点等方面
3. 记录学习者在学习时的过程，调查学习者的学习状态、情感等
4. 总结课程的优缺点
5. 总结学习者应当如何通过网络学习摄影和应当注意哪些事项

提示：说明预期成果的形式。
论文

📋 案例分析

　　该小组结合学习生活提出了对摄影课程的调查研究，简明扼要地说明了研究的内容。在撰写申请书时，该课题的主要任务和完成任务的步骤都需要详细列出，包括每个步骤的顺序、时间安排等，体现了清晰的研究思路与步骤。开题报告的内容越详细越好，既可以让评委更客观地评价课题，也可以帮助研究者自身更加明确课题的方向。

【案例来源：上海市七宝中学】

案例 3-9　学生开题演示文稿（节选）

【学生初稿】研究方案设计

方案设计

- 1. 查阅文献，撰写文献综述 (2019年5～6月)
- 2. 结合文献，撰写开题报告 (2019年6～7月)
- 3. 修改完善计划并开展研究 (2019年7～9月)
- 4. 改善设计界面 (2019年9～10月)
- 5. 撰写论文及查新报告 (2019年10～11月)
- 6. 论文完善，课题进入收尾阶段 (2019年11～12月)

【教师点评】方案设计是相对模糊的说法。PPT 中呈现的是研究的实施计划，具体如何开展设计？研究的具体内容需要在开题报告中加以呈现，方便专家，教师对后续的研究内容进行指导。

【学生修改稿】研究方案设计

研究计划

- 1. 查阅文献，撰写文献综述 (2019年5～6月)
- 2. 结合文献，撰写开题报告 (2019年6～7月)
- 3. 修改完善计划并开展研究 (2019年7～9月)
- 4. 改善设计界面 (2019年9～10月)
- 5. 撰写论文及查新报告 (2019年10～11月)
- 6. 论文完善，课题进入收尾阶段 (2019年11～12月)

研究方法

访谈法、问卷法、基于设计的研究方法

研究主要内容

- 因此，课题的研究内容将聚焦于师生间的课堂交互，以钉钉为例，关注教学软件中在线直播上课时师生交互功能的改进，以达到提高学习效率的目的，具体如下：
- (1) 强制锁屏在直播过程中，只可使用直播页面提供的功能，直到直播结束后才能恢复正常功能；
- (2) 学生版提问方法分别从课上和课下两个方面进行扩展；
- (3) 老师版答疑功能专栏专用；
- (4) 上课师生提问互动环节分别设置老师用法和学生用法。

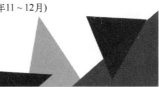

该课题小组没有开展研究性学习的经验，制作 PPT 的经验也相对缺乏，因此刚开始制作的演示文稿并不能很好地反映出研究的内容和思路，而且在丰富演示文稿的内容时，还会出现照搬开题申请书、堆砌文字等问题。此时教师需要给予学生提醒和辅导，提示学生在演示文稿中应有的内容，同时帮助学生呈现出更加科学、流畅的汇报文案，相比开题申请书中大段文字的论述，PPT 需要文字精练，达到简明扼要、分点论述、逻辑清晰的效果。

【案例来源：上海市七宝中学】

四、关键步骤

对学生来说，这一课段的关键步骤是对课题的展示与表达，包括对课题名称、选题原因、研究目的、研究方法、研究内容、研究计划、研究可行性等内容的汇报。在学生汇报课题设想后，教师需要帮助学生厘清思路，从各种角度提出问题，重点指导学生如何完成下一阶段的课题研究工作。

教师可以从以下几个角度对学生进行提问和指导：

（1）帮助学生找到研究的亮点和独特性："研究拟解决的问题有哪些？研究的意义或创新点在哪里？"

（2）帮助学生规划后续研究的内容："研究的数据从哪里来？"

（3）提醒学生借鉴前人的研究经验和成果："你写这篇论文时参考了哪些书籍和有关资料？"

（4）针对开题报告中某些模糊不清或者不够准确和确切的地方，针对论据不够充分的地方，针对汇报层次比较混乱、条理难辨的地方提出问题。

五、常见问题

一般来讲，学生在写开题报告时，往往只是知道开题报告要填写的表格及需要填写的内容，但难有一个可以参考的范例。所以，在写作中仍然有许多需要注意的问题。

（1）在研究目标确定中通常存在以下问题：一是不写研究目标，二是研究目标与内容混合在一起，三是研究目标定得过高，难以实现，四是研究目标表述不准确、不具体，难以进行评析。

（2）文献综述部分力求精练，简要介绍选题所涉及的主要概念、历史背景、研究现状和主要存在的问题，切忌长篇大论。关于这一部分的写作，很多同学常常是将文献综述的内容直接粘贴到开题报告中来，冲淡了开题报告的主题。正如前文所述，开题报告的重点应放在陈述拟研究的内容上而不是陈述文献综述上。因此，这一部分的写作其实是单独文献综述的"综述"，即浓缩或提炼。在撰写过程中要注意一些叙述的术语表达。例如，许多学生在开题报告中做如下的叙述："本文主要对……问题进行了……研究。"需要明确，开题报告是在结题报告形成之前就要写的，而文章还没有形成，因此建议改成"本选题主要对……问题进行……研究"。

（3）拟解决的关键问题部分，在写作中要简短醒目，叙述清楚。很多学生在写作此部分时，常常叙述得很多，而一些常识性的问题也成了其研究的关键问题。同学们常常会把一些概念的定义也作为研究关键问题，给人一种无论什么问题都是关键问题的感觉。关键问题一般应是解决问题的突破点，在这部分要把关键问题和选题用到的基础理论分清楚。

（4）要尽可能地缜密思考，陈述"为什么研究、研究什么、如何研究、研究要达到什么结果"等关键问题，同时还要预见研究过程中可能出现的问题，保证整个研究工作能有条不紊地进行。

（5）关于开题答辩进行中的问题，为了使评委能对开题有一个比较详细的了解，在开题时最好能用幻灯片进行演示。在演示时，应重点展示研究的思路和拟解决的关键问题，必要时可以边展示边口头阐述，以便评委能对方案的可行性有一个较好的把握。

（6）关于开题答辩之后的问题这一部分往往被大家所忽略，很多学生只重视开题答辩之前和进行过程中的准备工作，而对开题答辩之后的工作则极不重视，把开题报告当成了一种"期末考试"，答辩完毕后就不再考虑开题报告的问题了。实际上，开题答辩是对选题是否恰当、研究能否如期进行的一个初步检测，在答辩过程中，答辩评委往往会提许多不曾想到的问题，纠正一些可能错误的认识，帮助同学们厘清解决问题的思路。答辩完毕后，应该根据答辩情况，再次修改开题报告，有时甚至可能要重新选题，并且将答辩时的一些思想贯彻到今后的结题报告写作中去。

第五节　数据采集与分析

自上古时代的结绳记事起，人类就开始用数据来表征自然和社会，伴随着科技和社会的发展进步，数据的数量不断增多，质量不断提高。工业革命以来，人类更加注重数据的作用，不同的行业先后确定了数据标准，并积累了大量的结构化数据，计算机和网络的兴起，大量数据分析、查询、处理技术的出现使得高效处理大量的传统结构化数据成为可能。而近年来，随着互联网的快速发展，音频、文字、图片、视频等半结构化、非结构化数据大量涌现，社交网络、物联网、云计算的广泛应用，使得个人可以更加准确快捷地发布、获取数据。在科学研究、互联网应用、电子商务等诸多应用领域，数据规模、数据种类正在以指数级的速度增长[34]。

一、课段目标

课题研究资料的收集、整理与分析伴随着学生整个课题研究的实施过程，是至关重要的一环，也是学生最容易忽视与混淆的环节。研究课题一旦确定，就可着手撰写研究实施方案（或计划），研究计划的撰写必须在收集一定的材料和获得一些经验的基础上进

---

[34] 马建光，姜巍. 大数据的概念、特征及其应用[J]. 国防科技，2013，34(02)：10-17.

行。开题答辩之后，主要研究活动就是采用研究设计中的研究方法、按照研究计划收集课题研究资料。因此，如何有效收集和积累与课题研究相关的材料是做好课题研究的前提和保障。通过这个课段的学习，教师需要引导学生了解如何科学有效地收集、汇总与分析不同类型的课题研究资料。

二、课题资料

课题资料是指课题研究过程中的全部资料，是课题研究的重要组成部分。它如实地记载了一个课题从提出、立项、研究到最后结题的全过程。它不仅是课题成果的佐证材料，更是实施研究的保证。从课题研究的角度看，研究资料是整个研究工作的生命线。研究过程中每一个想法的提出，每一个观点的论述；从分析研究状况、解释研究结果，直至得出研究结论、评价研究成果都是以研究资料为依据的。课题研究主要包括以下四方面资料。

1．基础性资料

此类资料涉及课题研究的前期调查、假设、课题论证、最终选定等，是反映课题研究基本情况的资料。

这种基础性资料主要包括：课题预申请表、课题立项申请书、课题组成员基本情况及指导教师信息等，课题研究的计划实施方案和课题开题论证评价、各类调查问卷、实验记录资料等；专家的论证材料和鉴定意见（开题、中期、结题三阶段）；课题研究各阶段查阅和学习的文献资料目录。

2．计划性资料

此类资料涉及课题研究的整体设计与部署，是整个课题实施的蓝图，对课题研究具有举足轻重的作用。主要包括课题研究各阶段所形成的各类计划方案，课题研究过程中的主要设想和调整等方面的内容。主要包含：①课题研究的整体设计与实施方案；②课题组成员的任务分工与安排；③研究过程中各个阶段的实施计划。

3．过程性资料

它是课题研究过程中所产生的各类资料，也是课题研究过程中的真实性资料。这些资料比较繁杂，重在随时随地地收集、积累与整理，特别要注意妥善保存好研究过程中的原始数据与资料。主要包含：①研究实施各阶段的活动考勤表与记录材料等；②中期展示资料（对研究过程进行阶段回顾和总结的各种情况记录）；③指导教师的指导与咨询活动记录等；④研究过程中对研究对象的全部观察记录、问卷及实地调查、实验测试等数据与资料；⑤研究过程中所有数据分析过程与内容；⑥研究中遇到的突发情况、问题及其解决办法的记录；⑦与课题研究有关的活动的文字、照片、视频、录音等记录资料。

4．成果性资料

又称总结性资料，涉及课题实施的各个阶段与课题研究结束的各类总结，对课题终端成果的形成具有直接意义。课题研究过程中，资料的占有量及资料的客观性和真实性决定了课题研究成果的质量。主要包括：①课题结题报告（论文）；②课题研究各阶段形成的阶段研究成果，包括调查报告、访谈记录、实验小结、实物模型等；③研究阶段或最终研究成果的展示文档及获奖材料等。

课题资料中有了这些材料，不仅使研究文档丰富而有质量，同时，它还可以令我们每位课题组成员以及指导教师对本课题的研究有细致的了解。同时，也为课程的管理提供了督促与检查的事实依据。本节"数据采集与分析"这个课段中的课题资料，主要指上述第 3 点"过程性资料"。

三、课题资料的收集与整理

首先，要明确课题资料的分类方法，按类别进行收集、整理、保存。我们在进行课题研究时，收集资料要有目的性，寻找自己最需要的内容，整理资料要耐心细致，把收集到的资料放在相应的类别中，按日期做好顺序编号。利用课题研究活动记录手册或是笔记本，先把类别写出来，然后把手中已有的资料，按类别编写在相应的目录下面，以后每增加一份资料，就在相应的内容上补充写明白。

在所有的资料中，有些是现成的资料，如实验方案、课题立项申请书、开题评价表、问卷样张等。大部分资料是需要我们自己填写的。写的时候要按照课题研究所需要的内容去补充，遇到困难时可以寻找指导教师的帮助，也可以到网络上检索查找，但一定要进行必要的修改和补充，使内容完整，符合实际，切实可行。

其次，课题资料的收集和整理贵在坚持。课题研究一般都包括三个阶段：准备阶段、实施研究阶段和结题验收阶段，短则一个学期，长则一个学年，有时还要更长时间才能结题。这样时间一长，刚开始的热情就会减弱，就会产生惰性，试图等到最后时刻前再收集、整理也不迟。这样一来，伴随着学业压力的负担，就会出现手忙脚乱，缺东少西的情况。因此，日常的坚持是很重要的。

收集资料的过程同时也是整理资料的过程。在课题实施的过程中，每一阶段要有明确的研究计划表，阶段完成后都要进行梳理与总结。课题研究的计划和总结的内容可长可短，可以直截了当地写清楚本阶段课题组计划将要完成的几项内容，大约在什么时间完成，以什么方式完成，到预计时间点时对照一下，完成了多少，是否达到预期目的。没有完成的部分要分析一下原因，可以考虑转到下一阶段继续执行，抑或是取消这个计划，重新考虑新的计划。这样一来，就会很轻松、很愉快地进行课题的研究。"不积跬步无以至千里"，日常学习生活中的点滴过程可以让我们的研究变得内容充实，变得科学严谨。在这样的基础上继续进行研究就会信心百倍。在课题结题之前，再把手中的资料整理一遍，做一个详细的目录，便于查漏补缺，使课题顺利进入结题环节。

四、课题资料的分析

资料既是研究的对象，又是研究结论的依据。运用科学的分析方法对所采集的信息资料进行分析，研究特定课题的现象、过程及内外各种联系，找出规律性，构成理论框架（类似于艺术雕刻的"读料"过程）。

（一）"读料"步骤

（1）阅读：通读整理过的资料，努力寻求"意义"，寻找其中的区别与联系。

（2）提炼：从大量资料中抽取能说明研究问题的核心内容，不能"想当然"。

（3）建构：在确定资料核心内容和主要概念的基础上，建构用来解释整体内容的框架。

（二）分析方法

分析方法有定性分析和定量分析两种。在实际分析过程中，通常将这两种方法交互使用。

定性分析是指研究者运用历史回顾、文献分析、访问、观察、参与经验等方法获得的研究资料，并用非量化的手段对其进行分析、获得研究结论的方法。

定量分析的结果通常是由大量的数据来表示的，研究设计是为了使研究者通过对这些数据的比较和分析做出有效的解释。

（三）资料的使用

主要是引用，以证明自己的观点。有直接证明、间接证明、反证、部分证明等。

资料的收集和使用工作贯穿了研究的整个过程：首先往往是先确定研究的大致内容；其次根据这个大致内容确定资料收集的范围；然后阅读主要的资料，确定研究的具体内容；最后根据具体内容全面收集原始资料，搜得的资料又充实了课题研究的基础。这是一个循环往复、螺旋式上升的过程。

五、参考案例

 案例 3-10　学生实地调查案例

上海市七宝中学（简称七宝中学）某小组学生经过讨论确定研究的课题方向为公交专用道的实施效果的研究，希望用实地调查和访谈的方法来收集数据，最后对实施效果不佳的情况提出解决方案。学生和老师在课堂上对他们的数据采集方案给出了建议，以下是课堂实录：

【其他学生】你们准备到哪里开展实地调查呢？

【课题小组】上网检索到目前上海已有的公交专用道，包括高峰和全时段两种。

【教师】是不是所有的公交专用道都要调查呢？我们的时间和精力允许吗？

【课题小组】可以选取任意一条或者几条作为典型样本来研究。

【教师】任意选取有没有典型性？如何来证明其典型性？对于我们的实地调查具有可行性吗？

案例分析

课后小组成员通过对比决定选取延安路为研究对象，因为该路段公交专用道属于全时段运营，开辟时间比较长，发展比较成熟，延安路本身是上海的主干道，交通流量大，公交线路多，在此开设公交专用道具有实际价值，因此选取延安路进行研究具有典型性。另外，延安路距离学校路程较近，方便利用周五下午的研究性学习时间前往实地调查。

对研究样本的典型性进行推敲，以确保在后续研究过程中研究结论的科学性和典型意义。对高中生而言，还要兼顾开展研究的可行性，包括知识基础、认知水平、研究能力、时间和精力允许范围等。

以下是课题小组设计并展示的实地调查方案的初稿以及课堂质疑后学生的修改稿：

【课题小组】设计并展示实地调查方案的初稿：

实地调查的方案设计

1．调查地点：延安路公交专用道

调查时间：7：00～8：30；16：00～19：30

调查内容：公交专用道使用情况

2．调查方式：驻点观测、车速测量

3．调查实施：对延安路公交专用道进行观测，并测量车速。

【教师和其他学生】针对实地调查方案提出疑问：①方案详细吗？具有可操作性吗？②调查时间可行吗？③延安路公交专用道很长，全路段测试有没有可能？

【课题小组】设计并展示实地调查方案的修改稿：

实地调查的方案设计

1．调查地点：延安西路凯旋路—延安西路江苏路

调查时间：16：00～18：30

调查内容：公交专用道使用情况

2．调查方法：观测法（沿路、随车、驻点）、车速测量

3．实地观测设计

（1）沿路观测：延安西路公交专用道沿线路况观测；

（2）随车观测：乘坐沿线公交车实际感受效果；

（3）驻点观测：天桥上观测公交专用道使用情况。

4．车速测量设计

（1）目的：比较专用道实施前后的车速变化；

（2）内容：公交车辆与社会车辆车速；

（3）设备：超声波传感器。

5．测速原理

将超声波传感器架设在公交专用道边的人行道上，当公交车驶过就会在传感器记录仪内产生一个速度数据。将被测时段的数据用电脑读取，直接就可以读取公交专用道上每辆车经过时的车速，进而进行数据分析。

【教师和其他学生】针对实地调查方案提出疑问：①实施前的公交车车速如何得到？②超声波传感器安放的位置科学吗？③公交专用道的车速应该测瞬时速度还是平均速度？④研究小组如何分工？

【课题小组】对实地调查方案进行第二次修改：

实地调查的方案设计

1. 调查地点：延安西路凯旋路—延安西路江苏路

　　调查时间：16：00～19：30

　　调查内容：公交专用道使用情况

2. 调查方法：观测法（沿路、随车、驻点）、车速测量

3. 实地观测设计

　　（1）沿路观测：延安西路公交专用道沿线路况观测；

　　（2）随车观测：乘坐沿线公交车实际感受效果；

　　（3）驻点观测：天桥上观测公交专用道使用情况。

4. 车速测量设计

　　（1）目的：与国内外其他城市公交专用道的车速进行比较；

　　（2）内容：公交车车速；

　　（3）设备：秒表、望远镜、对讲机。

5. 测速实施步骤

　　（1）在被测路段起讫位置安排观察员与计时员；

　　（2）开始测量时，观察员利用对讲机通知计时员开始计时，并告知车牌及车型特征；

　　（3）当目标车辆到达计时员处时，停止计时并做记录；

　　（4）利用速度公式 $v=s/t$，求得目标车辆的平均车速。

【教师和其他学生】针对实地调查方案提出疑问：①驻点观测的指标能不能量化？②观察员与计时员的观测位置在哪里？③实验记录表格如何设计？④测单向车速还是双向车速？⑤对讲机的信号范围能覆盖吗？

【课题小组】设计实地调查的相关记录表格：

起始/到达记录单

记录地点：

行驶方向：

序号	公交线路	时间
1		
2		
……		

公交车速统计单

行驶方向：

序号	公交线路	时间/s	车速/（km/h）
1			
2			
……			
车辆数：		平均车速/（km/h）：	

公交专用道公交车流和违章统计单

驻点位置：　　　　　　　　　车流方向：

时段	机动车流/辆	社会车辆违章/次	非机动车违章/次	行人违章/次

小组分工和观测点布置图

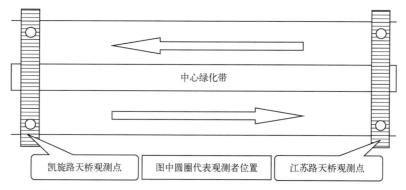

根据上述方案，研究小组对调查路段进行了实地调查，采集了一手数据，以下是数据的汇总节选。

(a) 延安西路江苏路监测点　　　　　(b) 延安西路凯旋路监测点

学生在调查路段拍摄的照片

延安西路江苏路监测点部分数据汇总（公交）				延安西路凯旋路监测点部分数据汇总（公交）			
序号	公交线路	时间/s	车速/(km/h)	序号	公交线路	时间/s	车速/(km/h)
1	925	323	19.68	21	925B	481	13.21
2	925B	319	19.93	22	925	467	13.61
3	57	342	18.59	23	71	594	10.70
4	57	344	18.48	24	57	470	13.52
5	57	333	19.09	25	936	507	12.54
6	936	326	19.50	26	71	476	13.35
7	127	330	19.26	27	127	484	13.13
8	71	354	17.96	28	57	600	10.59
9	57	362	17.56	29	925B	724	8.78
10	127	314	20.24	30	71	354	17.96

东向西平均用时 8min36s；路长 1765.6m；平均车速 12.32km/h；
西向东平均用时 6min35s；路长 1765.6m；平均车速 18.97km/h。

案例分析

从案例中可以提炼出实地调查方案设计的主要内容包括：①时间；②地点；③目的；④内容；⑤方法；⑥准备；⑦步骤；⑧分工。方案设计的要求包括：①可行；②客观；③周密；④准确；⑤安全。

为了调查上海市的公交专用道，实地调查方案的制订是研究的核心过程，制订研究方案的过程主张先设计再指导，或者学生边设计教师边引导，帮助学生的思维不断趋于细致深入。

在开展一项研究时，选择适合的测量工具与方法很重要，选择的工具和方法应当尽可能准确地测量出研究想要调查了解的变量。该案例收集的数据为实地调查的数据，如果研究涉及问卷调查数据，则学生可以根据情况对问卷的信度和效度进行检验。其中信度是指调查的一致性或稳定性，而效度是指调查得出的推论或解释的准确性，这部分希望教师鼓励学生查阅网上的教程、文献来完成。此外将调查数据转化为柱状图、饼图等形式，辅以文字进行分析，数据会更加形象、有说服力。

【案例来源：上海市七宝中学】

案例3-11　学生专家访谈案例

还是前面这个案例中的课题小组，小组成员已经通过实地调查，证实上海公交专用道的实施效果的确不尽如人意。接着，他们希望通过专家访谈得到一些信息，他们希望可以找交通管理部门汇报调查情况，听取他们对公交专用道的想法，看看是否可以从中为后续措施的提出提供有价值的信息。

教师建议课题小组为了达到访谈目的，在开展访谈前确定访谈内容。于是学生设计访谈内容，以下是整理后的访谈节选。

刘警官从事交警工作近二十年，长期工作在一线岗位，对辖区交通情况比较熟悉，所以我们特别请他一起探讨有关公交专用道的问题。现将访谈主要内容整理如下：

问：什么样的道路具备开辟公交专用道的条件？

答：一般情况下，在单向拥有三车道或以上的道路才开辟公交专用道。

问：交警部门对占用公交专用道的社会车辆如何进行管制？现有的方法是否有效？

答：总体实施的是交警在路面的直接管理，但是交警的管理有些力不从心。因为总体警力不足，人手有限。所以有时面对公交专用道的违法现象显得无能为力。

问：上海早已开始公交专用道的建设和大力发展优先公交，为什么现在的专用道还不能普及？

答：因素有许多，比如道路条件的限制和交通运输部门的总体规划等，不过，各地区已经在大力发展公共交通，包括公交专用道。

问：许多公交专用道是仅在上下班高峰期才开设的，您对此的看法如何？

答：因为其他时段的公交乘坐率不高，可以让给社会车辆用。

💬 **案例分析**

该课题小组在进行专家访谈前进行了充分的准备，提前设置好准备了解的问题，从而能够在与刘警官对话时得到更多有价值的信息。鉴于专家访谈约见的难度和二次访谈的可能性较小，因此在设计问题过程中应该注重分叉题，当预见专家可能有不同回答的时候应该针对不同回答设计不同的后续问题，防止访谈时措手不及。专家访谈既要讲究礼貌，也要以事实为依据，充分阐述自己的想法与观点。

【案例来源：上海市七宝中学】

六、关键步骤

对学生来说，课题资料的收集和课题资料的分析都是非常关键的步骤。对教师来说，在这个阶段给予学生课题资料收集方法的指导至关重要，包括引导与启发学生完成研究实施的方案设计、数据统计表格设计、确定数据分析的一般方法、提取关键数据和信息等内容。

完成这个关键步骤有几个注意事项：

（1）教师要启发学生针对研究的特定阶段，选择合理的研究方法。

（2）在资料收集与分析的过程中，学生需要反思研究中的问题、缺陷与不足，必要时修改研究方案（计划），重新实施。

七、常见问题

1. 学生没有查阅资料的条件怎么办？

根据春禾项目学校课程实践经验，针对学生查阅资料不方便的问题给出的解决方法有两个，市区学生，可以周末回家查，而县城里的学生可以和学校沟通后用周末开放机房的方式解决，管理的方式是利用学生管学生的方式。

也有学校根据需要定期组织集中时间在统一的场地完成资料查阅等问题。比如学校机房、教师办公室等。而针对学生在学校无法使用手机记录过程图像或视频的解决方法是：在学校就完成讨论过程，教师可以负责拍照，回家后学生使用手机自行记录。

2. 数据资料如何筛选才能做到去伪存真？

在初步阅读和简单分析的基础上加以筛选，只保留对本课题研究有参考价值的资料。通常要求文献资料可靠、正确、权威，事实数据真实、典型、概括。筛选时，应尽量避免个人的主观倾向，切忌意念先行。既要选那些符合自己假设的证据，也不能忽略与自己假设相悖的证据。对孤证材料要慎重。最后把全部资料查看一遍，如有缺漏的或不完整的，则需要补充完整。

第六节 结论分析与提炼

一、课段目标

结论分析与提炼部分的目的是总结收集到的数据和它们的统计处理。结论部分应该告诉读者数据是如何被分析的以及分析的结果[35]。

二、结论分析与提炼的方法

（一）实地调查

在提供统计分析的结果时，需要报告说明所有相关结果，如果发放的调查问卷或者量表中有一致性、置信区间，也应当进一步说明。调查的结果应当伴有检验统计量的数值，同时对统计数值进行足够的描述性统计，包括样本的大小、采样方法、数据的相关性和标准差等等。一般来说，汇报统计数值往往采用表格或者图表的形式，同时配有文字进行解读，这样能帮助读者更好地理解数据。

（二）访谈

访谈的结论主要是指对访谈的结果进行的总结和归纳。因此在进行访谈的结论分析与提炼时，可以对被访者回答的内容进行归类，分析不同被访者对同一问题回答的异同，最后总结一些典型性描述。

---

[35]（美）伯克·约翰逊，拉里·克里斯滕森. 教育研究：定量、定性和混合方法[M]. 马建生，译. 重庆：重庆大学出版社，2015.

三、参考案例

案例 3-12

承接第五节中的案例，由于该课题涉及两种研究方法，学生先分别对实地调查和访谈做了总结，再分析得到综合的结论。研究总结和展望是这样分步撰写的：

（一）实地调查结论

公交专用道车流和违章统计（节选）

时段	机动车流/辆	社会车辆违章/次	非机动车违章/次	行人违章/次
16：30～16：35	185	37	26	14
16：45～16：50	179	62	34	8
17：00～17：05	171	53	15	7
17：15～17：20	153	81	57	24
17：30～17：35	145	96	66	18
17：45～17：50	138	87	72	12
18：00～18：05	165	83	68	9
18：15～18：20	147	48	61	21

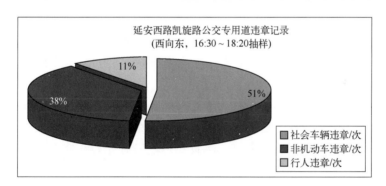

【课题小组】总结：通过驻点观测发现，公交专用道存在大量的违章现象，给专用道行车带来了巨大的安全隐患，降低了公交车的行驶速度，影响了公交车的路权。通过与国内外其他城市公交专用道车速相比，研究对象的监测数据显著低于平均值（20～30km/h）。说明所调查公交专用道未能达到理想的实施效果。

案例分析

学会对数据解读是撰写研究结论的必要条件，很多同学在发放问卷、回收问卷并完成数据图表的绘制后会认为，研究的主要工作已经完成，实则不然，对数据背后所代表的现象、原因等的分析和总结，才是研究的重点和亮点。

（二）专家访谈结论

【课题小组】结论：通过访谈得知，由于相关部门在公交专用道的设置过程中更多地关注了社会车辆的通行条件，因此实际上公交专用道的开辟为的是减少公交车对社会车辆的影响，造成开辟在车道右侧的公交专用道行车干扰多。加之交通管理部门对公交专用道的执法率不高，使得本市公交专用道"不专"。

📝 案例分析

当解释某种现象或是记录参与者的个人观点、态度时，访谈可以提供更加详细、丰富的信息，常用于研究问题的发现和探索分析阶段。

（三）综合结论

【课题小组】通过实地调研和数据分析，本研究主要结论有：

（1）延安西路目前的车流特征是在早高峰时自西向东的车流大于自东向西的车流，而在晚高峰时车流的大小呈现间隔式分布的特征。公交专用道目前的实际使用效率低下。早晚高峰通过的公交车数较少，远低于设立公交专用道的国家标准，造成对社会资源的极大浪费。同时，公交车载客人数少，大部分公交车的载客人数在20人以下，无法将公交专用道的优势发挥到最大，公交专用道的使用效率有待提高。

（2）延安西路道路管理优化的主要方案是在中间车道设立潮汐车道，并将道路两侧的车道改为按时段开放的合乘车道。依据道路实际情况，延安西路合乘车道车辆准入条件为：公交车、乘员人数≥5人以上的中型和大型客车、乘员人数≥3人的小型客车准入合乘车道；根据车流量特征，早高峰设置自西向东合乘车道；晚高峰设置七莘路到合川路、虹许路到中山西路段自东向西合乘车道，合川路段至虹许路段自西向东方向合乘车道。

（3）受延安西路车道限制，早高峰设置一条自西向东的潮汐车道；晚高峰分段设置不同方向的潮汐车道。本课题将合乘车道与潮汐车道相结合，通过对延安西路车流量的统计，为城市的交通精细化管理，在同一路段同时开辟合乘车道与潮汐车道提供方法与参考。

📝 案例分析

在总结结论时，可以将研究的全部结论写为一段，但为了能够使得研究的结论更加清晰，该课题组成员选择进行了分段，分段、分点对结论进行表述，可以将研究所得的成果和结论更加条理化、清晰化地呈现出来。

【案例来源：上海市七宝中学】

四、关键步骤

对学生来说，撰写研究总结中最关键的步骤，是能够总结研究过程得出的所有阶段性（或部分）的结论，从而形成整体结论。教师在必要时帮助学生一起分析数据资料背后的具体现象和原因，会对课题研究的结论升华起到重要作用。

完成这个关键步骤有几个注意事项：

（1）提醒学生，在研究总结阶段回应研究结果和研究假设之间的关系，说明数据是否满足研究的预期，但不要夸大研究结果。

（2）如果研究形成的结论不能完全验证开题时研究者对研究结果的预设，研究也不一定是失败的。教师可以指导学生实事求是，分析研究中哪个环节出现了问题或者考虑得不够全面，在结论中客观、坦诚、中肯地进行分析。当然，也有可能是研究的预期不符合实际的情况，可以适当修改研究预期。

五、常见问题

为什么有些论文中除了研究结果，还有一个讨论部分？

讨论部分有解释和评价研究结果的目的，此时可以将自身研究结果与先前研究结果相结合，同时进一步考虑和论述研究的局限性。讨论部分也可以论述研究结果中出现的新的或未解决的问题，这是对未来研究的建议[34]。

第七节　结题报告编写

长期以来，学术写作被看作是学者的专利，国家学术的繁荣、科研的进步似乎主要依赖少量精英即可。近年来，我国每年发表的学术论文数量居世界前列，但真正能产生世界影响力的高水平论文十分有限，学术不端现象频发。追根溯源，产生这一现象的原因与我国中小学阶段的作文教学存在密切关系。我国中小学的作文教学比较重视记叙文、议论文的应试训练，普遍漠视学术写作。学生到了大学阶段还普遍缺乏研究兴趣和问题意识，文献检索能力单一，不了解学术规范，缺乏创新精神[36]。

实际上，学术写作具有多方面的教育价值，其核心价值在于通过写作促进学习，激发学生观察世界、理性思考的兴趣，锻炼他们检索、分析、筛选有效信息的能力，培养其团队合作意识和创新精神。自20世纪70年代，美国许多教育工作者开始把写作作为促进学习的一种手段来进行跨学科研究，从小学阶段就开始有意识地培养学生的学术写作能力。例如，在美国，小学四年级教师就开始教孩子研究方法，学生基于自己的兴趣进行选题、收集资料。这一过程周期较长，经过长时间的酝酿以后便开展学术写作，学生有了比较丰富的体验和相对深入的思考，就不需要搜肠刮肚，寻章摘句，是典型的"真实写作"。此外，美国中学阶段的语文综合性实践活动也特别重视对学术规范的引领，如"文件拷贝时要遵循学术和法律规范""电子资源的使用要标明运用的引文材料""书写正确的引文来源"[37]。

研究性学习隐含着学术写作的要素与概念，令研究性学习活动的目标指向具有一定的模糊性。春禾在设计研究性学习的课程阶段时，不仅在实践中体现活动性、开放性、

[36] 任明满. 通过写作学习：学术写作的价值、路径及展望[J]. 语文建设，2020(11)：14-18.
[37] 杜红梅. 美国语文综合性学习案例评析[J]. 语文建设，2008，(06):40-42.

多样性，教学中强调对学生发现问题、分析和解决问题的思维培养，同时还关注对学生的文献引用和论文撰写能力的指导，希望教师们通过创意写作、案例模仿等方法，激发学生的科学研究精神，注重科学研究的严谨性，树立规则意识与规范性表达。

一、课段目标

"结题报告编写"课段是在完成课题实施中的数据分析以及结论的提炼之后，即将要进入的课题研究的结题阶段。结题报告的撰写是学生在研究性学习中的结题环节较为重要的一个部分，基于学生的学习需求与课题研究的进展，从一份完整的课题结题报告的组成，到不同类型课题结题报告的差异化表述，再到撰写过程中的规范性等逐级构建学习主线与梯度，借以课堂的交流和讨论逐渐生成知识内容。树立撰写文本表述的规范性与规则意识，培养表达逻辑和审辨性思维。

二、结题报告的撰写

（一）结题报告的内容要素

1. 标题和作者

标题一般有两种，一种是单题型，即一篇结题报告只有一个题目，这是比较常见的。如"浅谈布依族转场舞进我校的开展现状以及对策"。另一种是双题型，即由主标题与副标题组成，副标题一般起到补充说明特定材料、方法、内容的作用，如"黔东南水族文化的手工艺品调查——以榕江县为例"。标题要简洁明晰，一般不超过20字。

结题报告是小组成员经过一段时间研究后的成果，参与其中的每个成员都可以署名，表明自己是研究成果的作者身份，同时也意味着自己对报告的真实性和研究质量负有一定的责任，所以，作者署名的排序意味着贡献和责任的大小。

2. 摘要和关键词

摘要一般不要太长，200～400字即可，用高度浓缩的语言，把研究的目的、方法、结果与结论提炼出来。摘要的四要素为目的、方法、结果与结论。摘要的撰写要求：①要具有独立性，即不阅读文献的全文，就能获得必要的信息；②用第三人称；③不得简单地重复论文篇名中已经表述过的信息；④要着重反映论文的新内容和作者特别强调的观点；⑤一般不分段落，切忌发空洞的评语，不作模棱两可的结论；⑥要采用规范化的名词术语。

关键词一般为3～5个。

3. 报告的正文部分

第一，研究的背景或是导言，这一部分通常很简单，但非常重要。主要介绍该课题选题的大致背景，向读者明确介绍研究所关注的中心问题，阐述清楚课题研究的价值和意义。

第二，研究目标（目的）、研究方法，需要写清楚该研究的研究目标是什么，所采用的研究方法主要有哪些，比如常见研究方法有文献研究、调查研究、比较研究、实验研究等。

第三，研究过程，主要是阐述研究的基本过程，包括从选题开设、研究目标和内容的确定、小组成员的分工、调查问卷设计或实验方案设计、调查基本过程或实验基本过程直到研究报告的撰写。

第四，研究的结果，详细阐述研究的结果，包含对结果的分析讨论。

研究的结果与研究的结论不同，研究的结果重在向读者阐述本次研究发现了什么，是为了陈述事实，而非表达观点，发现和结论的区别在于："我所发现的"还是"基于上述发现我所做的判断"。

第五，研究的结论及反思建议，主要目的是回答研究问题，达到研究目标和检验研究假设（如果有的话）或推翻研究假设。注意：结论部分是在做判断，而非陈述事实，结论一般都比较简洁，不需要详细阐述。研究的反思主要是对该课题研究中还存在哪些不足，以及提出的解决问题的一些建议。

第六，参考文献，逐个罗列出所有研究过程中查阅、参考以及撰写报告时所引用的文献资料。

第七，附录，实验研究类和描述研究类课题结题报告一般都附有附录部分。在实验研究类课题中，一般把实验研究中得到的原始数据、实验观察记录、问卷或其他不便放入正文中的资料列入附录，以便查证。

在描述研究类、调查类研究中，一般把调查工具，部分原始材料附在报告后面，包括各种调查表格、原始数据、研究记录等。把这些内容作为附录，一方面可以使正文内容更集中，另一方面也是为读者提供可供分析的原始资料、以方便他人分析收集方法是否科学、事实材料是否可靠，并供其他研究人员参考。

（二）撰写的基本方法

虽然每个课题小组只需要撰写一份结题报告，一般会确定1～2名主要执笔人，但是其他课题组成员也需要参与其中，一起讨论研究过程、厘清写作思路，并在执笔人完成结题报告撰写的过程中充分参与，表达自己的想法和建议，共同合作创作结题报告。

撰写结题报告需要从构思开始有计划地进行，一般会经过以下几个步骤：

（1）确定题目，虽然课题名称早就已经明确，但在撰写报告时还是需要根据研究的结果重新确定研究报告的题目。

（2）提炼主题，报告主题是课题成员想要表达的核心问题，结题报告的主题必须与课题主题基本一致。

（3）制订提纲，提纲是结题报告的骨架，可以由课题小组成员共同讨论确定文章的结构、内容层次、表达方式等。

（4）撰写修改，主要执笔人在写完初稿后，所有组员一起参与修改，确认文章内容或数据、补充或删改，全体组员群策群力，使结题报告更准确、完整和通顺。

（5）修改定稿，主要执笔人应该记录并整理汇总课题组成员的修改意见，在此基础上完成课题报告的修改和定稿。

一份完整的结题报告并非一蹴而就，需要课题组团队依据结题报告的基本范式逐一地经历初稿、多次修改与完善等。对于报告的修改有几个要点：观点的斟酌与修正、材料的核对与增删、结构的调整与梳理、语言的润色与推敲。

（三）结题报告撰写训练

要求完全没有专业背景的学生完成一份学术性结题报告的撰写，与传统的语文写作教学和学科课程教学都有明显差别，需要关注学生文稿内容的理论深度和思辨性要求。

如果想针对性地提高学生结题报告写作水平，教师可以设置不同的主题，要求学生在大量阅读相应主题的文献基础上，模仿专业学科学术论文的写作，并以此了解学术性写作的话语体系，从而更好地适应未来专业化的学术性写作。这种学习方式可将写作这一工具性的能力与不同学科体系连接，从而实现写作对象和内容的具体化。

 案例 3-13 学术性写作训练

某高一研究性学习教师为了提高学生的学术性写作能力，以"高速公路该不该收费？"为主题引发讨论并布置了以下任务：

在我国，由于建设成本高，加上近年来高速公路建设不断市场化改革，使我国高速公路处于有偿使用的状态，"要想过此路，留下买路钱"已经成为国人的共识。但是，国外高速公路是如何运营管理的？高速公路一定要收费吗？已经支付了养路费，为什么高速公路还要收通行费？是否属于重复收费？请查询相关资料，了解欧洲和美国等在高速公路管理上的做法和经验，比较研究我国目前高速公路管理中存在的缺陷和不足。综合各方的观点，尝试将你们的想法和建议形成相应的文字报告。

三、结题报告的格式规范性

（一）文章层级编排

在撰写结题报告的时候，整个文章的层级结构，可以任意选择以下两种中的一种，但不能交叉混用。结题报告的层次编排举例如下。

结题报告的层次编排 1

- 第 1 级　一、…… 二、…… 三、……
- 第 2 级（一）……（二）……（三）……
- 第 3 级　1. ……2. ……3. ……
- 第 4 级　（1）……（2）……（3）……
- 第 5 级　①…… ②…… ③……

按照这种层级编排，成文样例如下：

□□一、××××
□□（一）××××
□□1. ×××××
□□（1）××××□××××
□□①×××××××

结题报告的层级编排 2

- 第 1 级　1，2，3，……
- 第 2 级　1.1，1.2，1.3，……
- 第 3 级　1.1.1，1.1.2，1.1.3，……

按照这种层级编排，成文样例如下：

1□××××

1.1□××××

1.1.1□××××××

（二）统计图表规范

统计图表的使用有其规范性，用图表的形式呈现研究结果简明、形象，便于对照比较。统计表是用数据列表表明研究现象，统计表的结构包括表号、标题、主栏、宾栏、数据资料，备注或资料来源、线索。统计图是将经过研究所获得的数据资料用几何图形或具体形象加以呈现。和统计表相比，统计图更形象、直观、醒目，好懂好记，便于比较。常用的统计图有条形图、圆形图和曲线图。

（三）文本表述侧重

不同类型研究报告在文本表述过程中有相应的侧重点，社会调查报告应该包含调查的目的、调查的方法、调查的时间、样本的情况、调查的内容、调查表的分析、分析结果、得出的结论、提出自己的看法等内容。而在科学实验类型的研究报告中，必须向读者表明：实验目的是什么？实验材料是什么？实验过程如何？由实验得到哪些数据？我们又是如何处理这些数据的？由数据的分析中得出什么结论？

（四）结题报告撰写的注意事项

1．用主观语气表达

使用"我""我们""研究小组""研究成员"等表述形式。

2．用记叙方式撰写

许多论文保留着浓郁的记叙文特色，然而严格意义上说，论文更趋近于说明文体，因此需要改变钟情于记叙的行文习惯，用客观、科学、准确的语言去记录研究的过程与结论。

3．论文标题应具有个性

论文研究的对象和内容不同，研究过程不一致，标题也应具有"个性"。但很多同学的文章千篇一律，都是"研究缘起""研究目的""研究方法与步骤""研究实施""研究结论"，应注意避免。

4．避免将摘要变成缘起

摘要是文章的精华浓缩，让人不看文章即可了解大概。但许多同学的论文，摘要却是在写研究的缘起、目的和意义，违背了摘要的基本要求。

5．避免资料堆砌没有逻辑

不少论文缺乏独立研究的部分，大量摘抄相关资料，由于对资料缺乏分类、分析和组织，资料堆砌严重。还有些论文，只是把研究过程记录下来，但整篇论文缺乏逻辑性体系和架构。

6. 避免格式混乱排版随意

应注意：避免标题符号使用混乱，出现阿拉伯符号和中文数字的混用；避免标题层次的字体字号选择缺乏等级性；文字排版中，居中、对齐、缩进等应规范、统一，消灭错别字。

四、参考案例

 案例3-14　结题报告参考规范案例

中文论文题目 黑体四号

摘要： 宋体小四号，"摘要"两字要加粗，300～500 字，1.5 倍行距

摘要内容：要求概括地表述论文的研究背景、目的、研究方法、研究重点、结果和主要结论。

关键词： "关键词"加粗，宋体小四号，3～5 个关键词，中间用逗号隔开，1.5 倍行距

正文部分：

1. 一级标题为四号黑体，二级标题为小四号宋体加粗，三级及以下的标题层级小四号宋体不加粗。

2. 图名按顺序排：图 1×××××，图 2×××××，图 3×××××；表名按顺序排：表 1×××××，表 2×××××，表 3×××××。图名放在图的下方居中五号黑体；表名放在表的上方居中五号黑体。

3. 正文全部小四号宋体，1.5 倍行距。

4. 层级符号序列为：

0×××× （通常为序言，没有该部分的可以直接省去）

1×××

1.1.1××××

1.1.1.1×××

1.1.1.2××××

……

1.1.2××××

……

1.2××××

......

$2 \times \times \times \times$

......

5. 参考文献标注方法

[1] 作者. 专著名 [M]. 出版地: 出版者, 出版年: 起止页. 专著式样

宋体五号

[2] 作者. 题（篇）名 [J]. 刊名, 出版年, 卷号（期号）: 起止页. 期刊论文式样

[3] 作者. 题（篇）名 [C]. 会议名, 会址: 开会年. 会议论文式样

[4] 作者. 题（篇）名 [D]. 授学位地: 授学位单位, 授学位年. 学位论文式样

[5] 作者. 题（篇）名 [R]. 报告年-月-日. 报告式样

[6] 作者. 题（篇）名 [E]. 出处或可获得地址（网址）. 发表或更新日期/引用日期. 电子文档式样

注意：参考文献中的标点符号全部用半角。

6. 注意事项

（1）页码居中；

（2）论文中不要出现个人的照片和人名（自己的姓名，指导教师姓名，咨询专家姓名，采访人姓名，连名片也不许出现），不要出现"鸣谢"。

表格样式：

表1 三线表示例

X	Y	Z	M	N
10	30	2.5	4	110
12	34	3.0	5	111

图形样式：

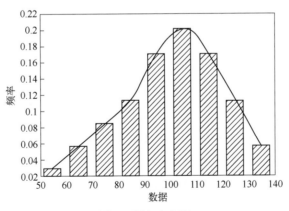

图1 频率直方图

公式及定理类排版：

应独立成行居中斜体排版，全文编号统一，编号在页面左侧，建议使用 MathType5.2

编辑。例如

$$u(t) = \sum_{i=1}^{r} h_i[z(t)]F_i(t) \qquad (1)$$

 案例 3-15　结题报告案例 ❶

关于高中生沉迷网络游戏心理剖析及解决方案

——以抽卡氪金类游戏为例

摘要： 抽卡游戏的出现与发展壮大吸引越来越多的高中生玩家投入时间、精力，并通过"氪金"（即花钱充值）的方式达到各自的游戏目的。因此，本研究旨在剖析高中生沉迷抽卡氪金游戏的心理，并提供一些解决的方案，从而减轻他们对游戏的沉迷程度。本研究通过文献法研究抽卡游戏营销模式、氪金后获得理想卡牌概率及青少年对其的情感心理。再通过问卷法，了解抽卡游戏对高中生玩家的影响，分析发现抽卡氪金游戏主要以丰富多彩的游戏内容、益智与休闲的结合、不同于现实状态的虚拟世界吸引玩家。被调查者玩游戏的主要目的为消遣、增进现实朋友间的友谊、感受竞技带来的刺激、体验游戏故事。为深入了解，通过访谈法得知高中生玩家对于抽卡氪金的心理及态度，大多数受访者都是为了得到想要的角色卡牌，一方面可以角色升级，一方面可以满足收集欲，为获得更好的游戏体验而选择氪金。最终通过综合分析得出，抽卡概率的不同会带给玩家紧张感和刺激感，而且还可以通过氪金的渠道来提升抽卡概率满足玩家的获得感和满足感，但由于高中生玩家心智尚未成熟，易受其影响，抽卡游戏最好是作为平时的消遣，不应抱有太多的执念，高中生玩家也应对其有所警戒。基于以上结论提出对于游戏公司的改进措施有：①限制未成年人玩家的游戏时间；②添加人脸识别技术；③通过家长监管；④限制未成年人玩家的消费金额；⑤在抽卡游戏中增添学习元素。对于游戏玩家个人而言，则需依靠家长和教师多加关注青少年的情绪，及时疏导，适当减轻负担，增加其课外活动的时间，以免沉溺于虚拟的游戏中。

关键词： 青少年，网络游戏

0　序言

你是否常常听到身边的朋友们在谈论什么"SSR""脱非入欧""玄学"？这是一类抽卡游戏的衍生词。随着现代人生活水平的提高，过去的益智类、动作类等小游戏已渐渐失去了对青少年的吸引。当今的游戏产业面临着挑战。2013 年一种抽卡模式的游戏全新推出，收到了热烈的反响，近几年更多的抽卡游戏开始风靡。游戏公司在"抽卡"的基础上，加入精美的画面和场景，真实的人物配音，更重要的是诱导青少年以抽到心仪的卡牌为目的去"氪金"（即花钱充值），少则几十，多则上千。高中生以其

---

❶ 为便于教师指导及学生交流，结题报告正文建议采用宋体小四号字，1.5 倍行距。

尚未完全成熟的心智及拥有一定的零用钱供自由支配成为这类"抽卡氪金"游戏的多数受众，我们身边不少同学也出现了类似的情况。由此我们提出本课题，目的在于剖析高中生沉迷抽卡氪金游戏的心理，并提供一些解决的方案，从而减轻他们对游戏的沉迷程度。

1 研究目的和意义

1.1 概念界定

网络游戏简称网游，是通过互联网连接的供人们使用并具备娱乐性、休闲性，便于玩家之间交流的游戏方式。

网络游戏不同于我们平时玩的电子游戏，它是通过玩家在其官方网站搜索并且把客户端下载到自己的电脑里，通过客户端创建属于自己的账号、密码，并且选择自己所喜欢的游戏角色，可以根据自己的爱好来选择其装备。一般来说，网络游戏可供玩家选择的角色类型、上手的难易程度及美观度等方面较多，可满足各种玩家的需求。

抽卡一般是指在游戏中通过游戏免费赠送的或花钱购买的道具，随机抽取以获得游戏稀有材料的一种游戏方式，实际上，这就是一个碰概率的过程。玩家带着一种类似赌博的心理，去赌这次能不能获得自己心仪的东西。

其实现在国内很多的抽奖游戏方式都起源于日本的一种名为"扭蛋"的游戏。这个游戏一般是把多个相同主题的玩具模型归置成一个系列，分别放入蛋状的半透明塑料壳里，通过投币或插卡随机抽取的方式进行售卖。因它具有随机性，而且无法预知购买的是本系列中的哪一个玩具，激起了玩家为了自己想要的玩具不断扭蛋，后来这个扭蛋机制就被引入了游戏中，也就成为现在最为普遍的网游抽卡机制。

1.2 研究目的

本课题旨在研究高中生沉迷抽卡氪金类网络游戏的原因、此类游戏背后的机制和陷阱、高中生的实际心理需求。随着科技的发展和时代的进步，青少年的社会需求也在改变，通过研究分析，能帮助我们更好地了解新时代青少年的心理，让他们认识到所谓的游戏实则是商家获利的一种手段，从而减轻对游戏的沉迷程度。

1.3 创新点

国内外对于抽卡氪金游戏的研究并不多，且没有针对高中生这一人群的具体调查。本课题主要针对网络游戏（特指抽卡氪金类）与以前的网络游戏及其盈利模式上的区别进行研究。

2 文献综述

徐静在《认同·权力·资本：青少年网络游戏中的情感研究》中得出结论：青少年玩家以其更为充分的能动性完成对现实世界社会结构的冲击甚至解构，充分展示了后现代意识的强大张力。实际上网络游戏行为也只是青少年在网络空间寻找自我认同、获取网际权力和新型文化资本的具体表征之一。另外，与现实世界中的诸多行动相比，网络空间中的社会行动更加强化非理性的功能。特别是对成长中的青少年群体来说，非理性或者情感性表达、展示、互动成为诸多虚拟社会行动展开和目标达成的自然而有效的方式。

余强在《青少年学生网络游戏成瘾及其影响因素研究》中提出的结论：①青少年学生网络游戏成瘾水平有轻度、重度两种，网络游戏成瘾流行率没有显著的性别差异、学校类型差异和家庭教养方式的差异，但存在着显著的年龄差异；②从对网络游戏使用者特性和网络游戏使用行为在网络游戏成瘾现象上的差异性来看，男生比女生有较高的成瘾倾向，中学生的成瘾倾向高于大学生，民主型家庭教养方式的学生成瘾的倾向较其他教养方式的学生的成瘾倾向低；③网络游戏成瘾者具有更强的自我肯定、逃避归属和人际关系的动机，具有高神经质、低经验开放性和低亲和性以及低自尊的个性特征，具有更高的网络游戏自我效能水平；④游戏者的使用动机、个性因素、网络游戏自我效能和网络游戏特色与网络游戏成瘾具有密切的关系；⑤对网络游戏成瘾及其主要影响因素的关系进行分析，结果表明，游戏者的人格、使用动机、网络游戏自我效能和网络游戏特色对网络游戏成瘾均具有直接的影响。

任乐毅在《主要网络游戏类型及盈利模式的研究》中指出角色扮演类的特点为点卡、月卡形式的按时收费、模仿动画和漫画模式；休闲对战类的特点为可重复性高、硬件配置要求低、形式多样、流程短。网络游戏的快速发展产生了不同种类的网络游戏类型。文中就主要的几种网络游戏类型进行了讨论，并分析了该种类型下游戏的盈利模式。

巢乃鹏在《网络游戏与青少年的自我认同》中指出：社交型、沉浸型、成就型游戏动机均对玩家的游戏行为、角色依恋和线上自我认同水平产生正向影响；角色依恋对玩家的线上自我认同水平有正向影响，对线下自我认同水平则产生负向影响；三种游戏动机中，成就型动机对线下自我认同水平有显著的负向影响，而沉浸型动机则对线下自我认同水平有正向影响。

总结：实际上网络游戏行为也只是青少年在网络空间寻找自我认同、获取网际权力和新型文化资本的具体表现之一，并且多是非理性的。游戏者的人格、使用动机、网络游戏自我效能和网络游戏特色对网络游戏成瘾均具有直接的影响。主要网络游戏类型分为角色扮演类和休闲对战类，这两类均可含有抽卡元素。网络游戏动机可分为社交型、沉浸型、成就型，对青少年的自我认同有一定影响。

3　研究方法及过程

3.1　文献法

本研究从中国知网（CNKI）上搜索论文，着眼于高中生沉迷抽卡氪金类网络游戏的原因、高中生的实际心理需求的最新研究进展，同时也在搜索引擎上广泛搜索当前社会与媒体对高中生沉迷抽卡氪金类网络游戏的原因，广泛吸纳信息。关键词有"抽卡""青少年""网络游戏"等。检索式："网络游戏"and"青少年"，"网络游戏"and"消费"。

3.2 问卷法

本课题研究对象是高中生，下发问卷总数 230 份，回收问卷 227 份，有效问卷 227 份。调查对象分类为"玩过抽卡氪金类网游""玩过其他网游""没有玩过网游"。

3.3 访谈法

本课题研究访谈了 6 名高中生，2 男 4 女，全是玩过抽卡类网游并且氪过金的学生。对 6 名学生都有线上和线下的访谈，以当面访谈为主。访谈的基本问题为：①玩过哪款抽卡游戏？②氪了多少钱（一次最多/累计总数）？③一般用什么方式（月卡/活动）？④为什么选择这种方式？⑤氪金前有犹豫吗？氪后有后悔吗？如果有，为什么不停止？⑥会为了氪金而省吃俭用吗？此外，还依据不同人的实际情况略有增加问题。

4 调查结果与分析

4.1 问卷结果与数据分析

……

第 3 题 您是否玩过抽卡氪金类游戏？

选项	小计	比例
是	113	49.78%
否	114	50.22%
本题有效填写人次	227	

参与调查的 227 人中玩过抽卡氪金类游戏的人数占 49.78%，未玩过此类游戏的人数占 50.22%。也就是说，身边将近有一半的同学都曾经玩过抽卡氪金类游戏，可见此类游戏的玩家范围较广。

第 4 题 您玩过的抽卡氪金类游戏有：［多选题］

选项	小计	比例
王者荣耀	52	46.02%
炉石传说	47	41.59%
其他	42	37.17%
阴阳师	39	34.51%
奇迹暖暖	20	17.7%
恋与制作人	14	12.39%
梦幻西游	9	7.96%
三国封魔传	2	1.77%
本题有效填写人次	113	

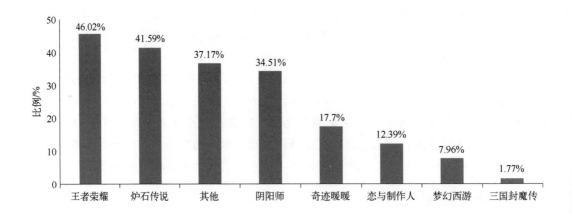

被调查者玩过的抽卡氪金类游戏主要有：炉石传说（41.59%）、梦幻西游（7.96%）、王者荣耀（46.02%）、奇迹暖暖（17.7%）、阴阳师（34.51%）、三国封魔传（1.77%）、恋与制作人（12.39%）、其他（37.17%）。

第5题 您是通过什么渠道了解到抽卡氪金类游戏的？［多选题］

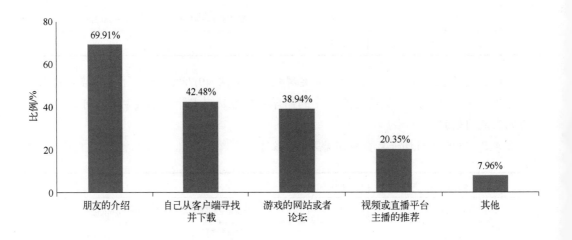

被调查者了解到该类游戏的渠道分别为：游戏的网站或者论坛（38.94%）、视频或直播平台主播的推荐（20.35%）、朋友的介绍（69.91%）、自己从客户端寻找并下载（42.48%）、其他（7.96%）。大部分高中生玩家通过朋友的介绍推荐了解抽卡氪金类游戏，部分为自主从客户端寻找并下载及通过游戏网站或论坛了解。

这种渠道差异的原因主要在于被调查者对游戏的选择标准及关注程度。"朋友的介绍"这一渠道占多数，表明高中生玩家对于游戏选择以"主流"为标准，同时与同龄玩家交流密切，重视他人对于游戏的评价。通过"自己从客户端寻找并下载"及"游戏的网站或者论坛"这两种渠道的高中生玩家对于游戏本身的关注程度较高，游戏方式偏向个人。

第 6 题 您平均每周玩网络游戏的时间是：

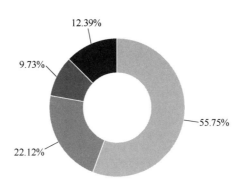

■ 3.5小时以内　■ 3.5小时以上7小时以内　■ 7小时以上14小时以内　■ 14小时以上

被调查者平均每周玩网络游戏的时间分别为：3.5 小时以内（55.75%）、3.5 小时以上 7 小时以内（22.12%）、7 小时以上 14 小时以内（9.73%）、14 小时以上（12.39%）。

结果表明大多数高中生玩家一周平均每天玩网络游戏 0.5～1 小时，少数在 1～2 小时，但也有在 2 小时以上的人。按普通高中生一天的课余时间为 6 小时来算（扣除在校时间，睡觉及三餐），若 3 小时用于完成作业，则网络游戏占剩余时间至少有三分之一，数值可观。

……

第 12 题 您通常玩网络游戏的目的是什么？［多选题］

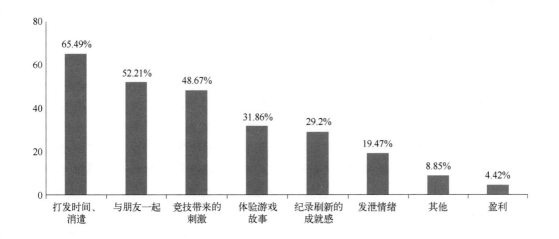

第 13 题 请根据您的游戏经历，对您的抽卡氪金行为做出总体评价。

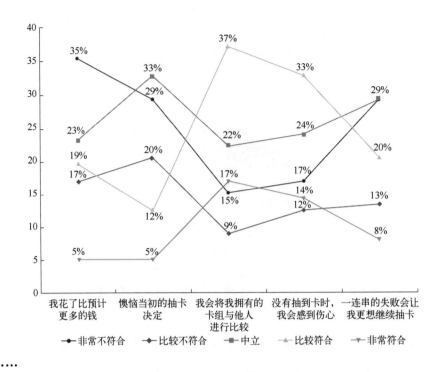

......

第 15 题 玩了抽卡游戏后，您的现实社会活动出现了哪些变化？ [多选题]

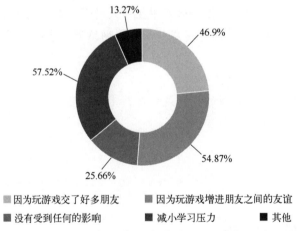

玩了抽卡游戏后，大部分玩家承认在现实中减小了学业压力，同时促进了现实朋友间的友谊，并在网络上结交了与自己兴趣相投的新朋友。

抽卡氪金游戏主要以丰富多彩的游戏内容、益智与休闲的结合、不同于现实状态的虚拟世界吸引玩家。被调查者玩游戏的主要目的为消遣、增进现实朋友间的友谊、感受竞技带来的刺激、体验游戏故事。其中，"纪录刷新的成就感"与"发泄情绪"占比较低。"打发时间、消遣"占多数，表明高中生玩家由于学业压力大，对于放松消遣有一定的需求；"因为玩游戏增进朋友之间的友谊"占比较高，表明高中生玩家对于人际关系的维持和发展较为重视；选择"竞技带来的刺激"，表明高中生玩家希望从游戏中获得不同于日常生活的冒险体验。

以上表明高中生玩家对于游戏的态度和目的较为积极，但仍有一部分消极情绪存在。

4.2 访谈记录及结论

受访者一

【个人信息：女，抽卡类网游网龄约一年。经常玩格斗类或者卡牌类的游戏，比如王者荣耀、崩坏学园。】

Q：玩哪款抽卡游戏？

A：万象物语。

Q：一般氪金多少（一次最多/累计总数）？

A：一次 10 元。

Q：一般选用哪种方式氪金（月卡/活动）？

A：只会氪首充礼包。

Q：为什么选择这种方式？

A：喜欢游戏中的卡牌角色。

Q：氪金前犹豫过吗？氪金后有后悔过吗？如果有，为什么不停止？

A：一般不会氪金，因为做任务也能得到卡牌。性价比太低，要氪很多才会有一点回报。

Q：会为了氪金而省吃俭用吗？

A：会。

该同学认为抽卡方式成功获奖概率太小，氪金超过可支付范围才能有好的效果，氪金方式一般是连抽活动，比较划算。可以看出该同学的自制力比较强，因为她意识到了潜在概率事件的随机性。

受访者二

【个人信息：男，经常玩阴阳师，网龄两年。】

Q：玩哪款抽卡游戏？

A：阴阳师。

Q：一般氪金多少（一次最多/累计总数）？

A：一次 30～100 元，累计超过 1000 元。

Q：一般选用哪种方式氪金（月卡/活动）？

A：定期充钱，但是不充月卡。

Q：为什么选择这种方式？

A：我的钱不够定期氪月卡。但是如果有钱的话还会选择现在这么氪，小氪怡情，大氪伤身。

Q：氪金前犹豫过吗？氪金后有后悔过吗？如果有，为什么不停止？

A：没有犹豫过，但是氪金后有后悔过氪多了。

Q：会为了氪金而省吃俭用吗？

A：会，如果有特别想抽到的卡就会多氪一点。氪金主要是为了玩游戏时的心情爽。

该同学有氪金的习惯，并且比较频繁，动机大致是为了游戏体验的满足感、优越感和成就感。这位同学依赖于商家的抽卡物品，消费比较冲动。

受访者三

【个人信息：男，经常玩阴阳师，网龄两年。】

Q：玩哪款抽卡游戏？

A：阴阳师。

Q：一般氪金多少（一次最多/累计总数）？

A：一次 100 元左右，最多 600 元，总共氪过 800～900 元。

Q：一般选用哪种方式氪金（月卡/活动）？

A：一次性氪，活动。

Q：为什么选择这种方式？

A：活动有优惠，氪金让我玩游戏体验更好，更开心。

Q：氪金前犹豫过吗？氪金后有后悔过吗？如果有，为什么不停止？

A：一半次数后悔过，但有侥幸心理，期望获得更多优越感。

Q：会为了氪金而省吃俭用吗？

A：不会，每月有 1000 元左右零花钱，够用了。前一阵子手机被家长收走了，所以没法继续氪金、玩游戏了。

该同学有定期氪金的习惯，且数额较大，但氪金次数较少。氪金目的主要是在游戏中获得优越感，达到更高水平，以满足其好胜心。主要选择活动时消费，不算太盲目消费。虽然有后悔过，但仍然怀抱侥幸心理继续氪金，结果也一半满意一半失望，他认为自己氪金适度，还会继续。该同学经济较充裕，容易受到概率的诱惑。

以上三位受访者从不同程度上皆有"侥幸心理"，由此可见抽卡的概率"玄学"在高中生玩家中有着深远的影响。大多数受访者都是为了得到想要的角色卡牌，一方面可以角色升级，另一方面可以满足收集欲，为获得更好的游戏体验而选择氪金。部分受访者在氪金前没有犹豫，氪金后却有后悔，表明在抽卡手游中高中生玩家群体存在轻度冲动消费，在游戏活动的刺激下激发了氪金的消费欲望。

5　研究总结

5.1　抽卡概率分析

2016 年 12 月 6 日文化部所发布的《文化部关于规范网络游戏运营加强事中事后监管工作的通知》中规定"网络游戏运营企业应当在游戏的官方网站或者游戏内显著位置公布参与用户的随机抽取结果"。此后，许多网游和手游厂商都陆续公布了旗下网游或手游的抽奖概率。可以说，这个政策终于让多年来一直隐藏在深处的网游或者手游抽奖概率浮出了水面，不少玩家都认为这下终于可以不必氪金砍手了。公布的这些游戏抽奖概率看上去都是能够被接受的，但是仔细一推敲，其实玩家想要获得自己想要的卡，还是得氪金，这一点并不会因为知道了抽奖概率而得到改变。只不过抽奖概率需要公示后，可以有力地监控网游厂商们虚报和作假的行为，让抽奖变得透明。

以某抽卡游戏为例，它所公布的补给箱抽 A 级物品的概率约为 7.14%。如官方所说的平均 13.5 个补给箱就会出 1 个 A 级物品。按照游戏升 1 级就能有 1 个箱子的设定，差不多 13~14 级就可以获得一个 A 级物品，就算花钱买箱子，也不过几十元钱。看上去抽齐一个 A 级套装的确花不了多少钱，但是，很多玩家却忽略了一点，这个概率仅仅指的是 A 级物品的概率，而玩家们想得到的是自己想要的 A 级物品。假设这款游戏目前有 24 个角色，每个角色可以解锁的 A 级物品有数十个，那么总共就有几百个 A 级物品，而玩家因为自己所擅长的角色数量的限制（一般每位普通玩家熟练的角色只有 3~5 个），也就是说真正想要的 A 级物品也不过几十个。假设一个玩家熟练的角色为 5 个，每个角色的 A 级物品数量为 20 个，那么他所需要的 A 级物品就是 100 个，用 100÷480 得到的概率约为 20%，然后用 20%×8%=1.6%，这就是一个玩家想要获得自己所需的 A 级物品的概率。当然，这还只讨论的是单次的概率，因为很多游戏每次抽奖的概率都是单独计算的，所以这样算下去，概率会更低。

5.2　玩家心理剖析

在游戏中除了探索剧情、解锁互动外，收集任务和养成人物卡片，也是一大重要的乐趣，更是玩家在游戏外互相炫耀讨论的热门话题。常规的抽卡游戏中的卡牌，一般按照稀有度从高到低，分别为 SSR、SR、R、N 四类。卡牌稀有度越高，抽到的对应种类卡片的概率就越低，抽卡游戏就是一个概率游戏，游戏会设置一个保底概率。比如"恋与制作人"中"十连抽必出 SR"的规则，让玩家不会因为总是抽不到珍稀卡牌而失去兴趣，并总是对自己的下一次抽卡满怀希望。

高中生的学业压力较大，故希望通过游戏来得到缓解与放松。同时，随着网络的发展，有关抽卡游戏的信息在网络平台上广为流传，在高中生同龄人之间也成为热门的话题。抽卡游戏比起传统游戏，具有随机性、碎片化的特点，以益智和休闲为主要标签，满足了高中生对于"消遣"这一目的的需求。不同抽卡游戏中"组队""找他人帮忙抽卡"等玩法，使玩家可以与他人互动，与朋友一起体验，或是由此认识新朋友，满足了高中生对于"增进友谊"这一需求。许多抽卡游戏有丰富多彩的游戏内容，精美的画面和专业配音，为玩家营造一个不同于现实状态的虚拟世界，满足了高中生玩家对于"游戏体验"的需求。

行为心理学家斯金纳曾做过一个实验，让小鼠按下控制杆到达一定次数可以获得食物。不过一组是随机得到，另一组是有规律地得到。他发现，在奖励消除后，随机得到食物奖励的小鼠会坚持按杆更长的时间，不愿意放弃希望。这种现象被称为"间歇强化"。抽卡游戏也会设置"保底措施"，来持续激励玩家们。此外，抽卡概率的不同会带给玩家紧张感和刺激感，而且还可以通过氪金的渠道来提升抽卡概率满足玩家的获得感和满足感。

因此，抽卡游戏最好是作为平时的消遣，不应抱有太多的执念。对于那些收集卡牌成瘾，并为此投入大量时间和金钱的青少年，应有所警戒。

6　对策及建议

6.1　对于游戏公司

【方案一：限制未成年人玩家的游戏时间】

腾讯官方于2018年11月5日发布声明将上线登录实名注册和防沉迷系统，表示2019年将检查旗下游戏所有中国玩家的身份，以便限制未成年人玩游戏的时间。为了解决游戏成瘾的问题，腾讯采取措施限制12岁以下的儿童每天只能玩1小时，并且在晚间9时至早上8时之间禁止玩游戏，至于12岁到18岁的用户则每天只能玩2小时，超出规定的时间范围将被强制下线。

【方案二：添加人脸识别技术】

部分游戏已实施身份认证的措施，但仍存在未成年人玩家使用家长或他人的身份证代替进行认证的现象。因此，游戏公司可以在此基础上对该游戏添加人脸识别功能，对玩家的面部进行拍照扫描分析，若与其身份证上的照片差别过大则会阻止玩家登录。但该技术对设备性能有一定要求，且可能由特殊因素导致证件照与本人如今的相貌出入较大，无法正确识别。

【方案三：通过家长监管】

未成年人玩家在注册游戏账号时需要填写家长的手机号码，且该号码必须得到家长本人的验证确认，以防有人随意乱填。其每日的游戏时间及每笔氪金消费额将会以短信的形式被发送至家长的手机，家长可以通过此方法加强对未成年人玩家的游戏监管，一定程度上抑制未成年人玩家沉迷于游戏和过度氪金的现象发生。

【方案四：限制未成年人玩家的消费金额】

游戏公司可以适当提高氪金的门槛（即最低氪金金额），对于财力普遍有限的高中生玩家而言，最低氪金金额的提高可以从起点开始限制高中生玩家的氪金概率及频率，筛选掉氪金能力较低的玩家，降低氪金危害的发生概率。对于游戏公司获利而言，氪金金额的提高可以在一定程度上弥补被限制的未成年人的消费金额，将损失减小。

【方案五：在抽卡游戏中增添学习元素】

未成年人玩家注册账号时需要填写年龄、学段等信息，系统可以在游戏过程中随机自动生成与其学段相对应的知识性问题要求玩家回答，答对才能继续游戏，答错则无法进行操作。而游戏公司需要提前制订好题库的收集方案，以选择题为主便于判断正误，可涵盖各种学科。由此，一部分玩家可能因不愿意回答此类问题而不得不减少游戏时间；一部分玩家为了继续游戏而选择回答问题，并在遇到不会的知识时及时查询求解，这在一定程度上达到了寓教于乐的效果。

6.2 对于游戏玩家

对于从游戏中获得的成就感、优越感，可以通过在生活中多方面兴趣的发展，找出自己比旁人的优势所在。而对于社交和交友的需求则需要进一步发掘同龄人之间的共同兴趣和爱好，除了网络媒介之外还有多种途径如一些App等，游戏只是其中之一。在游戏中寻求消遣是源于过重的学业压力，而这个问题的解决得依靠家长和老师多加关注青少年的情绪，及时疏导，适当减轻负担，增加其课外活动的时间，以免沉溺于虚拟的游戏中。

参考文献

[1] 徐静. 认同·权力·资本：青少年网络游戏中的情感研究 [D]. 杭州：浙江大学，2015.

[2] 余强. 青少年学生网络游戏成瘾及其影响因素研究 [D]. 重庆：西南大学，2007.

[3] 任乐毅. 主要网络游戏类型及盈利模式的研究 [J]. 中国科技信息，2006(5)：174.

[4] 张婧. 新时代网络游戏踏上转型升级发展新征程 [N]. 中国文化报，2018.

[5] 巢乃鹏. 网络游戏与青少年的自我认同 [N]. 中国社会科学报，2015.

[6] 赵钢. 网络游戏蛋糕中有"陷阱" [N]. 中国商报，2004.

[7] 林栋. 网络游戏消费意愿影响因素研究 [D]. 北京：北京邮电大学，2008.

附录

抽卡氪金类游戏对高中生的影响调查问卷

随着现代社会游戏产业的发展，越来越多的青少年被吸引，尤其是一些"抽卡氪金"类的网络游戏，让许多沉迷于其中的玩家投入大量的时间与金钱。这样的状况在我们的身边也十分常见，本问卷旨在调查抽卡氪金类游戏对高中生的影响，有氪无氪均可填写。此次调查所收集的信息仅用于个人研究，不作为其他任何用途，问卷采用匿名形式，以保护您的隐私，感谢您的支持！

1. 您的性别 [单选题]

○ 男

○ 女

2. 您所在的年级 [单选题]

○ 高一

○ 高二

○ 高三

3. 您是否玩过抽卡氪金类游戏？ [单选题]

○ 是（请跳至第 4 题）

○ 否（请跳至第 16 题）

4. 您玩过的抽卡氪金类游戏有：[多选题]

□ 炉石传说

□ 梦幻西游

□ 王者荣耀

□ 奇迹暖暖

□ 阴阳师

□ 三国封魔传

□ 恋与制作人

□ 其他

5. 您是通过什么渠道了解到抽卡氪金类游戏的？ [多选题]

□ 游戏的网站或者论坛

□ 视频或直播平台主播的推荐

□ 朋友的介绍

☐ 自己从客户端寻找并下载

☐ 其他

6. 您平均每周玩网络游戏的时间是：［单选题］

○3.5 小时以内

○3.5 小时以上 7 小时以内

○7 小时以上 14 小时以内

○14 小时以上

7. 您是否能控制自己玩游戏的时间？［单选题］

○完全能

○偶尔能

○大部分能

○几乎不能

8. 您认为抽卡氪金游戏最吸引您的是［多选题］

☐ 丰富多彩的游戏内容

☐ 益智 + 休闲的结合

☐ 听觉与视觉的感受

☐ 不同于现实状态的虚拟世界

☐ 玩家之间的互相协作

☐ 其他

9. 您家长对您玩游戏的态度如何？［单选题］

○支持

○中立

○不支持

10. 从玩游戏开始到现在在游戏上花费了多少钱？［单选题］

○从不花钱

○100 元以内

○100～500 元

○1000 元以上

11. 您最后是否达到了预定的出货目标？［单选题］

○没有

○差不多，还算满意

○比预计的情况还要好

12. 您通常玩游戏的目的是？［多选题］

☐ 打发时间、消遣

☐ 竞技带来的刺激

☐ 体验游戏故事

☐ 与朋友一起

□ 发泄情绪

□ 纪录刷新的成就感

□ 盈利

□ 其他

13. 请根据您的游戏经历，对您的抽卡氪金行为做出总体评价。[矩阵单选题]

感受	非常不符合	比较不符合	中立	比较符合	非常符合
我花了比预计更多的钱	○	○	○	○	○
懊恼当初的抽卡决定	○	○	○	○	○
我会将我拥有的卡组与他人进行比较	○	○	○	○	○
没有抽到卡时，我会感到伤心	○	○	○	○	○
一连串的失败会让我更想继续抽卡	○	○	○	○	○

14. 您是否觉得游戏影响您的学习？[单选题]

○ 有，是好的影响

○ 有，是坏的影响

○ 没有影响

15. 玩了抽卡游戏后，您的现实社会活动出现了哪些变化？[多选题]

□ 因为玩游戏交了好多朋友

□ 因为玩游戏增进朋友之间的友谊

□ 没有受到任何的影响

□ 减小学习压力

□ 其他

16. 您会在朋友的推荐下尝试抽卡氪金游戏吗？[单选题]

○ 会

○ 不会

17. 您在完成必要的学习任务后，课余时间主要活动是：[单选题]

○ 阅读

○ 看剧

○ 美食

○ 运动

○ 其他

○ 无

18. 您认为您的性格类型属于：[单选题]

○ 理智型

○ 情绪型

○意志型

○想象型

对于高中生在抽卡游戏中氪金情况的调查问卷

随着现代社会游戏产业的发展，越来越多的青少年被吸引，尤其是一些"抽卡氪金"类的游戏，让许多沉迷于其中的玩家投入大量的时间与金钱。这样的状况在我们的身边也十分常见，本问卷旨在调查高中生在抽卡游戏中的氪金情况。此次调查所收集信息仅用于课题研究，不作为其他任何用途，问卷采用匿名形式，以保护您的隐私，感谢您的支持！

1. 您通常使用以下哪种方式氪金？［多选题］

□月卡（即每月定期充值小额，100 元以内）

□累冲（即一次性充值多额）

□随机礼包（喜欢就买，金额不定）

2. 您氪过的最多金额是多少？（请真实填写）［填空题］

_____

3. 您是否认为自己的氪金方式是合理且划算的？［单选题］

○是

○否

案例分析

该课题结合生活实际，又是学生的关注热点，游戏能不能玩？为什么大家会沉迷于抽卡游戏？内心活动或者需求到底是什么？可以说该小组成员选择了很好的切入角度进行研究，使课题具有一定的研究价值。同时，研究方案制订合理可行，方法选取得当，过程资料翔实，研究结果较为客观准确，建议具有一定的可操作性，表现出了较强的创新意识和实践能力。特别值得一提的还有，这个小组是四人合作小组，在资料查找，数据收集、分析，论文撰写等各个环节都互助合作，体现了良好的合作精神。

【案例来源：上海市七宝中学】

五、关键步骤

对课题组学生来说，这一课段的关键步骤是明确结题报告的撰写步骤与内容组成。对指导教师来说，在学生开始各自的报告撰写之前，需要组织一系列的教学活动，借助微视频或往届课题组的结题报告等资源引导学生换位思考对相关的结题报告进行评价，依据结题报告的规范从各种角度提出问题，以达到报告撰写的逻辑性与规范性。

完成结题报告（论文）时需要提醒学生以下几个注意事项：

（1）梳理课题的基本过程和主要结论；

（2）拟定结题报告（论文）的写作提纲；

（3）学习结题报告（论文）写作的基本要求与规范；

（4）完成结题报告（论文）的撰写与修改完善；并记录每次指导教师的修改意见及

采纳情况。结题报告（论文）的框架撰写样例可参考表 3-1。

表 3-1　结题报告（论文）的框架撰写

我们结题报告（论文）的框架是： （从研究目的、研究方法和手段、研究实施过程、研究结论等方面回顾梳理整个研究过程）	教师指导意见

结题报告（论文）初稿写好了，请老师给我们提提意见吧！		
修改次数	日期	教师指导意见
1		
2		

注：摘自上海市七宝中学学生课题研究活动记录手册。

六、常见问题

如何引导学生正确地查重并撰写查新报告？

春禾项目学校老师对此问题的探讨和回答如下。

1. 查重的必要性

对于为什么要查重这个问题，我们强调在教会学生尊重他人知识产权的同时，也要对学生进行法律知识的普及。另外，如果什么都查不到，就应该是发明了，是从 0 到 1，而不是革新，通过反复查重，学生可以了解很多创新不是从 0 到 1，只是从 0.1 到 0.11 的过程，一丁点的改进也是值得探究的。

2. 查重方法

第一种是传统的查重方式：中国知网、万方数据资源系统、中国专利信息网、维普科技期刊文摘索引、PQDD-B 博硕士论文文摘库。条件受限的地区可使用百度等搜索引擎。以创新大赛的查新报告范例 "'空巢' 老人 '关爱之星' 网络服务平台构建项目" 为例，查重可使用如下这些关键词：①空巢老人，②老年人，③老龄化，④急救，⑤紧急救助，⑥平安钟，⑦网络服务平台，⑧健康。

检索式范例：①（空巢老人 or 老年人 or 老龄化）and（急救 or 紧急救助）；②（空巢老人 or 老年人 or 老龄化）and 健康 and 网络服务平台；③（空巢老人 or 老年人 or 老龄化）and 平安钟。

检索结果范例：

[题名] 人口老龄化问题分析与对策

[作者] 顾劲扬，励建安

[来源] 南京医科大学学报（社会科学版）

［单位］南京医科大学第一临床医学院（江苏省南京市，210029）

［摘要］21 世纪是人口老龄化的世纪，逐渐增多的老龄化人口带给人类社会的问题日益凸显。"2000 年人人享有健康"赋予了每个人应有的权利，老年人也不例外。作者旨在通过对我国人口老龄化的现状、趋势及其根源的分析，研究老龄化问题对人类社会产生的深刻影响，从而探讨缓解人口老龄化矛盾的对策。

第二种查重的方法，是利用 WPS 的论文查重功能，可以直接出具查重报告，缺点是要付费；第三种，利用"万能的"淘宝；第四种，到情报研究所，请他们帮忙查重。优先选择第二种，查重报告中自带重复率，以及重复的内容。

针对"在学生工程制作类课题中会遇到查重没有出现，但在其他路径中出现了相同或类似的实物该如何指导学生？"这个问题，有老师建议查专利网。但也有老师曾经指导的一个小项目，在专利网未检索出来，却在淘宝上能找到。在这种情况下，就必须引导学生认真分析自己研究的不同之处，是否有优势，否则就改变研究思路和方向。

3. 查新报告的撰写

在时间和条件允许的情况下，建议采取多种方法查新，综合得出查新结论。以创新大赛的查新报告为例，采用第一、三、四种方法都不会自动生成查重报告，对此需要引导学生自行归纳总结查新结论。这种查新报告可参照以下的模式写。

经对检索出的相关文献进行分析、对比，结论如下：

文献 1：主要是针对广东省、广州市老年人的健康状况与生活状况的调查研究。

文献 2～4：主要研究了……

综上所述，我国在人口老龄化问题、空巢老人生活，健康状况以及医疗急救方面已有相关研究报道。但本课题的研究特点是：

1.

2.

3.

检索中未见与本课题相同的报道。

第八节　结题答辩

结题答辩是同学们交流研究信息、分享研究成果的舞台，在实际操作中常常伴随着评价一起进行。研究性学习的评价关注的不是研究成果、学术水平的高低，而是学习内容的丰富性和研究方法的多样性，强调学生学会收集、分析、归纳、整理资料，学会处理反馈信息，强调研究性学习要更加注重研究过程。所以结题答辩也是一次树立学生的信心、开发学生的潜能、鼓励学生的成功和发展的契机。

结题答辩的核心任务是课堂报告，这是检验学生课题成果非常必要的方式。如同科学家通过重复他人的实验来验证其结果，要求对问题、步骤、证据、提出的解释和对其他解释的评价进行明确清晰的描述。它使研究能够经受更多的质疑，也为其他科学家用这些解释来研究新问题提供机会。让学生们交流他们的研究结果，可以为其他人提供问题、检验实证资料、找出错误的推理、找出实证资料所不能证明的表述，以及根据同一观察资料提出其他不同解释的机会。交流结果能够引入新问题，也能加强在实证资料与已有的科学知识以及学生提出的解释之间的联系。结果是学生们能够解决交流中遇到的矛盾，进一步确定以实证为基础的论证方法[38]。

一、课段目标

"结题答辩"在学生经历了亲自采访、调查、收集资料、整理资料、撰写论文，参与了探索、研究、分析、解决问题的全部过程后，面对成果展示，学生要摆明自己的立场和观点，当受到教师和同伴们的认可时，他们获得了成功的体验，这将鼓励着他们向更高层次探索。成果展示还为学生提供了倾听别人经验的机会。这个课段，教师要引导学生学会倾听其他同学的观点、主张，要学会站在别人的立场上来审视问题，让学生体验这种分享经验的过程不仅扩大了知识范围，增加了信息量，还会促进思考能力和表达能力的发展，加速社会性的成熟。

二、结题答辩的目的

课题结题答辩是在课题完成了所有的研究计划过程后，对课题研究过程、阶段成果以及最终成果进行客观、全面、实事求是的描述与展示。课题小组成员需要以书面材料的形式呈现自己的研究成果并以讲述的形式分享、展示各自课题研究的过程。规范、全面的课题结题分享，需要解释如下问题：

（1）"为什么要选择本课题进行研究"，即这项课题是在怎样的背景下提出来的，其理论依据和现实意义是什么。

（2）"本课题是如何进行研究的"，着重厘清研究的目标、内容、方法步骤及主要过程，中途研究进行了哪些调整。

（3）"课题研究已取得哪些阶段性研究成果"，呈现具体研究的过程、使用的研究方法、数据分析以及初步的结论。

三、结题答辩的准备与组织

（一）结题答辩的准备

1. 材料准备

对于学生来说，结题答辩前，小组需要按照结题报告讨论分享的内容进行分工并完成有关工作，具体内容如下：

（1）准备好答辩所需要的材料，包括论文、原始数据、过程记录，以及一切反映研究过程的照片、视频等佐证材料；

（2）制作一份答辩时所需的多媒体展示课件或课题展板，以呈现课题研究的关键信息；

---

[38] 陆璟. 研究性学习及基本特征[J]. 教育发展研究，2000(10).

（3）按照答辩的要求，进行展示汇报的预演，注意控制好时间、语速，保持良好的仪表仪态和清晰响亮的声音；

（4）客观评估课题的优劣得失和未来努力方向，列出可能被询问的问题清单以及相应的回答。

教师可以提醒学生注意，如果是集体课题，要注意组内的合理分工，记住每位成员都要积极回应评委的问题。

2．活动准备

学生在答辩前要进行展示汇报的预演，如果有时间，在正式答辩前，指导教师可以组织课题组学生有针对性地进行预答辩活动，提前熟悉答辩的步骤与流程、各个环节的注意事项及相关的评价标准。教师也可以适时提出一些答辩礼仪、争论尺度的交流探讨。具体可以这样做：将学生分为评委组与答辩组，轮换进行相互评价。

学生在模拟答辩的过程中进行团队合作、语言表达等能力的习得，并感受答辩气氛。教师可以引导学生站在评委的视角来思考：研究是否真实可信？核心问题是否表达清楚？展示表达所需的各种材料是否做好充足的准备？

（二）结题答辩的组织形式

结题答辩一般以课题组为单位进行展示与交流问辩，由学校依据本年度学生课题的进展情况进行统一时间安排，并聘请校内教师及校外专家作为评审团队进行评议。

正式答辩过程中，课题组学生可以通过图文信息与语言表达相结合的方式进行本课题研究历程的介绍，随后评审专家就研究的核心问题进行问辩并做相应的赋分，构成课题评价中重要的组成部分。

四、参考案例

 案例3-16

各位评委，各位同学，大家上午好。我是×××，接下来将由我来介绍我的课题。我的课题名称是"一种可移动式新能源车充电装置的研究和设计"。

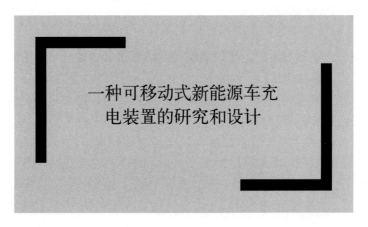

一种可移动式新能源车充电装置的研究和设计

本次开题报告我将分以下5个部分来介绍。首先，我要介绍一下本项目的项目缘由。

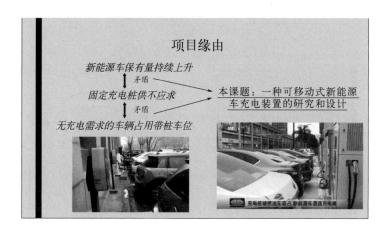

近年来，新能源车保有量不断上升，相关市场不断扩大，然而充电桩的数量却相对不足。在此基础上，无充电需求的车辆（包括传统汽油车以及没有充电需求的新能源汽车）占用带桩车位，进一步加剧了桩、车矛盾。针对这些"充电难"的痛点，才有了本课题"一种可移动式新能源车充电装置的研究和设计"。

研究目的及意义：

本研究旨在缓解停车场管理方对燃油汽车和新能源汽车的停车位进行分类划置的压力；兼顾新能源汽车停放时的充电需求，提高充电桩有效占有率和停车场综合使用效率；本研究的推广应用可以为更多新能源汽车使用者提供更加良好的用车体验，整车产品的市场认可度也将得以提升，进而对国家相关的新能源汽车产业发展规划起到助推作用。

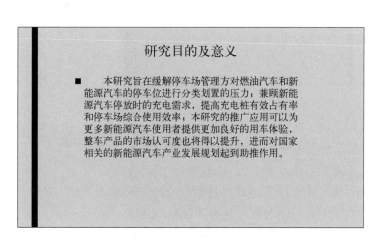

研究内容：

在原来固定充电桩的数量基础上加装本装置；充电桩可根据指令移动到车位上方；充电完毕后直接移动到下一个有需求的充电位，在无新充电需求时则退回初始位置。

研究创新点：

本装置通过非固定形式进行充电；本装置拥有可移动式的装置主体；本装置通过智能化控制运营系统以实现装置移动控制等功能。

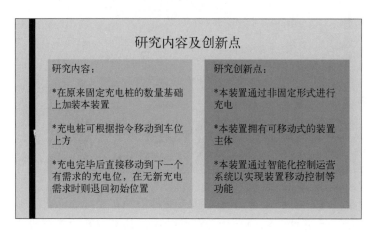

下面，我会通过以下过程展开对研究的介绍。

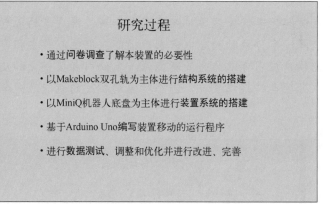

我使用问卷调查的方法了解社会对项目的需求。分别针对新能源车车主的充电选择、新能源车车主和停车场管理者对公共充电设施的需求状况进行了调查。由此可得，公共停车场中充电服务是供小于求的。

这里是针对不使用充电服务的新能源车车主的停放选择调查，进一步佐证说明了充电桩因利用效率低下而进一步打破其供求平衡的观点。

在结构系统的设计中，选取了 Makeblock 产品中的双孔轨作为结构系统的主要部件，在原有车位上方构成装置系统的移动路径，支撑装置系统行进过程。

装置系统由承载模块和控制模块两部分组成，控制模块通过无线指令控制移动充电装置的运行，从而实现装置的自由移动，满足各车位的充电需求。在程序编译中，我分别考虑了单一场景和多功能场景下的不同需求并按照流程逻辑编译程序做到了即需即供、高效有序。

模型在测试过程中，大部分指标上都表现出了较为优越的性能，但是在模型稳定性方面还需进一步加以提升，大致符合测试预期。

单一场景的测试及结果

将装置系统放置于起始位，对其发射乱序的一次移动信号，观察记录其一次移动成功率、准确率。

一次移动	尝试次数	15
	成功次数	15
	平均误差距离	1.78
	成功率	100%
	准确率	80.2%

多功能场景的测试及结果

对第一次移动准确的装置系统(偏差≤2cm)发射乱序的二次移动信号，观察记录其二次移动成功率、准确率。

二次移动	尝试次数	15	通过以上两种不同环境的模拟测试，证明了在不同的需求模式下，系统均能够相对准确做出判断，引导装置系统至指定位置，满足设计要求。
	成功次数	15	
	平均误差距离	2.59	
	成功率	100%	
	准确率	71.2%	

研究结论：

（1）本研究以"非"字形停车位为研究对象，通过模型搭建与测试，帮助车主便捷、快速地满足充电需求而无需特意寻找充电桩。

（2）车主通过按下按钮发射无线信号召唤移动装置，可以实现全部车位的可移动充电，能够有效缓解带桩车位被占用导致的充电桩的紧张，成功寻找到一种缓解现有固定充电桩车位挤占车位资源的有效解决途径。

（3）通过反复的实验和数据的调整，现在此模型每次的移动误差较搭建初期已经较小，更加方便驾驶员以停车场为参考进行移动充电。

展望：

通过改变轨道形状和装置数量提高装置的适配性，还可以将本装置与手机 App 以及微信小程序等现有平台结合，打造集充电引导、自动计时、自动缴费为一体的智能停车位，减小相关管理部门在停车方面的管理压力，使停车位真正实现"无人化"管理。

最后是本项目的部分参考文献：

部分参考文献

[1] 陈琦. 新能源车市场渐趋繁荣 真实需求驱动消费[J]. 汽车与配件，2021，(19)：4.

[2] 胡立彪. 充电桩焦虑问题怎么破[N].中国质量报，2022-11-17(005).

[3] 吴钟鸣，卢军锋，孙丽，胡天，汪岚昕. 可移动式电动汽车充电桩的设计[J].电力系统保护与控制，2021,49(23):148-154.

[4] 汤向华，朱富云，吕帅帅，倪红军，汪兴兴. 新能源汽车智能充电桩的设计与研究[J]. 中国高新科技，2020(10)：26-28.

[5] 徐建明，蔡奇正，马益普. 基于ROS的电动汽车充电操作移动机器人系统[J]. 浙江工业大学学报，2021，49(06): 591-601.

[6] 于涛. 电动汽车移动充电系统的设计与实现[J].微型电脑应用，2019，35(09)：102-104+113.

[7] 何凡升，魏上程，王路，郑雄胜. 基于Arduino的电动汽车可移动充电装置设计[J]. 机械工程师，2019(02)：77-79+82.

[8] 陈萍，董文哲，于信亮. 新能源移动充电车路径优化问题研究[J]. 运筹与管理，2020，29(02)：12-18.

[9] 深圳市景蓝时代新能源科技有限公司. 一种移动式新能源汽车充电桩[P]. CN202121171628.X[P]. 2022-01-04.

[10] 湖北人民电器成套工程有限公司. 一种可移动且具有绕线功能的新能源电动汽车充电桩[P]. CN202121-781496.2[P]. 2022-03-15.

[11] 陆霞. 一款移动充电服务车优化设计[J].轻型汽车技术，2020(4)：14-17.

[12] 李焱旺，武丽莉，乔池，等. 新能源汽车智能充电系统[J].数码设计，2021(4)：244-245.

以上是我的结题汇报，如有不当之处请各位老师多多指正！

📋 案例分析

案例中课题组学生将自己整个研究经历按照缘起、实施、优化、总结与反思等环节，利用PPT软件将结题报告中的内容以文字、图片、表格相结合的形式由点及面、条理清晰地呈现出来。同时，有别于大部分课题组仅仅以完成PPT的制作为目标，本课题组的学生提前将在答辩当场所需表达的语言以文字的形式做了梳理。匹配对应PPT中的每一页，以剧本的方式进行演练表达，以此锻炼并提高自己的语言表达的能力。

【案例来源：上海市七宝中学】

五、关键步骤

对课题组学生来说，这一课段的关键步骤是明确结题答辩前所需要准备的资料及其呈现方法。对教师来说，在学生开始准备各自结题答辩所需材料的同时，需要引导学生了解答辩的目的与意义并不完全在于课题研究成果质量的好坏，更应侧重于学生的语言表达与逻辑思维的呈现。春禾研究性学习的主旨是提升学生的综合素养，以此构建学生未来进入社会学习生活的基本能力。

表 3-2 为上海市七宝中学学生课题研究活动记录手册中的相关表格，供教师们参考并制订适合自己学校学生的预答辩及答辩活动表格。

表 3-2　学生课题研究活动记录手册（节选）

1. 查一查，我们需要准备的答辩材料是否齐全：	教师指导意见
□论文打印稿　　□课题展示多媒体课件 □实物成果　　□反映研究过程的照片、影音资料 □各种原始记录、调查问卷、数据汇总表格等 □其他材料：	
2. 想一想，答辩专家可能提出的问题以及我们的回答是：	
3. 回顾课题，我们在研究中存在的不足和有待深入探讨的问题是：	
4. 答辩过程中，我们小组的分工是：	

六、常见问题

1. 学生展示时不够精彩，怎么办？

教师在指导学生进行结题答辩展示时，会担心学生没有把课题成果展现出来。学生也比较困惑，不知道自己应该展示什么、表达什么。其实，教师在指导学生过程中的一些行为更会使学生在盲目模仿中迷失自我。我们应该明晰研究的主体是学生，整个展示的环节应由学生选择用自己的方式来进行呈现和表达。指导教师的指导首先要注意不用过多关注在学生语言表达的文学性、演讲方式的艺术性等方面，让学生用自己喜欢的方式正确、完整地呈现即可。其次，当学生不知道要展示什么的时候，指导教师可以引导学生清晰地说明自己的研究方法、过程和结果，出具一些数据，增强说服力。总之，结题答辩是学生的舞台，我们要相信学生只要把真实的研究过程展示出来就是精彩的。

2. 学生展示内容不够深入怎么办？

学生的成果展示由于时间关系所选择呈现的内容毕竟是有限的，由于研究性学习中的研究不是仅仅停留在发现问题、罗列问题和资料堆砌，所以在成果展示时也不应花很多时间在大量的研究工作上，应该引导所有参与研究性学习的学生展示各自在已有问题和成果的基础上进行深入研究的成果，这才是研究性学习的关键点和标志。因此，教师可以引导学生对展示内容进行梳理和提炼，整合、运用自己学到的各学科知识，遇到问题时通过上网检索资料、访谈、问卷、实验等方式寻找解决办法，有意识地形成自己的结论，透过现象看到事物的本质，让自己的研究不仅仅浮于表面，要有目标、有深度、有内涵，更可以发挥自己大胆创新的精神，形成富有个人特色的结论展示给大家[39]。

3. 学生选择的展示方法不恰当怎么办？

从目前的研究性学习成果展示来看，大家除了会选择汇报交流、现场实物展示、调查报告、研究论文等传统形式外，还越来越热衷与现代的科技、信息技术相融合，让自己的成果展示更具"品质"；加之节目表演等艺术形式能增强研究性学习成果展示的活动性，增强氛围，体现学生的综合素养，也成为现在成果展示的一些必然发展趋势[40]。越来越多的学生在成果展示时采用汇报总结、图片展示、视频播放、海报、现场表演等形式，多样化的展示方式虽然丰富了我们研究性学习成果的表现形式，但过度追求展示形式也会使一些学生反映出在成果展示方式选择方面的不恰当。教师在发现学生有过多关注展示形式、忽视成果内容的情况时，要及时提醒学生回归到成果展示内容这一核心上。

第九节　总结与反思

美国马萨诸塞技术大学的舍恩教授提出了"行动中反思"和"行动后反思"两个概念，认为"行动中反思就是个体有意识地或潜意识地、不断地对与以往经验不符合的、未曾预料到的问题情境进行重新建构。行动后反思是个体对已经发生的行为的回顾性思考，其中也包括对行动中反思的结果与过程的思考"。舍恩教授强调，行动中反思会使个体对自身所处的独特的教学情境产生更深的理解[41]。

一、课段目标

"总结与反思"课段的目标在于对整个研究过程，包括研究方法的科学性和正确性、研究成果的质量和研究过程中的参与程度、合作意识、体验感受及其他方面的得失，进行全方位的总结与反思，以获得更深一步的理性认识。

二、学习环境创建原则

反思阶段一旦学生觉得问题得到解决，为了进一步提高解决问题的能力，他们需要讨论其他相关的、相似的问题或不相似的问题，对解决问题的方法进行归纳与总结，有意识地反思问题的解决过程，并对自己或他人的表现做出评价。辅导教师应适当做一些

[39] 杨玺. 小学研究性学习成果展示的现状及优化策略[D]. 长沙：湖南大学，2019.
[40] 李朝斌. 研究性学习成果展示中的常见问题[J]. 中小学教师培训，2003(05)：61-62.
[41] 申继亮. 教学反思与行动研究：教师发展之路[M]. 北京：北京师范大学出版社，2006：64,72,85,88,89.

关键环节上的点评，帮助学生归纳与总结。学生相互之间的讨论以及对新学到知识的反思，有助于发展学生的元认知能力。不管学生在研究性学习中如何开展研究，支持其有效总结和反思必须有良好的学习环境，而创建良好的学习环境必须遵循以下原则。

（一）学习是一个积极的、能动的过程

学习不是仅仅告知是什么、做什么或如何去解决问题的过程，基于研究性学习环境中的学生能够提出自己的学习问题，并将独立拥有自己的知识，这将要求学生进行更为深入的认知加工，教师仅仅是学习过程的帮助者、促进者，与课堂授课相比，学生要承担更多的认知加工任务。

（二）学习是一个知识体系构建的过程

知识体系不是由外界输入的，而是由学习者与外界环境在交互影响中构建而成的。在研究性学习环境中，学习是逐步深入、逐步熟练的过程，原有知识的激发可以降低获取新知识的难度。学习是面向自我的，而且可以利用学习者当前的和过去的经验来减少困难。

（三）学习是一个元认知思考的过程

研究性学习的重点在于培养学生的科学思维方法，而不仅仅是得出教师所期望的正确答案。面对实际问题时，学生可以独立确定问题的范围并得出自己解决问题的方法，形成自己解决问题的策略。教师就是起一个协助者、帮助者的作用，主要职责是启发学生思考，引导他们的思维，并保证问题解决过程的顺利进行。学习环境要能够促进学生元认知技能的发展，并可提高学生自我管理学习的能力。

（四）学习是一个学习者交互合作的过程

基于问题的研究性学习需要小组的合作，不同的学习者对于事物的理解不同，因而有必要通过学习者的合作使其对事物的理解更加深刻而全面。在研究性学习中，学生通过与他人的合作能够对自己的思想、信念、感觉和现有的知识进行质疑，可以在参照他人学习的过程中来完善自己，从而促进认知发展[42]。

三、教学组织形式

在总结与反思课段，教师需要在课题小组即将结束一个课题研究任务的时候，引导学生在课上总结和分享在课题研究过程中做了些什么、学到了什么研究方法、得到了什么经验等。

教师在组织学生对整个课题研究进行回顾、总结与反思时，学生个体总结、组内总结、组间分享等都是常见的形式。教师可以设计更多有意思的分享形式，尽可能创造轻松、安全的氛围，使得学生能说、敢说、愿说，如：结合自评活动进行总结与反思。

总结与反思之前，课题组的学生已经形成了结题报告并经历了完成课题的大部分阶段，此时可以由自评活动来引出最后总结与反思部分。过程可以分为以下三个阶段。

（一）个人自评

学生先根据相关指标完成自评，评价要素可以涉及课题能力（包括收集处理信息、撰写报告、电脑应用等）、团结合作的能力、积极参与的态度等。教师设定的这些评价要素不

[42] 程海东. 研究性学习模式初探[J]. 教育探索，2001(10).

仅可以引导学生全面关注自身的成长，还可以解决学生不知道要总结与反思什么的问题。

（二）小组交流完成小组总结与反思

学生完成自评后，在课题小组内进行讨论和分享，最终形成一份小组的总结与反思。

（三）组间分享总结与反思

最后在全班分享小组的总结与反思，相互交流，学习别人的长处，接纳他人的建议。

每个学校的学生情况不一样，需要着重引导的方向也会不一样，教师可以通过不同的形式组织学生进行总结与反思，让学生能深入思考、敢于表达。

四、参考案例

 案例 3-17

案例 1： 大半年的课题研究经历可以说是本人学生生涯中绚丽多彩的一笔。回顾本次课题研究，除了学习其中，更多的是享受其中。

课题初期，本人由 2020 年多次被报道的儿童被地铁闸机夹伤的现象，产生了如何使儿童安全通过闸机的疑问。为了进一步了解儿童通过闸机安全性问题的普遍性，本人设计了一份问卷并通过各种社交媒体发放问卷，调查了本市市民对该问题的看法和经历。回收并分析问卷后，本人对本市几条地铁线路的几个站点进行了实地考察，并查阅了有关于"闸机""儿童"等关键词的文献资料，基于《上海市轨道交通乘客守则》和闸机结构设计了几种方案。

接着，本人开始对方案进行可行性分析与验证。在先前的中学学习中，本人曾因兴趣使然，学习了一些基础的三维建模操作，于是本人用 Autodesk Inventor 软件对闸机进行了基础建模，并基于此对模型进行改造；另外，本人用 Arduino Uno 主板和 Mind+软件编制了符合方案逻辑的程序，配合 LED（发光二极管）、舵机等元件完善模型。这提升了本人对空间概念的一些认知，思维也更加缜密。

然而，罗马不是一天建成的。最初设计的几种方案都比较简略、理想化，没有结合真实情况、民众心理和法律法规来设计，以致被一一否定。虽然被全盘否定，但本人没有放弃，本人请教了课题导师、身边的理工科亲友，设计了几个新的方案。在某次高一学生的研究课讲座上，本人很荣幸地上台为学弟学妹们展示课题，并且收集到一些模型漏洞与改进意见，这使本人在后续的研究过程中更加顺利地完善模型设计。本人深深地感到独自思考与外界广泛交流相比而言的狭隘。最终，本人通过 3D 打印等技术手段制作模型，展开了一系列实验验证方案合理性，敲定了课题的最终方案。在实验顺利完成的那一刻，欣喜与成就感难以言表地从上扬的嘴角溢出，几个月来的每一次触动、每一种情感，都凝聚在一起。

通过这次课题研究，本人学到了许多新知识、新技能，涉及心理、法律、工程、电子等学科，各方面科学素养也有所提升，这为本人未来的学习生活与科学研究打下了良好的基础。最后，本人希望该课题的成果被实际运用，为社会做出一定贡献。

案例 2： 在本次的"关于鞋带止滑性的研究"的课题研究中，我主要担任编辑论文与实验日志记录、市场调查的工作，在小组成员的合作和指导教师的协助下克服了遇到的种种困难，共同完成了本次课题。对此，我有许多收获和感触。

2020年6月，课题研究伊始，正无思绪时，小组成员提供了一个有新意的思路：生活中我们常常被容易散开的鞋带所困扰，何不通过鞋带散开的原理及影响因素研究鞋带在生活中的摩擦力？我们一致认为这是一个值得探索的研究方向，并就此展开了课题学习。

2020年7月，在初步的市场调查和文献检索后，我们进行了开题答辩，在场的专家对我们的课题研究方向提出了有建设性的意见，即缩小研究范围，将研究鞋带在生活中的摩擦力缩小到研究鞋带的止滑性，这大大减小了我们后期进行实验和数据分析得出结论的难度和复杂性。我们也在开题答辩中，明晰了本课题的优缺点，受益匪浅。

在高二第一学期开学后，我们便将课题名更改为"关于鞋带止滑性能的研究"，并对此进行了更深入的实验与探索。在实验过程中，我们也遇到了许多困难，例如：初期实验时使用的普通蝴蝶结系法产生的摩擦力太小，不足以支撑后期实验数据，得出其中差异和对比；鞋带种类多样，组合方式繁多，以当前我们的研究时间与能力不足以得出所有类型鞋带的结论；再如DIS7.0操作系统运用不熟练等。但这些困难，经过我们小组成员间的配合协作、文献检索后找到的实验方法、指导教师的帮助，都迎刃而解，反而成了课题学习中珍贵的记忆和收获。

在论文编辑和撰写过程中，我得以审视了本课题的整体内容和研究成果，心中颇有一种成就感。

我认为课题研究对研究型高中的学生是一个很好的提高自己能力和施展探究精神的平台。在这次课题研究中，我成长了许多，不仅通过自己的努力探究得出了课本和网页上得不到的知识，还提高了自己的学习能力、动手实践能力和解决困难的能力。并且，通过此次课题学习，我更提高了自己的综合素养，包括与小组成员间的配合、团队合作的意识和知识运用的技巧。

案例分析

从上述案例中可以看到，学生对于课题研究的反思不仅仅出现在整个研究的终结部分，更多地反映在研究的实施过程中。学生经历了思考与实践后，往往会出现倦怠心理而停滞不前。这时候就需要指导教师介入与引导学生，以设问与质疑的角色激活学生的思维，进而引发其反思与优化的行为，从而在知识的生成过程中理解知识、了解自我。同时，对于合作课题，当有着不同生活经历与背景的学生走到一起，思维的碰撞与认知的冲击不可避免，指导教师正好可以利用这一契机，帮助学生对人、事、物的理解更加深刻而全面。

【案例来源：上海市七宝中学】

五、关键步骤

对课题组学生来说，这一课段的关键步骤是了解自己研究的缺陷，同时对研究过程有所感悟。对教师来说，关注学生是否真思考、真反思是重点。可以提醒学生注意总结与反思关注的重点：

（一）研究缺陷方面

（1）调查设计的科学性和普遍性问题；

（2）调查结论还有深度思考的余地；

（3）措施的创新性和操作性有待继续探索；

（4）小组分工合作有待加强；

（5）论文的语言水平和归纳能力有待提高。

（二）课题感悟方面

（1）重视过程管理，注重过程性资料的积累，留下学生研究的足迹。

（2）用不停的追问去激发学生思考，在思维碰撞中把知识生成出来。

（3）经历过程比研究结果更重要，让学生感受研究的挫折也许比成功更有收获。

（4）中学阶段课题研究的价值在于对学生思维的启发，对学习经验的积累作用，对发现问题的敏锐观察力和关注社会意识的培养。

另外，教师能否为学生创造良好的学习环境，对学生能进行较为深刻的总结反思有较大影响。创建学习环境是贯穿整个研学课程的，希望教师能重视起来。

六、常见问题

1. 研究性学习为什么要有总结与反思环节？

学生已具备一定的反思意识，但反思习惯、反思毅力与反思技能相对来说较为欠缺。大多数学生不能坚持时常进行研究的反思，研究过程中遇到些许障碍就选择放弃或者更换研究方向。另外，对于需要动脑思考的问题，过于依赖同学或教师，懒得主动反思，缺乏钻研、积极探索的精神。教师可以通过反思性学习策略的训练，就学生的反思意识、反思习惯、反思毅力、反思技能等进行有针对性的微研究，以小及大、由浅入深地指引学生在探究的过程中树立信心，形成良好的反思习惯与意识。

2. 研究性学习对学生未来发展有什么影响？

研究性学习让学生有了独立思考的能力，知道自己想要什么，并在遇到困难时，用毅力去迎接挑战。研究性学习较之其他传统学科的不同之处，在于孩子们有机会去接触真实的社会，课题实践的过程中培养了逻辑思维能力、锻炼了解决问题的执行力。研究性学习使学生学会关注社会，关注周边生活，更有爱心。

研究性学习对学生的影响重点在于心智与思维两个方面，心智包括心理、认知、责任等成长维度，思维的成长则提供解决问题的方法论。

现在社会倡导终身学习，并不只是"读书"或者"学历提升"，在工作和生活中需要学习的内容和方式也很多。研究性学习不仅仅是一门课程，更是未来面对困难时解决问题的一种方法，是一种能帮助科学决策人生的方法。随着年龄的增长，人们最容易犯经验主义的错误，因此对于人生这个最大的研究性学习课题，科学决策才是最重要的。

课程管理，是指以课程为对象所施加的决策、规划、开发、组织、协调、实施等管理活动和管理行为的总称。学校在实践研究性学习课程教学中，要对课程管理组织体系进行科学的规划和建设，动员校内青年骨干教师参与研究性学习课程的规划和组织实施，赋予他们各自相应的权力与职责，为研究性学习课程的有效开展创造条件。

下篇主要以校长、分管教学副校长、学校教务处和研究性学习课程教研组组长等涉及课程管理和组织实施的人员为读者对象，从研究性学习课程如何能在一所学校有效落地着眼，围绕学校如何系统性实施和管理研究性学习课程、如何建设课程支持体系、如何规划和开发课程资源、如何培养培训课程师资帮助教师专业成长、如何以研究性学习课程为切入口推动学校教育和学科教学的变革等内容展开，希望对学校实际落地课程有参考和借鉴作用。

下篇 课程管理篇

Implementation Guidance for Research-based Learning

研 究 性 学 习
实 施 指 导

第四章

研究性学习课程的管理与实施

第一节　课程管理与实施方案

　　研究性学习自 2001 年起就被列入国家中小学必修课"综合实践活动"课程的核心内容，是高中阶段的必修课，但当前中西部地区大多数学校并没有有效开展，有些学校根本不知道这是一门国家必修课，有些学校虽然有研究性学习的课时安排，但实际课堂教学依旧是传统讲授式的。

　　研究性学习实施过程中出现较为普遍的问题还有：现任授课教师学科专业不能覆盖所有学生课题领域，在指导学生课题时有专业技术障碍；一两位专任教师时间精力无法顾及所有学生课题的课外指导工作、其他学科教师很少参与指导学生课题，大多数学生课题因没有教师参与指导而不能有效完成。

　　为帮助想要真实有效开设研究性学习课程的学校解决上述问题，春禾公益基于多年的项目实践探索，结合一些研究型中学的课程管理和建设经验，提出"选题走班、课程跨接，全学科参与"的课程管理和实施方案，以帮助学校实现"课表有课、实际有课，所有学生课题有人指导且能有效完成"，同时为下一阶段研究性学习与各学科融合教学做好铺垫打好基础。

一、方案目标

　　1. 推动研究性学习课程成为各学科学习的入口和基础

　　本方案的实施目标主要是在学校推进研究性学习课程的落地，以此课程为载体，激发学生发现真实问题、解决问题的兴趣和能力，在解决真实问题的过程中训练学生的思维、引入学科的学习，让学习在真实的场景中发生，从而提升学生的心智水平，开发学生的思维力和提高学生的学习力，让研究性学习课程成为各学科知识学习的入口和基础，改变依靠重复刷题来提升学科成绩的单一应试模式，让学生走上一条健康有效的核心素养养成之路。

2．实现研究性学习课程与各学科课程的融合发展

在落地研究性学习这门课程的过程中，学生自主选择课题领域及方向，学校根据学生课题领域重新分班，按学科相关性把课题领域相同或相近的学生组合成一个研学班级，由学科教研组负责新组合的班级的研究性学习课程开展与学生课题指导工作，尽可能让所有的骨干教师都参与学生课题指导。学科教师在参与研究性学习课程教学实践的过程中，改变讲授式、"满堂灌"、以教师为主体的传统课堂教学模式，习得启发式、引导式、以学生为主体的教学方法，进而将研究性学习的教学方式方法逐步引入学科教学，从而促进研究性学习与各学科的融合发展和学科课堂教学的变革。

二、方案实施要点

在三至五年的课程建设周期内，渐进式推进研究性学习课程的落地，实现"课表有课、实际有课，所有学生课题有人指导且能有效完成"的目标，需从以下七个方面落实学校课程管理制度、组织保障、师资配备及课程评价等：

（1）制定课程相关配套制度，确保学校长期有效开课。从学校层面建立相关制度，体现研究性学习课程开展的规范性和重要性，确保课程方案实施的可持续性。

（2）至少在一个年级全年级开课，有固定的正课课时。给予这门课程应有的国家必修课地位。

（3）成立研学课程教研组，确定负责人。确保研究性学习教学的相对独立性，教学教研活动常态化。

（4）每个学生必须完成课题研究全流程，提交课题研究报告，并合格。确保每一位学生参与的机会和可能，让每一位学生对研究性学习课程建立与其他考试科目同样的关注度和重视度。

（5）学生完全根据自己的爱好和兴趣自主选择研究课题，确保学生探索研究的积极主动性和持久性。

（6）普及课题指导教师，确保每个课题有指导教师，每位教师指导课题数量适中。让更多教师参与课题指导，一方面减轻研学教师指导课题的工作量，另一方面确保每一个课题都能被认真对待，避免课题指导流于形式。

（7）根据学生选题的研究方向分班走班，所有学科组参与教学，由学科组负责其对应研学班级的课堂教学与课题指导。通过研学课程轮训学科教师，帮助学科教师习得研究性学习的理念和教学方法，逐渐帮助学科教学融入研究性学习课程，促进研究性学习课程向学科教学的延伸和渗透，有效推动学科教学的改革。

三、实施计划

春禾根据项目学校的课程推广经验，对方案要点进行细化，形成逐步推进的三年课程实施计划，为学校的研究性学习课程实施提供指引。学校可以此为参考，根据学校研究性学习课程开展的现状、学生人数、现有师资力量和软、硬件课程资源等情况，制订

切合本校实际的课程实施策略和推进计划。

将前文所述课程实施方案的要点细化为课程建设目标,分解在三个学年中逐步达成,详见表 4-1 三年课程实施计划。

表 4-1　三年课程实施计划

年度	编号	目标项
第一年	目标 1-1	制定相关的配套制度
	目标 1-2	在一个年级全年级开设研究性学习课程
	目标 1-3	成立研学教研组
	目标 1-4	学生根据自己的爱好和兴趣自主选择研究课题
	目标 1-5	普及课题指导教师
第二年	目标 2-1	每一个学生必须参与且进行考核评价
	目标 2-2	在两个年级全年级开设研究性学习课程
第三年	目标 3-1	在两个年级开课,至少在一个年级实施"选题走班、课程跨接,全学科参与"模式
	目标 3-2	持续优化上述目标

第一年、第二年、第三年课程实施计划分解任务及执行说明,详见表 4-2～表 4-4。

表 4-2　第一年课程实施计划

目标 1-1	制定相关的配套制度		
目标说明	相关的配套制度包括但不限于以下四个方面的内容: (1)关于学校长期有效开展研究性学习课程的保障制度; (2)关于落实每一个学生参与课题研究并对每一个研究课题和参与学生都进行评价的制度; (3)关于针对研究性学习课程教学的评价考核机制; (4)关于引导、鼓励教师参与研究性学习课程教学的激励机制。 ● 制定每周至少一节开课的要求,安排教务部门落实,开展研学课程的保障制度,规定研究性学习课程的必修课性质、成立研学教研组、安排课程进课表、安排教师授课、安排课题指导教师等。 ● 建立学生研究性学习课程评价标准、评价考核实施办法。 ● 对教师教学的评价考核制度,建立基于研究性学习课程特点的教学评价考核规定。 ● 学校结合自身特点,制定研学课时津贴、课题指导津贴、校内积分奖励、评优评先奖励等规定,实施研学教学的激励机制		
开始时间	第一年 3 月	完成时间	第一年 6 月
备案材料	学校相关配套制度		
目标 1-2	在初一、初二(或高一、高二)中一个年级全年级开设研究性学习课程,每周至少 1 个课时		
目标说明	初中 初一(七年级)有____个班级,配备____位研学授课教师; 或初二(八年级)有____个班级,配备____位研学授课教师。 高中 高一有____个班级,配备____位研学授课教师; 或高二有____个班级,配备____位研学授课教师		
开始时间	第一年 9 月	完成时间	(持续进行)
备案材料	开课年级课表及教师安排表		

目标 1-3	成立研学教研组		
目标说明	（1）成立研究性学习课程教研组或综合教研组； （2）学校有中层领导负责研究性学习课程的开展； （3）定期组织教研活动（至少每 2 周 1 次）。 本校教研组组成人员名单： 组长：×××（其他职务或学科） 副组长：×××（其他职务或学科） 成员：×××、×××		
开始时间	第一年 3 月	完成时间	（持续进行）
备案材料	教研组成立的文件、教研组活动通知或研讨记录		
目标 1-4	学生根据自己的爱好和兴趣自主选择研究课题		
目标说明	学生可以根据自己的爱好和兴趣自主选择研究课题（学校对学生课题没有限定在某学科或某学科领域的要求。学校或授课教师可提供课题列表帮助学生选择课题，但没有限定学生只能在提供的课题列表中选择课题，学生仍有权利自己提出新课题）		
开始时间	第一年 9 月	完成时间	（持续进行）
备案材料	学生课题研究活动记录手册（纸质或电子版）		
目标 1-5	普及课题指导教师		
目标说明	（1）每个课题都有指导教师； （2）每位指导教师每学期（学年）同时指导的课题数不超过 5 个。 学校制定相关规定，每个课题都配备至少一名指导教师。 学校应制定相关文件，规定教师同时指导课题的数量不超过 5 个。 尽可能调动更多学科的更多教师参与学生课题指导		
开始时间	第一年 9 月	完成时间	（持续进行）
备案材料	学生课题研究活动记录手册（纸质，或电子版）		

表 4-3　第二年课程实施计划

目标 2-1	每一个学生必须参与且进行考核评价		
目标说明	（1）学校要求每个学生每学年（高中）或每学期（初中）必须完成至少一个研究课题，每个课题都有开题报告、结题报告（课题研究论文），如同其他学科的作业一样。 （2）每个课题在全班或全年级进行统一公开的开题答辩与结题答辩。 （3）每个学期针对学生的课题研究进行评价，如同其他学科的期末考试一样，**不合格的同学必须重新做**。 （4）每个课题小组学生数一般不超过 5 人。 学校制定相关规定：①研究性学习课程是学生的必修课程，每一个学生必须提交课题报告、完成课题答辩，并获得该学分，方能获得毕业资格。②如果学生没有完成课题，应重做该课题，或新选课题后按课程要求完成课题研究的全流程		
开始时间	第二年 3 月	完成时间	（持续优化）
备案材料	在学期结束后 （1）含有规定"不合格的同学必须重新做"、课题小组人数不超过 5 人等内容的校内文件 （2）学校开题答辩、结题答辩的通知		
目标 2-2	在两个年级全年级（初一、初二，或高一、高二）开设研究性学习课程		
目标说明	初中 初一（七年级）有____个班级，配备____位研学授课教师； 初二（八年级）有____个班级，配备____位研学授课教师。 高中 高一有____个班级，配备____位研学授课教师； 高二有____个班级，配备____位研学授课教师		
开始时间	第二年 9 月	完成时间	（持续进行）
备案材料	课表及教师安排表备案		

表 4-4　第三年课程实施计划

目标 3	在两个年级开课，至少在一个年级实施"选题走班、课程跨接，全学科参与"模式		
目标说明	（1）根据学生自选课题的研究方向重新分班教学； （2）重新分班后由对应的学科教研组负责课程教学与课题指导； （3）学校有校级领导专门负责研究性学习课程的管理工作。 按照此种模式开课的年级，研究性学习课程安排在同一个时间，学生按选题方向重新分班。 根据学生课题的不同领域，由相同或相近学科的教研组来负责。教研组负责安排该方向领域的授课教师、课题指导教师。 学校对研学课的考核评价是对负责该方向领域课题教学的教研组的评价，对授课教师和课题指导教师的评价由教研组负责		
开始时间	第三年 9 月	完成时间	（持续进行）
备案材料	课表及教师安排表		

注：有关其他实施目标，第三年主要是根据第一年、第二年计划执行情况，总结经验和问题，持续优化完善。

在课程方案推进过程中，可能会出现方案设计阶段没有预料的问题，每个学期课程领导和实施小组都要及时对学校研究性学习课程实践进行检视和总结，在实施过程中及时调整和修订方案，不断根据学校情况优化。

四、方案实施重难点

在上述课程计划推进的过程中，有一些关乎方案效果好坏的关键要点，学校需予以特别重视。

（1）配套政策先行，对研学课程在学校的落地进行规范化管理，给予课程实施各个层面和环节以软硬件保障，包括成立研究性学习课程教研组并明确负责人，统一课时安排，明确学科教研组职责、教学评价机制、必修学分制度等，统一全校师生对此门课程的认知和重视。详细设计建议详见本章第二节内容。

（2）安排正课课时，确保这门课程的时间和空间。安排正课课时的原因有：

其一，只有把研究性学习课程正式编排进课程表，其边缘化的课程地位才能得以纠正，为其正名，才能统一全校师生对这门课程的认知和重视，确保其国家必修课的课程地位。

其二，不被轻易占用或是取消，可以有效保障课程的进度安排，授课教师在课堂上能通过提问启发、活动引导、班内同学的课题案例分析等让学生获得这门课程的程序性知识，如课题研究的一般流程，常用的研究方法等。

其三，可以确保不同课题小组之间有场合、有时间相互提问、交流和讨论，学生之间有机会进行相对平等的思维启发和碰撞，更利于引发他们自己的深入思考，而不是总被有"先见之明"的教师"指正"，影响他们自己思考和探究的主观能动性。

所以，对于要真实有效开展研究性学习课程的学校，需要在制度上确保课程课时，并且要有课堂教学的检查和评价予以体现，确保研究性学习课程的课时不被占用、挪用，不会变成学生课程表上的点缀。

根据新课程标准要求，高中三年研究性学习 6 个学分、1 学分 18 个课时，合计 108 个课时。春禾建议高一完成 72 个课时，每周 2 个课时；高二完成 36 个课时，每周 1 个课时。小学初中学段，综合实践活动课程也是国家规定的必修课。小学建议在四、五年级，初中建议在初一、初二年级全年级开课，每周1～2个正课课时。

（3）动员半数以上教师有效参与学生课题指导。

要确保每个学生课题都有指导教师，每位指导教师带的课题数量适中，建议每位教师指导的学生课题不超过5个，据此学校可计算出需要参与其中的教师数量。根据经验估测，需动员一半以上的教师参与学生课题指导。如何做到这么多教师有效参与，而不是"上有要求、下有对策"流于形式，这是本方案实施的难点。可以通过刚性考核制度要求年轻教师都需参与课题指导，也可以通过柔性激励机制调动教师参与的兴趣和积极性。

（4）加强研究性学习课程师资培训，培养一批有理念、有方法的教师，确保教学落到实处。

对所有中青年教师普及研究性学习理念和通识培训，为课程开展营造氛围，尽可能争取到更多教师的支持；对所有学科年轻教师加强课题研究流程和方法、研究性学习的授课方法和技能的培训，从技术层面确保有充足教师会上课、所有学生课题有教师能指导。

对教师个体而言，优秀的研究性学习的教师一般都是在"做中学"成长起来的，从课程的执行者变为课程的开发者，在亲自实践教学的过程中，边学习、边研究探索、边自我提高。对学校整体而言，研究性学习师资培养可以通过专题讲座、主题研讨交流会、听评课、高校专家或专业机构（如春禾）入校实操培训等方式方法进行。

为有效支持项目，学校真实有效落地研究性学习课程，帮助学校解决研究性学习课程方案实施中的师资问题，春禾已建立一套研究性学习师资培训体系和培训项目，具体内容详见本书第五章"课程师资的培训与培养"。本书上篇的第三章课堂教学实操指导，也是指导研学教师自学的很好材料。

第二节 课程管理制度

研究性学习课程在学校的实施对学校和任课教师来说都是一个新的挑战，它要求教师从教育教学理念和教学行为上做出积极改变，同样也要求学校管理的方法和手段与之相匹配。制度是保障学校各项工作有序进行的基础，也是在当前教育体制下推进学校持续改进一门课程教学的必要保障。

所以我们认为，学校需要针对研究性学习课程的有效落地制定相关规章制度，给予课程实施各个层面和环节以软、硬件保障，确保课程能够全面、高效、可持续地开展。

制定相关配套制度，包括但不限于确保学校长期有效开课的课程管理制度、教师教学评价考核和激励制度、学生课题研究过程和成果的学习评价制度。制度需在校领导校务会上正式讨论，通过正式发文的方式让全校师生知晓，并在每年新生入学时进行课程宣导。通过这些制度向全校师生传递出"这门课程是国家必修课，跟其他考试科目一样重要"的信号，打消部分教师认为研究性学习"可做可不做"的念头，部分解决一些教师阻挠学生课外时间开展课题研究活动和一些学生不认真对待这门课程的问题。

一、教师教学评价制度

（一）教师教学评价制度设立的目的

课程开展后，教师的教学成效需要有跟踪、有评估。研究性学习的课程教学评价不同于传统学科的纸笔考试，评价的过程与学生课题研究过程同步发生，评价让师生有总结、有反思，评价的过程也是完善课程教学的过程。

（二）教师教学评价制度设立的建议

教师教学评价的具体方案与实施细则，根据学校相关政策进行制定。我们建议由学校根据学生的研究性学习课程学习评价结果，对负责其班级教学的任课教师进行考评，例如班级同学是否都完整参与并完成了课题研究，作为任课教师完成年度教学任务的基本条件，班级同学结题答辩优良率、参加各类课题活动成绩等作为激励任课教师教学成绩的客观依据。

除授课和课题指导外，也可以通过教学评价制度引导参与研究性学习课程教学的教师多开展校内教研会，多参加校际、区域内的各种研究性学习/综合实践活动课程教研活动，并对表现突出的教师予以奖励。

此外，考虑到中青年教师是一所学校的中流砥柱，建议学校把"中青年教师每学年必须至少指导一个学生课题"作为刚性要求，有针对性地培养一批能在校内引领改变的研究型教师。

现实的情况是研究性学习教师团队资源的供需不平衡，在方案推行初期，对研究性学习教师的评价，以保障和激励青年教师的成长与持续性投入为首要任务。为确保有足够数量的教师参与，教学评价要重点关注其授课班级每个学生课题是否完成，至于"鼓励多指导课题，或有研究成果""参与研学教研活动的次数"等，可以作为弹性激励，纳入评奖评优、职称评定、绩效奖金分配的条件。

二、学生学习评价制度

（一）学生学习评价制度设立的目的

研究性学习强调学习的过程，如本书上篇相关章节所述，研究性学习的评价要贯穿于选题、开题答辩、研究实施、结题答辩、分享与交流、总结与反思等各个阶段，教师需要重视学生在学习过程中的自我评价和自我改进，使评价成为学生学会实践和反思、发现自我、欣赏他人的过程；同时强调评价的激励性，鼓励学生发挥自己的个性特长。

关于这门课程的学生学习评价，在学校层面也需要有相关制度来保障，可以减轻教师在落实教学评价时的阻力。"完成课题研究全流程、提交研究报告并获得合格的评价"是高中阶段研究性学习这门必修课程对学生考核的刚性要求，高中阶段的学校要明确其性质等同于其他必修科目，并制定与其他科目相同的考核要求，即考核不合格必须重修，重修不合格，不发毕业证书。用制度来明确研究性学习与其他学科是一视同仁的，目的是要让师生和家长认识到，研究性学习是国家课程计划中规定的一门必修课程，具有严肃性和正统性，任何学生不得以任何借口不参加这门课程的学习。这种清晰明确的学习评价制度要求，也能在很大程度上消除师生对这门课程的不重视和家长对学生做课题研究的阻挠，解决任课教师"学生到最后完不成课题，我也没办法"的困扰。

（二）学生学习评价制度设立的建议

我们建议学校在设立相关制度时，要以每个学生都要参与并完成课题研究全流程为导向，规定学生必须提交课题研究报告，可以单个提交，也可以以小组为单位共同提交。高中阶段课题研究报告必须根据国家课程方案要求达到合格标准。初中阶段则可适当放宽对结题成果的硬性要求，着力培养孩子们的研究性学习素养，为高中阶段打好基础。

在具体设定相关制度时，需从课程管理和学习评价制度要求两个方面来落实：

（1）学校需将评价要求明确写入相关的管理规定，并在新学期开学时向所有新生和开课的年级教师宣导：每个学生每学年（高中）或每学期（初中）必须完成至少一个研究课题，每个课题都要有开题报告、结题报告；每个学期针对学生的课题研究进行评价，如同其他学科的期末考试一样，不合格的同学必须重新做。

（2）每个学年在全年级进行统一公开的开题答辩与结题答辩。通过细化的评价办法，规范开题答辩和结题评审流程、要求、合格标准、评估工具以及评估结果应用规定等。综合开题答辩、结题答辩和课题研究中的过程性评估结果三方面对学生在这门课程上的学习成绩予以认定。评价结果以"等第"方式呈现，分为 A（优秀）、B（良好）、C（合格）、D（不予评价）四个等第。D（不予评价）的学生需重修合格后方能获得这门课程的学分。

第三节　教学组织模式

研究性学习是跨学科的实践探究，培养的是学生开放与多元、探究与审辨的思维能力和学习方法。研究性学习的课堂上，学生在课题研究的过程中发现问题、思考并解决问题的综合素养与能力得到提升，这也是一个学生学习力的体现，所以研究性学习不仅是各学科的基础，还是各学科教学的前导与延伸。由于研究性学习跨学科的性质，在教学的组织上与传统学科课程安排有着很大的不同。

一、选题走班的教学组织模式

我们建议学校根据学生自主选择的课题研究领域，将原自然班打散，重新分成研学课程班级。所有学科教研组参与其对应研究性学习课程班级的授课和学生课题指导，这样一方面能解决学生课题指导专业对口的问题，另一方面可以确保每个学生的课题都有指导教师。另外，因为班级授课教师和学生课题指导教师是同一个教研组的，相互之间更便于交流沟通学生情况，更容易配合，形成合力，让课堂内教学与课堂外课题活动指导尽可能无缝对接，让每位学生的课题研究指导落到实处。

不同课题方向（领域）的班级由不同学科教研组负责教学与课题指导，应当成为教学实践的方向与未来常态。这样的教学组织模式既满足了学生的兴趣导向，又兼顾了授课教师的学科专业覆盖性；既完成了学生开放的基础思维能力的培养，又在师资上实现了与学科教学的衔接与延伸。

同一年级的研究性学习课程集中安排在同一课时，教学时间的统一也解决了学科教学与研究性学习课程教学师资调配、课时安排可能冲突的问题。

二、选题走班模式下常见问题

按照这种模式开展教学，需要回答这些问题：怎么分班？什么时候分班？分班后授课教师如何安排？

1. 怎么分班？

分班的理想状况是学生的课题研究方向与学科有较为清晰的对应关系，如阅读、文学类的对应语文、英语，社会现象、社会问题类的对应政治、历史、道德与法制，工程设计类的对应物理和信息技术，实验类的对应化学、生物等。例如安顺市第二高级中学，拟定课程设置按研究类型分为三大类，分别为工程类、探究类、社会科学调查类。在工程类中再细分为小发明与小制作、电子产品设计与制作、机器人产品设计与编程、人工智能产品设计、"变废为宝"手工产品设计与制作；在探究类中细分为物理学科与实验探究、化学学科与实验探究、生物学科与实验探究、地理学科与模型制作、环境科学与实验探究、体育学科与运动探究，在社会科学调查类中细分为传统文化调查与建议、地方特色文化调查与建议、社会现象调查与建议、旅游文化调查与建议、校园文化调查与建议、心理学科调查与建议。

实际选题分班可能会出现的情况及建议：

（1）少部分学生不能明确自己的研究方向，对这部分同学提供教师的课题资源供其选择，并编入对应的研学班级。

（2）自然教学班级的同学如果选择同样的课题研究方向，原则上被编排进同一研学课程班级，便于走班的教学管理。

（3）对于班额比较多的学校，如果师资和教室比较充裕，尽可能以学生兴趣和选题方向为分班原则，这样实际产生的研究性学习班级可能要比自然班多；如果师资有限，或是学校教室有限，为不影响课程整体按照选题走班的模式推进，可适当牺牲少数同学的选题偏好，将其编入其他相近的研学班级。

2. 什么时候分班？

在不同学校实践这种课程实施方案的过程中，曾有多位教师困惑于："什么时候分班比较恰当？是在开题答辩教学之前，还是完成开题答辩之后？"关于这一点，我们了解到有以下不同的做法。

有的学校在新学年开始后一个月内就完成选题分班，比如遵义市第十七中学，这是一所完全中学，在初一、初二、高一、高二全部年级都开设研究性学习课程，每个年级同一个时间同时上研究性学习课，根据学生的选题方向分班走班。各开课年级在开学后一个月内完成研究性学习课程的通识教学，让学生大概了解什么是研究性学习课程、这门课程的学习要求是什么、可能有哪些课题研究类型等。学校根据中西部中学生常见的课题研究类型给学生提供建议选题大类，如社会调查类、工程技术类、生化实验类、阅读类和人与自我类等，学生根据自己的兴趣爱好选择课题类型，学校由此对学生进行分班走班教学。

也有学校在高一或高二的第二个学期才开始分班走班，如贵州省的绥阳中学。绥阳中学是一所县城高中，高一第一个学期先由几位专任研学授课教师负责完成情境创设、提出问题，从问题到课题，制订研究方案和开题答辩课段教学，第二个学期再根据学生的课题类型分类，相同类型的课题研究小组分到同一个研学班，由相关学科组教师负责完成研学班级内学生的课题研究活动指导、报告撰写指导和开题答辩等教学任务。

具体在什么时间点、什么教学课段开始分班走班教学，需根据自身情况，由研学课程教研组研讨提出具体方案，并协同学校教务处做好规划与实施。

3. 分班后授课教师如何安排？

研学班级的课堂授课教师和学生课题指导教师都由其对应的学科教研组负责统一安排：主要由一位教师负责一个班级的课堂教学，负责提供背景资料、创设问题情境、介绍课题研究的基本流程和方法、开题论证、结题报告答辩和成果展示与交流等集中教学活动；同一学科组的其他教师负责学生课外研学活动和课题指导，每位教师指导 3～5 个课题，确保所有学生的课题都有教师指导。

三、课堂教学与课外课题指导相结合

研究性学习的课堂，大部分时间是用来给学生分享、交流和讨论的，教师在课堂上的角色主要是学生交流互动的组织者和促进者，学生多元思考、深入思考的启发者和引导者，在充分的生生互动、师生互动中培养学生敢于质疑、善于质疑、深度思考的思辨能力。课堂时间主要回应和解决的是学生在探究过程中的共性问题和难点问题，教师很难顾及每个课题小组的个性化问题，一部分不敢于或不善于在班级内公众场合表达的学生可能会缺少锻炼的机会。

这种情况下，教师在课外对学生课题小组的指导就不可或缺，一方面通过指导关注小组课题的进展，督促学生按计划完成各阶段的课题研究任务；另一方面在指导课题小组的过程中，确保每位学生都参与研究性学习的全过程，关注每位学生的兴趣爱好、特长和思维特征，并能给予恰当的鼓励和引导，避免课题小组任务仅靠一两位学生完成、其他学生不管不问"打酱油"的现象。

在选题走班学科组对其关联的研学班级教学和课题指导负责的模式下，这种教学组织模式有一个好处：在同一个学科组内授课教师和课题指导教师两位教师相互比较熟悉，也很容易随时交流，这样就会尽可能减少两种教学角色之间的信息偏差，教师们比较容易掌握每位学生在课堂上与课外的学习状况，便于跟踪和个性化指导。

较之其他学科而言，研究性学习课程的课外指导不是可有可无的存在，是完成年度课程教学任务的必须组成部分，学校也要对教师的课外课题指导工作明确职责、予以评估和工作量的认定。

第四节　学生的主体地位

一、学生自主选题

研学课程教学实践中，应该确保学生能够完全根据自己的爱好和兴趣自主选择自己想要探究的课题。研究性学习是一种经验性、实践性课程，强调的是学生的亲身经历和动手实践，"自主实践"是这门课程的基本规定。课题应该是由学生自己提出的，或在课题资源库中学生自己选择的。对自己感兴趣的课题，学生探究的积极性和主动性更强，更容易有内在的探究动机和自信心，并能体验到这种学习对他们个人的现实意义。学生在课题研究的过程中，即使遇到困难，也更容易克服和坚持，这对学生的毅力也是一种锻炼和培养。"学生自主选题"也体现出研学课程不同于其他学科课程的特点：这是一门兴趣驱动、关注真实社会和个人生活、以解决现实问题为导向的开放式探究课程。

可以通过举办科普讲座、人文社科类讲座、专题大讲堂、学生课题展示与交流活动、社团主题活动周、校外企事业单位参观访问等活动，对新生进行研学课程知识铺垫、兴趣激发和问题情境创设等教学内容，让学生对研学课程和课题研究有基本的认知，启发学生初步确定课题研究方向。

二、课堂以学生为主

研究性学习课堂教学以学生为中心，课堂是用来分享、交流、研讨、辩论乃至争论的，而不是用来讲授的。学生之间的相互分享、交流、提问和互相的辩难是研究性学习的最佳教学模式。

研究性学习课堂教学活动主要有三种类型：

（1）学生在小组内讨论，小组内每位学生都需参与其中，针对本节的学习内容发表自己的看法和意见。

（2）学生代表课题小组分享，其他学生通过提问，与分享小组学生展开对话和相互辩论，在交流和讨论的过程中澄清内容，修正思考的逻辑和继续探究的方向。

（3）教师围绕本节课的教学目标，通过分享素材和案例、组织活动的方式引导学生参与小组内讨论、班级内分享与交流，通过不断提问的方式启发学生思考和展开对话，围绕问题展开交互式反馈，为生生对话、师生对话搭建互动平台，让思维对话、碰撞和共建在课堂上发生。

教学中，教师对学生的提问不要直接给出答案或结论，不将自己的理解和想法强加给学生，主要是通过引导的方式，启发学生持续探究、深入思考。问"为什么"是研学教师的口头禅，对于学生问题的标准回答："我不知道，但是我们可以一起去研究并寻找答案！"同时，教师也要通过示范让学生了解：提问的目的不是为了驳倒对方，而是为了准确完整地了解对方的观点、论据和论证逻辑。

研究性学习教学较之传统的学科教学，根本的不同在于研究性学习课程没有教材，没有固定的知识点要教给学生，学生所获得的知识与技能是在研究的过程中自我习得的，研究性学习的教学过程是教师与学生一起合作探究的过程。在研究性学习课程中，教师不是传道授业的权威，而是陪伴鼓励的学习伙伴，启迪学生思维比教给学生知识更重要。这些研究性学习以学生为主体的教学理念，需要刚接触这门课程的教师时刻提醒自己，并在教学中努力做到"知行合一"。

第五节　课程建设和实施的关键角色及职责

课程实施方案的有效执行，涉及课程管理制度的制定与执行、课程资源的规划与开发、师资的安排与管理、教学教研的组织与实施等等，是一个系统性工程，有赖于学校从校领导到中层管理者，再到一线教师各个关键角色的整体性协同推进。我们在帮助上百所项目学校推动研究性学习课程实施的过程中发现，这项系统性工程在某个环节出现状况时，就会影响课程的实施效果。在课程建设和实施的过程中，各个关键角色需清楚认知其角色定位和职责，并履行好角色职责；校内外的课程支持体系也需面向不同角色提供针对性的咨询、培训和研修服务，以解决课程实施过程中可能出现的不同问题。

从学校视角来看，研究性学习课程在全校的有效开展关系到课程实施与管理中的四个关键角色，每个角色都不可或缺，需各司其职，协同推进。

一、校长

校长对学校各项工作的发起与实施起着关键作用，如果校长没有深刻认识到研究性学习课程的内涵和其在新课程改革、新课程标准落实中所具有的价值和意义，就不会把研究性学习课程的功能与学校的办学理念和愿景相结合，即使制订了再完整的课程规划和实施方案，也终究不会有效实施，不会引发学生学习方式和教师教学方法的改变，最终可能沦为应付上级检查的文字材料。

在不断推进研究性学习课程实施的过程中，学校会遇到来自校内外各种各样的挑战和质疑：开展这门课程对提升学生成绩有帮助吗？让学生走出校门安全怎么保障？学生没有时间开展课外课题研究怎么办？我们的学生基础很弱哪里有能力做课题？……面对这些问题，校长除了要有足够的担当承担责任和压力，带领团队坚定地推进课程方案，也要对研究性学习的价值和功能有清楚的认知：这是一门国家必修课程。国家新课程改革所倡导的这门课程，旨在通过变革学生的学习方式，培养学生的创新精神和实践能力，反映和满足时代对基础教育改革的要求。在中高考制度渐进改革的背景下，在国家强力推行"破五唯""五育并举"教育评价制度的改革中，为有效落实新课程标准、新课程改革，研究性学习是一个很好的切入口，可以通过这门课程的实施，渐进带动其他学科进而引发学校整体的教育教学变革。

校长应在研究性学习课程建设中起到领导和统筹的作用，安排学校成立研究性学习课程领导小组和管理小组，前者负责课程的整体规划、人力资源整合、经费保障，后者负责课程的实施、过程管理和教学评价等。

为了不断拓展春禾项目学校校领导的教育视野，帮助他们更新教育思想和理念，为校领导赋能，持续提升校领导的管理素质和能力，帮助项目学校有效解决学校在课程实践过程中的问题和困惑，春禾从 2019 年开始每年举办校长研修坊，借助中国教育创新成果公益博览会、博鳌教育论坛、全国中小学"思维课堂"高峰论坛、中学生 ETS 大会等大型教育活动，把校长们请出来参加这些活动，举办主题研修活动，为他们搭建学习和相互交流研讨的平台。

春禾每期校长研修坊都要回应如何在学校真实有效落地研究性学习课程，以这门课程为载体，轮训学科骨干教师，转变老师的教育理念和教学方法，进而帮助学校推进学科课堂教学改革，循序渐进地落地这一新课程标准核心议题。一种方式是邀请在研究性学习课程建设和实施上取得成效的校长做经验分享。例如在 2020 年第三期校长研修坊上，贵阳市第六中学的魏林校长通过讲述"如何让科技推动古镇的智能发展""叩问果落村的明天——贵阳市花溪区果落村教育现状调查"等真实而鲜活的学生研究性学习案例，让各位校长看见如何把研究性学习嵌入学校课程体系中，学生们如何从研究性学习中获得了应试教育所无法带给他们的"从书本走向实践，从课堂走向社会"的核心素养的提升。当听到魏林校长坚定地说"研究性学习并不会耽误高考，反而可以帮助学生，激发他们真正的学习兴趣和启发他们未来向往的发展方向"时，其他校长也坚定了要将研究性学习进行到底的决心和信念。另一种方式是通过工作坊的方式，围绕校长们提出课程实施过程中的各种问题，用研究性学习的理念和思路，共创解决问题的路径和方法。在这个过程中，各位校长共同参与，基于每所学校不同的校情、学情，诊断问题原因，并基于学校资源提出针对性解决方案。

除了上述内容外，春禾校长研修坊每期还会邀请国内教育界的专家，从国家政策和教育教学发展趋势等层面，对校长们进行高位引领。例如2019年的校长研修坊邀请华东师范大学基础教育课程研究中心吴刚平教授，做了题为"研究性学习方式与研究性学习课程"的主题分享，就研究性学习课程与研究性学习方式，与来自各地的中学校长进行了探讨和交流。在 2020 年的第四期校长研修坊期间，邀请北京师范大学中国教育创新研究院刘坚院长分享了"项目学习，引领教育高质量发展的杠杆——如何引导学生对某个领域发生兴趣甚至着迷"的专题，让参加活动的校长认识到：现在的中国比以往历史上任何时候都更加需要教育创新，让人力资源大国变成人力资源强国，进而成为人才强国。教师应该让每个学生找到自己感兴趣的领域甚至能为之着迷。刘坚院长从宏观至微观，大到国家小至每一所学校、每一位校长，从不同的视角，用不同的理论以及实证做支撑，让在场的校长们看到了开设研究性学习课程的迫切需要和研究性学习可以为我们的教育在未来所带来的巨大回报。

二、学校中层人员

按照本书第四章中的"选题走班、课程跨接，全学科参与"的方案实施研究性学习课程，需要教务处、学科组、教科室、年级组和研究性学习教研组等相关教务教学团队密切配合，其中某个环节工作不到位，就可能影响整体方案的成效。这些处室主任、学科组组长属于学校的中层，是学校的核心骨干力量，一方面他们作为一线教师与学校领导层之间的联络人，承担管理或行政的责任；另一方面他们大多是因为专业或个人能力突出而被提拔重用，绝大多数也继续担任学科授课教师，具有丰富的教学经验，在教学上也起到引领和示范的作用。

在学校推行研究性学习课程和课堂教学改革的进程中，中层人员应该利用自身拥有的丰富经验，主动扮演课程改革先行者的角色，在态度和业务方面为其他学科教师树立榜样，同时积极充当改革团队中其他成员的可靠伙伴，倾听他们的声音、帮助他们解决困惑，避免出现只负责管理和行政工作而对课程改革工作置身事外的情况。这些中层人员应该是研究性学习课程领导小组中的骨干力量，在研究性学习课程设计阶段参与课程规划和实施方案的讨论、修订；在课程实施阶段，按照所学专业分配到不同学科中，作为核心力量参与研究性学习的教学和学生课题指导；在课程评价阶段，作为评价小组的成员与教研骨干一起，参与到对各学科教研组所负责的研究性学习课程教学效果的评估中。

我们在多年研究性学习推广过程中发现，如果校领导非常支持而学校的开课未能落到实处时，很大一部分阻力来自学校这些中层人员。这些中层人员多是人到中年，已经在传统的应试教育体制里短则十几年长则二十几年，成绩导向的业绩压力更大，工作求稳，教育理念和课堂教学较难发生转变。如果这些中层人员不支持、不参与研究性学习课程，学校整体的研究性学习课程实践很难深入开展起来。

遇到这种情况时，学校领导层应及时在校内安排组织主题研讨会，通过对新高考、新课程方案、新课程标准、研究性学习课程等内容的主题研讨，让中层人员认识到研究性学习课程作为国家必修课的严肃性和重要性，认识到这门课程对于培养学生学习自驱力、改变学生学习方式和学生终身成长的价值和意义。如果条件允许，在组织这些主题研讨时，可以邀请与研讨主题相关的校外资深人士参加，如师范类高校课程专家、区域综合实践活动课程教研人员或研究性学习课程开设比较好的学校课程管理人员等，借助于外力推动内部发生改变。春禾也会为项目学校的中层人员提供入校的主题工作坊服务，在工作坊活动中启发这些中层人员对本真教育的深度思考，努力引发其理念的转变，进而促成他们对研究性学习课程的实际支持和参与行为。有条件的学校，也可为这些中层人员提供外出研修的机会，开阔其视野，从而更新教育教学理念。

三、研究性学习教研组组长

为了切实解决研学任课教师们在教学中遇到的实际问题、充分发掘优秀教师资源、统筹研究性学习这门课程的开发和具体实施，需成立独立的研学课程教研组，并明确其负责人，组织开展听评课、集体备课、定期教研等常态化教学教研活动。

在探索研究性学习课程管理和实施的过程中，教研组组长应该起到承上启下、协调校内外课程资源的作用。一个好的教研组组长所发挥的作用甚至决定了一所学校研究性学习课程管理和实施的水平，建议由学校教育科研负责人，或对研究性学习课程非常认可并积极参与研学教学的年轻骨干教师担任组长。教研组组长职责包括但不限于：

（1）每个学期开始前，协同教务处对年级整个学期及学年的研学课程"课时""教学目标""教学内容"及授课教师进行整体计划和安排。

（2）定期组织集体教研活动，通过集体备课、听评课等教学教研活动，支持并指导教师课堂教学和课外课题指导。

（3）制订并负责组织实施校内研学授课教师、学生课题指导教师的学期/学年培训计划，为教师的专业成长搭建平台。

（4）编制课程教学辅助材料、历届学生优秀课题案例册等课程实践成果，作为教学参考资料，让教师、学生在课程实施过程中，能自学具体的操作流程、方法。

（5）召开教师、学生座谈会，收集教师、学生对研学课程实施的意见和建议，并研究对策，不断优化学校研学课程实施策略和方案。

四、研究性学习课程教师

当研究性学习的课程理念融入学校的办学愿景中、课程实施的组织体系建设完成，在课程支持条件（制度、课时、评价激励等）具备后，影响课程高效实施的关键就转换到了参与这门课程教学的教师对研究性学习的认识深度、教学态度以及自身所具备的教学能力上，课程教师作为课程资源的开发主体和生成主体之一，将成为撬动研究性学习课程实施的关键支点，也是研究性学习课程教学能否真实、专业开展的决定性因素。

我们多年的课程推广经验与相关实证研究[43]都表明：研究性学习课程实施中教师的观念、态度、教学行为与教师所遇到的问题和困惑等对课程实施质量有很大的影响。学校开设研究性学习课程，对参与这门课程教学的教师来说也是一个很大的挑战，首先是传统的学科分科课程与新型的综合课程之间的差别，习惯了学科课程教学的教师在面对没有固定教学内容和知识点的研究性学习课程时缺乏自信，在初步尝试遇到困难后产生了胆怯心理。其次是研究性学习方法与传统的教学方法之间的差异，让教师在教学方式变革方面遇到了最大的挑战。

研究性学习的任课教师需要更新教育教学理念，逐步转变教学方法，积累教学经验，通过自学、参加培训和教学实践更新自身的知识结构，建立新型的师生关系。首先要了解新课程方案、新课程标准等与研究性学习课程相关的文件和资料，理解国家把综合实践活动/研究性学习课程设置为必修课的目的和价值导向；参加校内外课程培训，掌握综合实践活动/研究性学习课程通识、教学的基本原则、流程和方法；其次是在教学实践中，陪伴学生一起在真实的生活情境中发现问题、论证问题、解决问题，获得这门课程的程序性知识；最后就是积极参加校内外教研活动，不断提升自己的专业能力和素养，慢慢开始在课程教学能力、课程资源的开发与利用等方面发挥引领、示范和带头作用，帮助其他教师实现专业成长。

从学校层面来说，如果按照"选题走班、课程跨接，全学科参与"的模式实施研究性学习课程，确保每个学生的课题都有指导教师，意味着学校有将近一半的教师都要参与到这门课程的教学中，合作完成课堂授课和学生课题指导的教学任务。因此，在这个课程方案实施过程中，学校要为这些教师的专业培训和长期专业成长创造条件，提供支持。

"春禾启梦计划"公益项目的核心服务内容之一就是研究性学习课程师资培训服务，通过搭建研究性学习课程师资的研讨交流平台，定期举办培训教研会、区域研讨会、进阶研修班等活动，为教师提供转变教育理念和教学行为的助力与环境，提供教学过程中

---

[43] 胡红杏. 研究性学习课程实施研究[M]. 北京：中国社会科学出版社，2017:2.

问题探讨、经验分享、评价表彰等互动学习的平台与机会；持续关注教师的专业成长，为教师职业发展与自我成长提供有效的支持与积极的外部环境。并且，我们总结多年的师资培训实践经验，提炼出一套体系性、结构化、可复制推广的培训体系。对于学校而言，如何设计并有效组织研究性学习教师培训，可以借鉴春禾研学师资培训的思路和方案，具体内容将在下一章中展开讨论。

第六节　学校课程管理与实施案例

——遵义市第十七中学综合实践活动课程体系建设与管理实践

案例导读： 学校的课程体系重构和建设是需要长时间推进的系统性工程，需要学校管理层承担压力推进课改、教改的担当，遇到困难不放弃的坚持；涉及课程实践方式方法的调整，软、硬件课程资源的开发，课程管理需要新思路新方法跟进，发现问题并及时解决问题；更关乎师资队伍的培养、培训。教师们转变教育理念、更新教学方式方法也不是一蹴而就的事情，需要在长期的教学实践和团队教学教研中逐步推进……贵州省遵义市第十七中学，遵义市一所普通高中，于 2019 年 1 月加入"春禾启梦计划"。在课程实施过程中，学校非常注重课程的体系化建设，不断积累实践经验，一步步把这些重构和建设的工作踏踏实实地落实在每节课的课堂教学、每周的教研活动、每学期的课程迭代上，在以研究性学习课程为切入口引发学校整体的教育教学变革的这条路上越走越清晰，越走越稳健。

一、学校层面

（一）构建课程体系

构建基于校情的遵义市第十七中学"五自三创"综合实践活动课程体系。学校在北京师范大学中国教育创新研究院 5C 核心素养优秀教育成果理论指导下，围绕培养学生的文化理解与传承、审辨思维、沟通、合作、创新等 5C 核心素养，以课程、学习、评价、教师发展为突破口，培养学生"自主、自律、自尊、自省、自信"的品质，引导学生将"创意"进行"创新"和"创造"，促进学生有尊严、有个性、健康快乐地成长。

同时，根据《普通高中课程方案（2017 年版 2020 年修订）》，学校将综合实践活动课程分为研究性学习、党团活动、军训与社会考察、劳动教育四个大类，又将研究性学习活动分为认识自我、探究自然、融入社会、审视文化四类，其中探究自然分为工程技术和自然科学实验类，共设置人与自我、人与社会、人与文化、工程技术、自然科学实验类五个研究类别。

教师遴选上，采取学校宣传，教师自愿报名的形式，成立综合实践活动教研组，目前教研组有 46 名教师，分初中和高中设置两个教研组组长，教师根据学科背景和研究兴趣自主选择类别，进行学科整合，成立五个备课组，其中由语文、英语、地理、体育学科的教师选择"人与自我"，由数学、物理、化学、生物、语文、信息技术学科的教师选择"探究自然"中的工程技术，由化学、生物学科的教师选择"探究自然"中的自然科学实验类课程，由历史、地理、政治、体育、美术教师选择"人与社会"，由语文、英语学科教师选择"人与文化"。选派骨干教师担任备课组组长，聘请陈帮强、孙旭亮、宋培迅三位正高级教师进行指导，形成教学和研究学习共同体，促进课程的可持续发展。

（二）形成教学模式

构建根据学生兴趣进行"学科融合+选课走班"的研究性学习课程教学模式。

1. 课程开设情况

学校综合实践活动课程在 2019 年前不成体系，未形成规模，2019 年 4 月成立综合实践活动教研组，开始编撰《遵义市第十七中学综合实践活动课程实施方案》，培训教师，以 STEM（科学、技术、工程和数学教育）社团教学模式推进课程建设。2019 年 9 月每周 2 个课时以行政班教学方式进行综合实践活动课程教学，2020 年 9 月启动探索"学科融合+选课走班"综合实践活动教学模式，每年开学第三周组织全校性答辩活动，3 月组织学生课题开题汇报，9 月组织结题答辩。

2. 教学设计与实施

2020 年 9 月，第一次启动全校性综合实践活动学生课题结题仪式后，根据课程体系构建共设置人与自我、工程技术、自然科学实验类、人与社会、人与文化五个研究类别，进行教师选科问卷调查，再编撰《遵义市第十七中学综合实践活动课程及指导教师简介》在微信公众号上发布，指导学生根据兴趣在学校公众号上进行选课。2020 年 10 月正式启动以年级为单位的"学科融合+选课走班"的综合实践活动课程教学模式。

2021 年 9 月和 2022 年 10 月在起始年级进行课程及指导教师介绍后，在学校小操场开设"课程超市"，学生现场选课，每周五下午第 1、2 节课指导教师根据《遵义市第十七中学综合实践活动课程实施方案》《遵义市第十七中学综合实践活动学生课题立题开题报告书》《综合实践活动教学步骤及课件》等，结合学生选课实际及学情组织综合实践活动，目前非毕业班 20 个行政班，综合实践活动"选课走班"共有 27 个班。

3. 教学流程及策略

在课堂教学内容的安排上，课题组根据综合实践活动课程的特点，统一制作教学课件和教学微课，逐步探索形成结合学科特点和学情指导学生完成课题研究或项目设计的整个流程和策略：①通识学习，了解课程；②学习方法，创设情境；③确定方向，小组建设；④提出问题，指导选题；⑤查找资料，确立课题；⑥设计方案，开题论证；⑦撰写报告，开题答辩；⑧查找调研，实施研究；⑨整理资料，提炼归纳；⑩结题报告，科学答辩；⑪客观评价，准确定级。

4. 课时及教学进度安排

2019 年 9 月在行政班进行教学，每周 2 课时，时间在周二和周三下午第 3、4 节课；2020 年 9 月开始探索并实施"学科融合+选课走班"教学模式，时间统一在每周五下午第 1、2 节课。结合自身情况，秋季学期第 1～2 周完成综合实践活动课程通识学习，第 3～4 周观摩高年级学生结题答辩，让学生们对课程有一个全面的认知后，第 5 周学生根据兴趣爱好选择研究类别，开始"选课走班"教学。在新班级中根据研究方向成立研究小组，确定课题开始研究，在学期末基本完成开题报告。次年 3 月，开学后第 3～

4 周举行全校性公开开题答辩，在春季学期基本完成课题研究，在秋季学期的开学第 3～4 周举办全校公开的结题答辩，刚入学的新生观摩高年级学生的结题答辩，实现一个教学轮回。

（三）强化课程管理

为加强课程管理，探索拟定了一系列与课程相关的实施方案，并付诸实践，为课程的开发与应用、学校的管理与发展奠定基础。

分别针对课程开发与实施、学生成长、教师培训、教学管理等拟定《遵义市第十七中学综合实践活动课程实施方案》《遵义市第十七中学研究性学习课程实施方案》《遵义市第十七中学综合实践活动课程评价标准及学分认定方法》《遵义市第十七中学综合实践活动学生课题开题实施方案》《遵义市第十七中学综合实践活动学生课题结题答辩实施方案》《遵义市第十七中学校园 ETS 大赛实施方案》《遵义市第十七中学科创节暨劳动展示周实施方案》《遵义市第十七中学综合实践活动教师论坛实施方案》等，稳步推进课程的开发与建设。

（四）编印选题指南

组织编印了学生《综合实践活动课程选题指南》。为全面贯彻党的教育方针，坚持教育与生产劳动、社会实践相结合，引导学生深入理解和践行社会主义核心价值观，充分发挥综合实践活动课程在立德树人中的重要作用，根据《教育部关于印发〈中小学综合实践活动课程指导纲要〉的通知》和《普通高中课程方案（2017 年版 2020 年修订）》，结合学校实际，编印选题指南。

综合实践活动包括研究性学习、党团活动、社会考察、劳动教育等，学校根据经贵州省中小学教材审定委员会审定通过的教科书《综合实践活动——研究性学习》将综合实践活动分为认识自我、探究自然、融入社会、审视文化四大类，开设人与自我、人与社会、人与文化、工程技术、自然科学实验类"选课走班"课程，列举研究性学习、志愿服务活动、设计制作活动、劳动教育活动、职业体验及党团活动的选题指南以作参考。

（五）构建评价体系

课题组根据中华人民共和国教育部颁布的《普通高中课程方案（2017 年版 2020 年修订）》，不断探索和完善遵义市第十七中学综合实践活动课程评价体系。综合实践活动共 8 个学分，包括研究性学习、党团活动、军训、社会考察等，其中研究性学习 6 学分，完成 2 个课题研究或项目设计，以开展跨学科研究为主；党团活动、军训、社会考察 2 学分；此外，劳动共 6 学分，其中志愿服务 2 学分在课外进行，三年不少于 40 小时，其余 4 学分与通用技术和校本课程统筹。学校为整体规划，加强管理，将三者进行了整合融会，以利推进课程建设。

第一板块：研究性学习的评价标准（共 6 学分）

对研究性学习课程实行学分制，学生在高中学习阶段必须完成 6 个学分。非毕业班学生每学年开展至少一个研究性学习课题活动，三年累计不少于 2 个研究课题，方可视为合格。研究性学习认定条件为：有符合要求的课题研究方案、有完整的研究过程并有记录、有课时保证、由学生自主选择和自主完成、有课题研究成果。

学分认定由指导教师提出意见，由课程学分认定小组确认。

1．评定依据

认定每个研究性学习课题的学分主要依据五个方面的材料：①开题报告；②活动过程记录；③课题研究过程中所收集的材料、处理过的资料、参考文献目录；④总结与体会、课题研究性学习成果；⑤三级（自评、组评、师评）合格评估的结论。具备以上条件，则给予相应的学分。

2．评定原则

（1）参与性　学生只有参与研究性活动才能获得相应的学分，如发现学生并没有参与研究性课题的研究，不能得规定学分。

（2）过程性　学生参与就能获得相应学分，研究性课题的质量高低不影响学生获得学分。

（3）真实性　研究性课题必须是学生自己进行的，不能由家长或教师代替完成，如发现虚假现象，学校将扣除相应学分。

（4）规范性　学分的认定由学生互评、指导教师考核、学校教研室审核组成，并建立公示、抽查或回访制度。

3．重视三个环节

（1）开题阶段，主要评价课题形成的问题意识，课题的可行性、合理性。

（2）学习探索阶段，主要评价信息的采集与处理，针对学习问题开展的实践活动能力、实验操作能力、探索能力、同伴之间的合作精神和小组的整体精神等。

（3）结题阶段，主要评价凝练观点和科学论证的能力、语言的表达和交流的能力、针对问题的反思与总结能力。

4．评定过程

第一，课题展示，学生以班组为单位进行论文展示或答辩，研究报告、模型展示和介绍、主题演讲等。

第二，学生进行组内自评和组间互评。

第三，指导教师考核并组织、引导学生再一次反思自己的研究历程，综合评价学生的研究活动。不论何种研究成果，其格式应包括以下基本内容：课题名称、课题报告执笔人、指导教师、研究成果或报告及指导教师意见等。

第四，学校签章给予学分认定，备案。

第五，如对学分认定持有异议，可提交学校综合实践活动课程领导小组进行复议。

同时不断完善学生研究性学习课题评价：2020年每个班安排2名教师评委从立题、研究、逻辑性、倾听理解、分析质疑提问能力等五个方面进行学生课题评价。2021年引入3个学生评委和2个教师评委组成评审组，同时利用手机在微信公众号上进行评价，评价不仅仅是"等第"，更多是去发现学生课题的亮点，提出相应的建议，评价指标从5个调整到7个，从立题、研究过程评价、研究成果评价、逻辑性评价、独特性（创新性）评价、是否结题、亮点和建议进行更加全面和精准的评价，同时将评价结果反馈给指导教师，引导学生课题组反思总结，实现思维能力螺旋式上升的目的。

第二板块：党团活动、军训、社会考察评价标准（共 2 学分）

第三板块：劳动教育评价标准（共 6 学分）

① 校内外劳动、相关作品制作（4 学分）；

② 志愿服务评价标准（2 学分）。

（六）拓建校外基地

不断拓展和延伸课程，建立了两个校外综合实践活动基地。

1. 红花岗区莲池村动见农场实践活动基地

为拓展丰富综合实践活动课程资源，培养学生创新能力和实践能力，学校建立校外综合实践活动基地，并于每年春天组织非毕业班学生到红花岗区莲池村动见农场进行校外综合实践活动。旨在培养学生通过研究性学习、劳动、社会考察，理解乡村振兴，热爱自然，热爱家乡。校外研究性学习包括整地移栽、农产品加工、农产品经纪人、莲池村小村长四种课程类型，由指导教师根据学生凭兴趣自主选择的课程进行教学和实践。其中：

整地移栽：通过完成起垄、挖穴等大田劳作的劳动规范与要求，让学生理解植物生长知识的同时，体会传统农业培育新生命的艰辛与局限性。

农产品加工：完成泡菜制作，了解食品的粗加工与饮食背后的历史文化，提升学生的生活感知与动手能力。

农产品经纪人：通过学生用手机自行拍摄农产品的销售视频，了解数字媒体技术在农业中的运用，锻炼表达力、挖掘创造力。

莲池村小村长：通过收集信息的任务，完成关于乡村振兴的资料收集，了解乡村振兴的相关政策，掌握基本的走访调查与数据分析的技能。

校外活动中，学生们利用一天时间，通过实地考察、研究性学习、劳动等方式，了解现代农业现状和发展，认识农作物及种植方式，加强"人与自然"的深入感悟，增强学生动脑和动手相结合的能力。触发学生对真实而美好的社会发展的了解与感受，提高学生对"三农"问题的认识，增强热爱生活、热爱家乡、热爱劳动的情怀，使学生学到知识、开阔视野，提高综合素质与社会责任感。

2. 娄山关革命传统教育实践活动基地

每年的 9 月 30 日或者 5 月 4 日前后，学校都要组织学生到有黔北第一险要之称的娄山关，开展"访革命圣地，学长征精神"主题研学活动，践行"读万卷书，行万里路"的教育理念和人文精神；培养学生的爱国主义精神；学习吃苦耐劳、勇往直前的长征精神和前赴后继、不怕牺牲的进取精神，不求索取、一心为民的奉献精神，帮助学生树立正确的世界观、人生观、价值观，传承红色基因，肩负时代赋予的使命。

（七）编撰校刊《启航》

学校目前编印了 2021 年 8 月和 2022 年 10 月两期综合实践活动校刊《启航》，汇编学生们研究性学习结题课题、学校综合实践活动课程重大活动，记录学生们"我与综合实践活动……"的感悟与体会。

二、学生成长

（一）有利培养创新人才

通过综合实践活动课程学习，不断激发学生的学习兴趣，培养全面发展的具有创新精神和实践能力的创新型人才。

我校2020—2022年，学生全员参与综合实践活动课程课题研究，共计结题414个。学生课题内容丰富、形式多样，涵盖了人与自然、人与社会、人与自我、人与文化、劳动教育等。

学生课题研究逐步完善、逐渐深入，由最初的粗糙、单一、浅显到后面的完善、深入、规范，由最初的只是依靠文献研究法查阅资料，到后期的走出学校，深入社区、城镇、农村实地走访调研，到实验的逐步深入，关注变化和发展，到各种小制作、小发明的呈现，再到名著的深度解读等，都从不同程度上聚焦教育本质，提升学生的文化理解、文化认同与文化践行；学会质疑批判、分析论证、综合生成与反思评估；创新人格、创新思维与创新实践相结合；有同理心、深度理解与有效表达；小组内和小组间有愿景认同、责任分担与协商共进，推动21世纪核心素养的教育实践，有效促进学生文化理解与传承、审辨思维、沟通、合作、创新的5C核心素养的提升，逐步实现"培养全面发展的、具有创新精神和实践能力的创新型人才"的目标。

（二）促进学生学习动力

所有非毕业年级学生均参与综合实践活动的课题研究，学生在研究过程中发现了生活与学科知识的联系，获得亲身参与研究探索的体验，形成善于质疑、乐于探究、努力求知的积极态度和情感。培养了自主发现和提出问题，收集、分析和利用信息以及解决问题等多方面的探究能力，表达能力、合作能力、交流能力得到提升，有205人次学生荣获省市区相关科创奖。

（三）提供学生展示平台

每年春季学期组织学生参加研究性学习校级ETS大会，参加大会的主题：创新发明、创意构思、社会调查实践、劳动实践、STEM项目、文本文献研究等，为学生提供展示和交流的平台，使选手们在研究性学习及展示中探索、思考、分享，并获得推荐参加春禾主办的中学生ETS省级和全国大会的机会。同时，每年秋季学期组织学生参加学校的科创比赛，促进学生综合素质的提升。

学生课题案例：

（1）宋杰老师指导的人与文化类课题"红色文化对促进乡村振兴的调查研究"，采用文献研究法、问卷调查法、实地访谈法等研究方法，结合政治学科，学习国家出台的关于乡村振兴的文件，发掘遵义的红色文化，以"苟坝村"和"花茂村"为例，挖掘出红色试点赤水市元厚镇"桂园林村"，探究助力遵义乡村振兴之路，培养政治学科"政治认同、公共参与"和历史学科"史料实证、家国情怀"等核心素养；融入地理学科地理位置知识、设计实地考察路线图等，培养地理学科"人地协调观、区域认知、地理实践力"等核心素养；该小组学生查阅资料，设计问卷，培养信息技术学科"信息意识"的核心素养；拟写采访稿，规划路线，于 2022 年 6 月 5 日采访长征颂工作人员马步强（37 岁），走访苟坝陈列馆管理员潘本珊（38 岁），采访苟坝村外来游客周成孝（54 岁）和花茂村一位不愿意透露姓名的游客，走访花茂村村民潘祖希（60 岁），采访花茂古法造纸技师况婷婷等，除乡镇政府干部因放假未完成访谈外，访谈人员身份类别多样，获得的一手资料真实，也让学生在文献查阅学习和实地访谈与人交流中培养语文学科"语言建构与运用，文化传承与理解，思维发展与提升"的核心素养。返校后该组同学在宋老师指导下组织本班学生进行"伞画的设计与制作"，进一步培养了语文学科"审美鉴赏与创造"和美术学科"图像识读、文化理解、创意实践"的核心素养。

（2）李娅丹老师指导的人与自然类课题"食指间的小发明"中，指导学生提出问题，将"创意"进行"创新"和"创造"，有的小组做成人工智能"机械狗""机械鱼"，有的做成"泡泡机"，有的做成"盐水车"。采用观察法、实验法、行动研究等方法，融入生物学科动物的运动知识，培养生物学科"生命观念、科学探究"的核心素养，运用了物理的机械、动能、电能的转化知识，培养了学生物理学科"物理观念、科学思维"等核心素养；化学学科"证据推理与模型认知、科学探究与创新意识"等核心素养，通过数学的比例知识运用，进行数据分析等，培养数学学科"数学建模、数学运算、数据分析"等核心素养，同时还整合运用语文学科的表达与交流以及美术设计、信息技术计算思维等，潜移默化中提升了素养和能力。

三、教师成长

在不断的教学实践与研究中，促进了教师专业成长，培养了一批骨干教师。

（1）通过对学生的指导，转变教育观念和教学方式，从单纯的知识传授者变为学生学习的促进者、组织者和指导者。

帮助教师拓展学科知识，改善知识结构，树立终身学习的观念和"让研究成为一种习惯"的理念，培养和提高了教育科研能力，共有 93 人次教师荣获省市区相关科创奖。

（2）提供教师学习机会。组织研究性学习，定期组织综合实践活动教师论坛。通过持续的学习、交流、反思、分享、总结，进一步提高教研组成员及任课教师研究性学习教学及科研的能力。共组织教研组集中培训 20 次，并于 2021 年 1 月和 7 月，2022 年 2 月和 8 月，2023 年 2 月组织了五届综合实践活动指导教师论坛，交流教学过程，分享教学经验。

（3）以课程建设为基础，以课题研究为引领，以"课题—课程—课堂"共建为着力点，打造学校特色发展的"永动机"。

自 2019 年 4 月组建综合实践活动教研组以来，为推动课程建设，教学副校长宋杰身先士卒，率先进行课堂实践，同时于 2019 年 6 月申报立项区级课题、2019 年 9 月申报并立项市级课题、2020 年 7 月申报立项省级课题，带领教师们研究综合实践活动课程、课堂、学生发展。研究的内容、思路和范围逐渐扩大，层层深入。目前区级课题《新课改背景下研究性学习课程开发与应用研究》已于 2022 年 3 月结题，证书编号 2022JT005，市级课题《新课改背景下综合实践活动课程开发与应用研究》于 2021 年 12 月结题，证书编号 2021JT148。2023 年 3 月宋杰老师主持的省级课题《基于学科资源整合下普通高中"综合实践活动课程"实践研究》也顺利结题，共带领 24 人次参与实践与研究，一批综合实践活动骨干教师应运而生，他们又辐射带动同办公室、同教研组教师共同成长，一起奔跑，将研究性学习的方式带进学科教学课堂，去运用、去研究、去实践、去引领。目前学校课堂教学方式在悄悄发生着变化，教师参与课题研究的热情和人数在不断攀升，一定程度上鼓励和带动更多教师的专业成长。

四、成果影响

（一）教学改革雏形初现，研究性学习走入学科，促进了学科课堂教学方式的变革

学校综合实践活动任课教师均由其他学科教师兼任，教师们有意识地将研究性学习的方法渗透到学科教学中，运用自主、合作、探究的研究性学习方式，在学科课堂教学中植入三个要素：问题、合作、探究，培养学生三个能力：思维能力、学习能力、创新能力，调动学生学习的积极性和主动性，取得一定的效果。

2021 年 3 月课题组龚小霞老师主讲的区级地理公开课"城市化"，采用研究性学习的方式组织教学，获得贵州省教科院地理教研员宋强好评，认为这是一次新课改教学的积极尝试。

2021 年 3 月课题组潘忠燕老师主讲的省级名师工作室公开课《压力的作用效果》采用研究性学习方式引导小组进行实验探究及分享，获得好评。

2021 年 4 月学校何钰琳老师执教的区级公开课《骆驼祥子》名著阅读课，同样采取研究性学习方式引导分享与展示，获得好评。

2022 年 5 月课题组段文素老师执教的市级竞赛课"媒介手段多样化，语言文字活运用"，采用情境创设、问题导向、小组合作探究学习的方式教学，获得市级二等奖。

（二）促进学校内涵发展，为建设家门口的好学校搭建平台

（1）2021 年 7 月 9 日遵义市电视台"直播遵义"节目报道《家门口的好学校》。

综合实践活动课程为学生插上了想象和创新的翅膀，提供了交流、合作、展示的平台，让学生在活动中学习、在体验中成长，变得更加自信、阳光、开朗，思维能力、创新创造能力得到发展。2021 年 7 月 9 日"直播遵义"报道《家门口的好学校》，把视角放到了遵义十七中的综合实践活动特色课程上，报道了高二"人与文化（1）班"走街串巷小组的《探究遵义三街六巷的演变及现状》课题，同时采访了贵州省第 36 届青少年科技创新大赛一等奖、第 16 届宋庆龄少年儿童发明奖铜奖获奖作品《翻转式午休课桌》的创作者——高二人与自然之工程技术班级的郑婷婷和王丹丹同学，请他们讲述作品发明的经过和自己成长的故事。

（2）"遵义红城教育"公众号 2021 年 4 月 26 日报道《构建课程体系，促进全面成长——遵义市第十七中学"五自三创"综合实践活动课程初见成效》。

（3）"遵义红城教育"公众号 2022 年 4 月 6 日报道《行而不辍，履践致远——遵义市第十七中学 2022 年春季学期综合实践活动课程开题汇报活动》。

（三）促进学校特色发展，辐射带动周边学校综合实践活动课程建设

（1）通过课题研究和项目建设，除学校管理能力、管理水平得到系统提升外，还辐

射带动周边学校，2020 年 12 月 4 日绥阳郑场中学和学校开展联合教研。

（2）2021 年 3 月 19 日，学校成功举办 2021·春禾研究性学习专题研讨会，12 个项目学校齐聚围绕"学科融合+选题走班"展开研讨。各个学校与会教师随机走班听课，观摩非毕业班的综合实践活动课程开题答辩汇报课，与会教师对学生的课题和表现给予了高度好评。宋杰做了题为"选课走班促研究，抛砖引玉注活水——遵义市第十七中学研究性学习实施情况"的分享，会后绥阳儒溪中学、绥阳郑场中学和学校签订"综合实践活动帮扶协议"。

（3）2021 年 7 月 31 日，宋杰老师受上海春禾青少年发展中心邀请，担任在都匀一中举办的 2021 年第六届中学生 ETS 大会省级赛评委，并在来自省内外 38 所学校师生参加的开幕式上做题为"构建课程体系，实践促进发展——遵义市第十七中学综合实践活动课程建设情况"主题演讲，推广"学科融合+选课走班"的教学模式。

（4）2022 年 8 月 8 日，李娅丹老师和何钰琳老师受春禾邀请，担任在关岭布依苗族自治县民族高中举办的 2022 年第十三期春禾研究性学习教学研讨会助教。在 2022 年第七届中学生 ETS 大会（全国）闭幕式上，何钰琳老师为来自省内外 28 所学校的师生做题为"行而不辍，履践致远——遵义市第十七中学教师成长历程"的分享，讲述如何从一名刚入职的年轻教师通过综合实践活动课程教学实践获得成长的故事，同时获得教师培训类的"优秀教学奖"，促进了学校综合实践活动课程开发和成果的运用。

五、课程实践总结与反思

（1）学校课程体系框架虽然已经搭建，但内涵发展还需提升，学生高阶思维能力、创新与实践能力等还需探索培养路径。

（2）课题研究重在实践运用，理论水平和能力有限，课题理论支撑不够，还需进一步提炼。

（3）教师的能力存在局限性，限制了对学生的引导，或指导乏力。

（4）选课走班后学生与教师的磨合、学生与学生的磨合，特别是学生的管理与行政班相比有一定难度。

（5）部分学生依赖性强，存在畏难情绪，综合实践活动课程需要的独立思维、创新与实践能力、合作能力等还需加强培养。

基于上述困难与问题分析，学校综合实践活动课程及教学将会在这些方面着力改进。

（1）继续加强教师培训，培训内容要更加专业、细化和精准。

（2）继续探索学生高阶思维能力、创新与实践能力提升的培养路径、方法和策略。

（3）进一步加强综合实践活动研究性学习与学科教学的融合，促进课堂改革和教学方式的变革。

（4）深入贯彻国家教育方针，在综合实践活动课程中加强劳动教育，促进学生德、智、体、美、劳全面发展，实现学校培养全面发展，有责任心与使命感、创新精神与实践能力的创新型人才的特色办学目标。

（说明：上述资料均由遵义市第十七中学提供。）

第五章

课程师资的培训与培养

第一节 研究性学习课程教师培训

一、培训需求与现状

从大多数春禾项目学校的情况来看，研究性学习课程师资非常缺乏，虽然是国家必修课程，但因为中、高考不考，在应试教育的大环境下，课程长期被边缘化，现有传统学科教师不会上这门课，师范类院校也不培养这个专业方向的新生师资力量，而研究性学习课程有效落地必须有具备这门课程教育教学理念和教学方法的专业教师。因此，研究性学习课程教师的专业培训就显得尤为迫切。

从我们与上百所项目学校教师的交流座谈中了解到，学校和教育主管部门专门针对研究性学习课程的师资培训一是不多，二是不能有效回应教师需求。在西北师范大学胡红杏的实证研究中也印证了这一点：就培训内容来说，缺乏与课程实施过程的有机结合，缺乏针对性和操作性。培训者过度关注培训内容的前沿性、理论性及深度，却导致培训内容远离了教师的需求及课程实践，甚至远离了他们的知识经验背景。就培训形式来说，体现和发挥教师的主体性不够。培训双方的社会交往和互助活动缺乏，没有通过多样化的培训形式，赋予教师更多主动选择、参与、实践、体验和创新的权利[44]。

为改变这一现状，有效回应这门课程教师的教学实践和专业成长需求，春禾借鉴专业培训领域先进经验，如团队教练技术、教练型教师、团队引导技术、沉浸式工作坊等与研究性学习课程启发式、引导式教学方法高度契合的培训理念和方式方法，通过实践不断迭代研学师资培训服务项目、完善师资培训体系。在建构培训体系的过程中，来自上海市七宝中学、华东师范大学第二附属中学、贵阳市第三实验中学、安顺市第一高级

---

[44] 胡红杏. 研究性学习课程实施研究[M]. 北京：中国社会科学出版社，2017：232.

中学等学校的春禾志愿者讲师参与其中。这些教师在参与的过程中，同时作为培训课程开发人员和实践人员，为春禾的培训体系输入了其所在学校长达一二十年的课程实践经验和他们自己丰富的教学经验与智慧。

本节对春禾研究性学习课程师资培训的内容和方式方法进行介绍，希望能对学校教学教研人员和区域课程教研人员提供参考。

二、培训内容

针对研究性学习课程教师开展的培训，内容主要围绕这门课程的课程通识、课程理念、教学流程、教学设计、教学方法和技能展开。

理念培训是帮助教师内隐的认知、观念和态度发生转变，能力和方法培训是帮助教师外显的行为发生转变，内、外转变可以相互促进，缺一不可，只有内、外同时发生改变时，教育教学行为才会神形兼具。

（一）课程通识

有关研究性学习这门课程应知应会的通识包括：什么是研究性学习、这门课程的课程性质和课程培养目标是什么、课程内容如何选择和设计、课程特点有哪些、学生学习如何组织、一般教学进程、如何做课程评价、学校研究性学习课程实施案例、学生课题研究案例等等，这部分内容主要是对教育部发布的相关文件的解读和具体化。

（二）课程理念

这里的课程理念是指研究性学习课程授课教师对这门课程的观念和态度，也就是如何认知研究性学习的课程价值和目标，还有对这门课程的课程内容该如何选择、应该采用什么样的教学方式、教师应该在这门课程中扮演什么样的角色、该如何评价学生对这门课程的学习成效等课程相关内容的看法态度和价值取舍。

理念的转变是最重要的，内在的理念不变，即使有能力、有方法，外在的教学行为也往往是形似神不似。理念的转变也是最难的，对于教师们来说，自己做学生时接受的是教师讲授、学生做题训练的传统学科教学方法，自己做教师后要在规定的时间内完成既定的教学任务，还要接受以学生考试成绩为评价依据的考核，大多数教师已经形成了固有的教学理念，要改变深层次的观念和态度并非易事。

研究性学习课程教学没有教材，没有固定需要教会学生的知识点，学生所获得的知识与技能是在课题研究的过程中自我形成的。在研究性学习的教学过程中，教师是促进者、组织者和指导者，不是传道授业的权威，而是陪伴鼓励的学习伙伴，研究性学习的过程是教师与学生一起合作探究的过程，在这个过程中启迪学生思维比教给学生知识更重要，学生之间的相互分享、交流、提问、辩难是研究性学习的最佳教学模式。研究课题应该是学生根据自己的兴趣来选择，教师要尊重并接纳每一个孩子的兴趣和不同。我们把研究性学习课程的这些教育教学理念融合在教学场景中，提炼总结成春禾研学"金科玉律"（见本书附录2），通过不同的方式渗透在各类培训项目中，以期引发教师内在的理念的转变。

（三）教学流程与教学设计

研究性学习课程没有教材，教学内容也是随着教学活动的开展而生成的，需要授课教师依据这门课程基本的教学流程进行教学设计和教学活动的安排。

我们总结多年的项目推广经验，把研究性学习课程教学的基本流程细分为九个课段（见本书第三章），每个课段有相对独立的教学目标与任务、教师活动和学生活动。对于初中和小学来说，因为小课题研究相对比较简单，可对九个课段进行简化，在一个学期完成从情境创设、提出问题到从问题到课题、结题答辩、课题交流与展示的全流程；对于高中来说，完成一个课题研究需要一整个学年，那么就需要把这九个课段的教学分解在一个学年里完成。这种程序性知识是解决研究性学习课程教学"怎么做"的问题，是有序开展教学的基本路径，授课教师通过培训中的模拟练习和真实课堂上的亲身实践才能习得。

在掌握了教学基本流程后，教师需要根据学校软、硬件资源和学生情况，对自己班级的研究性学习课程教学选择合适的素材和资源，既能考虑班级学生共性又能兼顾学生个体差异性，激发学生产生探究兴趣；设计能有效达成各个课段教学目标的课堂活动和任务，启发和引导学生积极参与课堂交流、讨论与分享；对课堂教学效果进行总结与反思，并适时调整教学设计，逐步提升研究性学习课堂教学水平。

研究性学习课程教学有两类场景，一类是面向全班学生的课堂集体教学，另一类是面向学生课题小组的课外课题指导，教学流程的分解与实施、适切性的教学设计主要体现在课堂集体教学场景中。针对教学流程各个环节，春禾研发的师资培训模块与内容详见表 5-1。

表 5-1　春禾研究性学习课程师资培训模块与内容详解

课程模块名称	培训内容
通识培训	有关综合实践活动/研究性学习课程的设立背景、在国家课程体系中的地位，以及课程的基本理论、目标、原则等
研学理念与认知	讲授研究性学习课程所需要具备的基本理念与认知；研究性学习与学校、教师和学生的成长关系（案例教学）
选题	（1）讲授课题研究的一般流程； （2）讲授选题的一般原则与指导建议； （3）实操： ①从引导学员的兴趣爱好入手，提出各自感兴趣的问题，逐步梳理进化形成课题； ②通过案例引导练习，重点体验如何引导学生"提出问题""从问题到课题"
研究方案设计	（1）讲授基本的研究方法与研究设计原则； （2）实操： ①根据选题内容，设计研究方案、选择研究方法、制订具体的研究计划； ②在小组合作完成方案设计的过程中，通过组内讨论、组间分享与交流，练习"启发式提问"这一研学核心教学能力
数据采集与分析（初级）	（1）讲授问卷调查法、访谈法、实地观察法、实验法等常见研究方法的基本知识； （2）讲授数据分析的基本方法； （3）实操： ①根据研究方案的设计与选择的研究方法，制订数据采集的方案和计划，确定数据分析的思路、步骤和方法（或数据分析模型）； ②模拟数据采集，并按照数据分析模型进行初步的数据分析与解读
研究报告或论文编写	（1）讲授研究报告/论文编写的基本原则与要素； （2）实操：编写一份研究报告，或编写一份论文提纲与要素
开题/结题答辩	（1）讲授 PPT 制作与课题分享的基本原则与重点要素； （2）实操：做一个开题/结题汇报 PPT 并进行展示分享，模拟开题/结题答辩

课程模块名称	培训内容
总结与反思	（1）讲授课题总结与反思的基本原则与要素； （2）实操：做一个课题的总结与反思并分享
研究方法	（1）专题讲解几种不同的研究方法、特点、适用的场合情况； （2）实操：针对不同的研究课题尝试选择并陈述理由
数据采集与分析（高级）	（1）高级数据采集与分析的培训，针对比较专业级的调研需求； （2）实操：进行现场的案例学习与训练
思维方法	（1）逻辑思维、抽象归纳与演绎推理的基本要素； （2）实操：进行现场的案例学习与训练
科学与工程	（1）科学探索与工程设计的区别与结合（STEAM，即科学、技术、工程、艺术、数学教育）； （2）研学与STEAM、PBL（基于问题/项目的学习）、创客等的区别与结合
引导与鼓励	（1）从心理、情感、情绪角度剖析师生的行为，帮助教师能主导师生的情感走向积极与平和； （2）实操：进行现场的案例学习与训练
评价模型	（1）讲授对于课题研究的评价原则与模型； （2）实操：进行现场的案例学习、研讨、思考
课题的后期应用	（1）讲授一些课题的后期应用场景，包括申请专利、尝试实践、向有关机构寄送研究报告等； （2）实操：进行现场的案例学习与训练
资源开发与教案编写	（1）讲授研究资源的开发原则与利用； （2）讲授课题案例的筛选与教案的编制； （3）实操：进行现场的案例学习与训练
示范课教学案例	（1）讲师上示范课； （2）实操：课后进行评课研讨交流
学生课题案例分享	（1）由学生进行完整课题的展示分享； （2）实操：针对学生的分享进行研讨交流
研学与学科融合	（1）讲授研究性学习的教学方法应用到学科教学中； （2）实操：现场进行案例研讨

（四）教学方法

研究性学习课程的教学方法，要体现这门课程特定的教育教学理念，要指向实现这门课程的课程目标，要考虑研究性学习内容开放性与生成性的特征，并受目前主要以班级教学为主要组织形式的制约。我们对研学的教学方法进行提炼总结，形成师生外显行为的如下规范和指引：

（1）研究性学习课堂教学以学生为中心，大部分时间是学生在讨论、交流和发言，教师不对课程相关内容和关联知识点做过多讲解，只起到启发思考、引导交流和组织活动的辅助作用。

（2）教师对学生采取启发和引导的方式，循序渐进，对学生的分享、相互之间的提问与回答不做裁决、不进行有明确导向性的评判，通过鼓励和赞赏能够有效调动学生参与的积极性。

（3）教师要引导、归纳与呈现学生的思维过程，并通过板书或思维导图等方式让这个思维过程可视化，以此慢慢强化学生逻辑性思考的意识和能力。

（4）学生之间有团队合作，比如小组之间有讨论或通过组内分工协作完成某个任务，而不是仅有一两位同学在参与。

（5）大部分学生能够参与课堂讨论，参与是指学生与学生之间、学生与教师之间相互提问与回答，仅在小组内针对某一任务进行讨论，并不能说明学生的参与度高、参与面广。

（6）学生能围绕课堂内容和活动目标发表意见，有自己的思考和见解。

上述是对研究性学习课堂上教师和学生的行为白描，由此可知这门课程的教学方法不是讲授式、灌输式的，而是启发式、引导式、讨论式的，教师要改变传统学科"满堂灌"的方法，把时间留给课堂的主体——学生。

三、培训的方式方法

针对研究性学习课程教师的培训，在培训方案的设计上要能承载和传递这门课程的教育教学理念，在培训方式方法的选择上要能体现这门课程实践性、启发式、引导式教学方法的特征，通过研究性学习的方式开展。我们为研究性学习课程授课教师提供的培训服务项目，因参训教师的教学经验和能力而分为初阶基础培训和进阶专题培训两大类。

初阶基础培训面向刚接触研究性学习课程的教师，目的在于帮助这些教师具备独立完成这门课程教学的能力。在培训中，受训教师转化为学生角色，通过小组合作的方式，由讲师和助教带领实操课题研究的全流程；在合作体验课题研究的过程中，通过小组之间的交叉提问，练习启发式提问的能力。

进阶专题培训面向有一定研究性学习课程教学经验、已经能够独立完成教学任务的教师，目的在于帮助这些教师提升研究性学习课程专业能力。进阶培训一般围绕某个研究性学习教学教研主题深度展开，例如如何开展研学课堂的听评课、如何点评学生课题研究报告（见本书附录3）、如何提升"从问题到课题"的引导能力和课题研究方法等。培训的方式方法，可遵循研究性学习的思路和方法设计实施进阶培训活动，在培训前构建问题情境，提出培训需要解决的教学教研问题，参训教师合作实践探究，展示探究成果，集体交流讨论，通过相互点评提升，迁移应用到日常教学；也可通过聚焦某个或某几个课段集体备课、说课，进入真实课堂给学生上研学课，课后集体教研和教学反思，提升受训教师的课堂实战能力。

无论是初阶基础培训，还是进阶专题培训，都建议实行小班化教学，每次参与的教师不宜多，一般限定在二十位左右，培训过程中尽量关注到每一位教师，确保培训的参与度。培训一般都是按照先体验再交流研讨的模式进行，在参训教师们有了感性认知后，再通过讲师启发引导，所有参训教师共创的方式提炼生成可应用于教学的工具、知识和理念。这种方式方法有别于报告式的专家讲座，形式上基本呈现了研究性学习的课堂教学样态，教师们在这样的培训中亲身体验过、感知到的教学方法更容易迁移至自己的课堂教学。

另外，"培训"后一定要"演练"，与"学"后一定要"习"是一样的道理，培训后教师们需要在教学实践中总结和反思教学设计的实施效果，把理念、知识和方法内化为自己的教学行为习惯，不断提升自己的专业能力和素养。课程实践中的教学教研活动，既是教师专业成长的必经之路，也是学校培养培训师资的必需组成部分，具体做法将在下一节中详细展开。

第二节　研究性学习课程教学教研活动

当研究性学习课程在学校全面开展后，如何提升教师的授课能力和教学水平是学校研究性学习课程教研组和每位参与教学的教师需要思考并回答的问题。课堂是直接反映教师教学设计水平与教学实施能力的场所，通过听评课活动，进行教学观察与评测，进而通过反思指导改进教学，是教师专业成长的有效路径。听评课也是学校和区域教研部门对教学教研的常规要求和常见安排。我们建议以教师之间交叉听评课为载体和抓手，课前说课磨课、课后主题交流研讨，并由此带动把校内研究性学习课程的常态化教学教研落到实处。

如果围绕听评课而展开的教学教研活动能落到实处，教学团队就可以相互"摘果子"——从其他教师的课中学习借鉴好的方法和经验，彼此"照镜子"——发现各自教学中的不足和可改进点，使每一位教师在团队中相互扶持，各自提升教学水平和授课能力，从而实现在专业领域的成长和成熟。要达成这个目的，需要从建构与应用课堂观察与反馈标准、建构与推动教学教研共同体两方面着手。

一、研究性学习课堂观察与反馈标准的建构与应用

研究性学习和传统学科听评课活动有什么不同？什么样的课堂教学才是好的研学课堂教学？观察与诊断一节研学课如何可操作化？这些问题在我们跟很多研学授课教师交流的过程中被反复提及，造成这个困扰的一个原因就是研究性学习课堂教学诊断标准的缺失。

为了解决这个问题，我们通过开展专项调研、入校听评课、"研学好课堂"等活动，从研究性学习课堂的教学目标、教学过程、方法与手段和教学效果等指标着手，制订了"春禾研究性学习课堂教学观察与反馈表"，为项目学校教师的听评课活动和课堂教学效果诊断提供一个参考工具。

（一）建构研究性学习课堂教学观察与反馈指标的原则

研究性学习较之传统学科课堂的区别在于，课堂的主人不再是教师而是学生，教学的过程主要关注对学生思维方式的培养和思维能力的训练，在这个过程中教师不再占主导地位，因为学生感兴趣的领域可能已经不是教师熟悉的专业，很大程度上和学生一样"无知"，在课堂上也和学生一样需经历发现问题、论证与解决问题的过程，在这个过程中教师更多的作用是在学生遇到困难时有针对性地提问和引导，启发学生深入思考，推动学生通过相互合作持续探究。

因此，在建构研学课堂教学观察与反馈指标的过程中，需遵循以下原则：

（1）从课程的"主体"——学生的角度出发，整体反馈应该主要关注学生在课堂上的参与度和学习体验，并且落点到具体行为表现上，比如课堂教学过程主要是学生在讨论、交流和发言，教师只起到引导的辅助作用；学生有团队合作，比如小组讨论、小组

分工完成某个任务；有学生展示环节等。

（2）考虑到反馈指标的可操作性，需对观测指标进行操作化定义或描述说明，比如"老师在与学生交流互动过程中是否运用'启发式提问'的方法"，不同人对"什么是启发式提问"存在认知上的偏差，从指导实操的角度出发，需对此进行说明：启发式提问——至少有一次针对某一个问题、某一个点有三轮及以上的连续追问与应答的场景，通过提问逐步引导学生深度思考。

（3）需符合研究性学习这门课程现阶段在中西部大多数学校没有有效开展的实际情况，评价指标及观测方法的设计，以助推这门课程的普及为主要目标之一。这里的"普及"是指初阶研学教师在用这套评价标准作为教学指引时，看得懂、易上手、学得会。

教师们应用"春禾研究性学习课堂教学观察与反馈表"开展观课活动，可以在使用的过程中不断完善修正，诊断的目的不是给教师贴标签、分层级，主要目的在于为研学教师改进课堂教学行为提供清晰明确的指引，通过观察与反馈帮助授课教师发现问题，反思教学设计，让教师也能像学生一样在开放、包容、审辨的研学课程环境中不断提升教学自信，进而不断改变教育理念、提升教学能力和方法。

正如北京师范大学冯晓霞教授所说，在这样的反思教学中，教师的角色发生了两个变化：由单纯的教育工作者变为研究型教师，由"传道、授业、解惑者"变为"学习型（或发展型）"教师，在自己身上实现了教学与研究、工作与学习的一体化。因此，从教师成长的角度看，反思教学可以说是教师的一个自我学习、自我提高的过程，学习的方式是探究式、发现式学习；学习的主体是自己，对象是自己的教育实践；学习过程中的关键环节是"反思"和"探究"。实践（行动）—反馈—调整—再实践（行动）。在这样一个循环往复的过程中，自身的专业素养和整体水平不断得到提高[45]。

（二）研究性学习课堂观察与反馈标准的构建过程

2021 年 9 月，我们通过对来自上海市七宝中学、贵阳市第三实验中学、安顺市第一高级中学等十几位资深研学授课教师开展"关于研究性学习/综合实践活动课堂教学评估指标的问卷调查"，并结合深度访谈，收集了关于"研学课程教师应该具备哪些特征或能力""从哪些方面去评价一节研学课的品质""分别针对每个课段，会从哪几个方面来评价教师课堂教学"等内容的看法和具体建议。10 月，华东师范大学课程与教学研究所吴刚平教授的三位博士生徐晨盈、王厚红和侍禹廷对访谈和问卷调查结果进行了系统化整理，初步梳理出研学课堂教学的评价维度和评价指标。

在此基础上，我们多次组织内部专题讨论，对这些指标进行了提炼和重构，最终确定了第一版指标体系。这一版指标体系由两部分组成：一部分涉及所有课段课堂教学的基础类观测指标，包括"教学过程""教学方法和手段""教学效果"三个评价维度的十个共性指标；另一部分是分别针对"情境创设，提出问题""从问题到课题""方案设计"等九个研学课段教学的个性观测指标，这些是因课段的教学目标不同而差异化的个性化观察和评价指标项。各部分观察指标、指标要求、观测要点及点评指引详见表 5-2。

[45] 冯晓霞. 教师专业成长的必要途径[EB/OL]. 搜狐网, 2021-01-02[2024-1-10].https://www.sohu.com/a/442078740_
679268.

授课学校：
授课教师：

表5-2 春禾研究性学习课堂教学观察与反馈表

授课年级：
课段名称：

指标性质	观察指标	指标要求	观测要点	点评指引	符合（√）
基础类观察指标（备注：覆盖研学课程每个教学阶段的共性指标）	教学过程和内容	教学以学生为中心，课堂主要以学生的分享与交流、质疑问答、合作探究为主。倡导小组合作讨论、促进组内交流与组内合作讨论。确保教学过程与组内合作有序展开、循序渐进	（1）课堂上学生分享、讨论或辩论的总时长（达标项）	达到60%的课堂时间为符合	
			（2）每堂课的研讨内容是否是上一节课布置的课后任务（不包括研学第一课）（达标项） 说明：课上安排时间给学生小组讨论、合作完成某项任务，合作完成该任务应该作为课后作业在课外完成。	如果是，则为符合	
			（3）当一个小组（代表）上台分享后，是否设置其他小组同学提问交流环节（达标项） 说明：没有提问或不积极，老师能及时采取有效启发和引导的方式方法，促成连续问答的深度探讨与辨析，促进深度思考与论证	如果是，则为符合	
	教学方法和手段	老师在课堂上扮演的角色不是传道、授业、解惑的权威，而是启发、鼓励、支持的伙伴，通过启发、引导式提问与点评，从而引导学生在更广的领域、更多的可能性下自己做出有意义的选择与探究	（1）老师在与学生交流互动过程中是否运用"启发式提问"的方法（达标项） 说明：启发式提问——在学生与学生之间或老师与学生之间某一个问题，某个场景有3轮及以上的连续追问与应答，至少有一次针对某一个问题，通过提问逐步引导学生深度思考。如果该场景发生在学生与学生之间，老师能及时给予鼓励，并梳理出学生的思维脉络或逻辑关系	如果是，则为符合	
			（2）老师在做点评的时候是否运用"启发与引导式点评"的方法（达标项） 说明：①启发与引导式点评——对学生的分享进行点评时，不直接告知答案，多以带有启发的假设性问题（例如：如果……那么会产生什么？，那么会怎么样？），引导学生对于之前的假设或成果或下一步的探究产生更多可能性，或更深层次或更多元的角度对自己的判断选择下一步探究的方向与路径。②不一定针对所有课题小组的点评都符合，只要老师在点评时有此行为即可	如果是，则为符合	

指标性质	观察指标	指标要求	观测要点	点评指引	符合（√）
基础类观察指标（备注：覆盖研学课程每个教学阶段的共性指标）	教学方法和手段	老师在课堂上扮演的角色不是传道、授业、解惑的权威，而是陪伴、鼓励、支持的伙伴，通过启发、引导式提问与点评引发学生多元目深入的思考，从而引导学生在更广的领域、更多的可能性下做出有意义的选择与探究	（3）是否尊重每一位学生的发言与思考（加分项）说明：对学生的分享与互动负责评价，对学生相互之间的问与答不做对与错的裁决	如果是，则为符合	
			（4）是否存在过多讲授知识点的现象（减分项）说明：老师不对学生课题相关内容和知识点做过多讲解和教授（例如：连续讲解超过1/4课时）	如果是，则不符合	
			（5）老师对于每位学生分享与交流过程中所体现的思维过程是否能及时引导梳理，并时时在黑板纸或白板纸上呈现好地设计（加分项）说明：老师如何复现学生思维过程，既能够让当事人加深记忆，也能够给其他学生做例子，需要老师很好地呈现	如果是，则为符合	
	教学效果	学生在课题研究过程中能进行有效地小组合作	（1）小组成员作为一个团队，参与分享和交流，代表小组分享（加分项）备注：例如课堂分享的不仅仅是小组中的一位同学，本次代表小组分享有更换	有2个及以上小组提出问题或组内点评，为符合	
			（2）当一个小组分享完，其他小组讨论后，有学生代表小组而非个人提出问题（加分项）	参与课堂讨论的学生≥20%为符合	
		学生的课堂参与度较高，参与面较广	有部分学生能够参与课堂讨论 备注：参与讨论是指学生与学生之间，学生与老师之间相互提问与回答，仅在小组内针对某一任务进行讨论，不属于此类情况	有≥50%的学生能够基于情境开放地提出问题，为符合	
阶段类观察指标（备注：分解到各个阶段教学的个性化指标）	"情境创设、提出问题"教学能力	情境素材的选取能激发学生多角度提出自己感兴趣的问题	（1）学生能够开放地、多角度地提出问题（达标项）	如果是，则为符合	
			（2）情境创设素材贴近学生日常生活和学习（达标项）		
			（3）老师有鼓励和引导学生多角度提问/追问或深度追问的行为（加分项）备注：这些是好问题，而是要让学生知道好在哪里，老师应该能看着这样的问题引导学生没有深的思考；当学生没有能力进行追问/追问或深度追问时，老师要进行适当的示范	如果是，则为符合	

指标性质	观察指标	指标要求	观测要点	点评指引	符合（√）
	"从问题到课题"教学能力	能启发、引导学生从问题出发，通过组内讨论、组间交流，逐步澄清，聚焦到可继续探究的课题	（1）小组展示围绕下述 3 个问题展开：①为什么提这个问题；②要解决什么问题；③预设的结论是什么（达标项）	如果是，则为符合	
			（2）课堂讨论、能帮助彼此澄清、聚焦上述 3 个问题（加分项）	如果是，则为符合	
			（3）老师有推动确立课题的行为（加分项）说明：从问题到课题是课程中比较有难度的课段，要求老师有一定的知识面和对什么是课题的理解，当学生之间对提问不能有效达成"确立课题"的教学目标时，老师应该及时干预，提出一两个问题，一方面引导学生往正确立题的方向思考，另一方面作为提问案例，启发学生该如何提出有效问题	如果是，则为符合	
阶段类观察指标 （备注：分解到各个课段教学的个性化指标）	"方案设计"教学能力	学生熟悉课题研究方法和手段的程度	（1）小组展示围绕研究设计展开：说明研究的假设、研究的对象、研究内容（自变量、因变量、研究方法和手段、研究过程、调查问卷设计等细节（达标项）	如果是，则为符合	
			（2）课堂讨论也是围绕研究设计的可行性进行，学生之间能够相互争辩，展现审辩性思维（加分项）	如果是，则为符合	
			（3）老师能够针对"方案设计"相关内容给出非结论性的建议（加分项）说明：研究方案包含的内容比较多，如果完全靠学生自己的摸索可能会影响课题的进度和结题的质量，老师在学生展示过程中提出建议可以起到解惑加速学生的成长	如果是，则为符合	
	"数据的采集与分析"教学能力	引导学生数据采集与分析的科学严谨性	（1）小组分享已采集数据，论证数据的完整性（是否符合前期研究设计）、真实性（数据是否随意编造或伪造）和有效性（异常数据的处理等）（达标项）	如果是，则为符合	
			（2）课堂讨论也围绕数据分析技术上的建议、真实性和有效性展开（加分项）	如果是，则为符合	
			（3）老师能够给出数据结论的建议，例如数据图形式的选择、数据与结论的逻辑关系等（加分项）备注：研学课的很重要作用就是学生逻辑关系上的培养，老师要注意引导学生逻辑自身自洽	如果是，则为符合	

指标性质	观察指标	指标要求	观测要点	点评指引	符合（√）
阶段类观察指标 （备注：分解到各个课段教学的个性化指标）	"结论分析与提炼"教学能力	学生逻辑分析能力	（1）小组分享研究结论和推导的过程，包括数据依据等（达标项）	如果是，则为符合	
			（2）课堂讨论围绕着结论和推导过程展开（加分项）	如果是，则为符合	
			（3）老师有帮助学生梳理逻辑关系的行为（加分项）	如果是，则为符合	
			备注：研学课的很重要作用就是学生逻辑的培养，老师要注意自身逻辑自洽		
	"编写结题报告"教学能力	学生结题报告的内容完整性	（1）学生能够清楚说明报告内容（达标项）	如果是，则为符合	
			（2）通过课堂讨论，学生清楚修改方向（加分项）	如果是，则为符合	
			（3）老师能够给出论文内容和技术上的建议（加分项）	如果是，则为符合	
			备注：这个阶段的老师在如何写论文上应该有了很丰富的经验，经验的体现就在对学生的建议上		
	"总结与反思"教学能力	学生在课题之外的收获总结	小组分享课题的不足、未来展望，具备总结解决问题的意识和能力，并扩展到其他学科的学习中，如果有余力也可以设计课题的创业计划（加分项）	如果是，则为符合	

课堂观察反馈与建议：

（说明：针对没有打"√"的、不符合的观察点：①记录课堂上观察到的实证；②提出建议）

观课人员：

观课时间： 年 月 日

二、研究性学习教学教研共同体的建构

建构教学教研共同体是促进研究性学习教师专业成长和这门课程推广的另一策略。这里的教学教研共同体是指一所学校或一个区域内多所学校的研究性学习课程教师组建的教师群体，一所学校内的教学教研共同体相对较稳定，跨校的教学教研共同体相对松散。研究性学习教学教研共同体在形式上表现为校内学科教研组、区域学科名师工作室等。但是，较之传统学科的教研组和名师工作室，共同体在内涵上更丰富，有其特有的共同行为、共同目标和共同利益。

对于研究性学习课程教师来说，都要面对没有现成教材、教学内容不固定、教学方法不同于传统学科的状况，都需要在教学实践中通过自我学习、外部培训和团体教学教研习得这门课程的理念和方法；虽然是国家必修课，但现阶段在学校学科组成体系中还处于边缘地位，授课教师不仅要在这门课程的教学实践中不断提升教学能力和专业素养，还要联合承担推广普及这门课程的责任，这是其共同体的共同目标；通过共同体伙伴之间的相互支持，实现个人的专业成长，同时推动这门课程的发展，实现其牵引带动学校教育教学改革、学生核心素养培养的价值和意义，这是共同利益。

但现实情况是，许多中西部学校，尤其是乡镇学校，教师严重缺编，许多教师所承担的学科教学压力较大，加之教学之外烦琐的事务性工作，没有时间和精力去反思自己的教育理念和教学实践问题，很多学校的教师之间很少探讨课程实践中的经验和体会，也没有养成向其他教师主动请教和探讨问题的习惯，缺乏团队合作意识。一些教师虽然有合作交流意识，但交流的内容较多局限于探讨学科教学经验或提升学生学科成绩的方法和技能，由于学校对课程改革和研究性学习课程不重视，使得研究性学习课程授课教师之间针对这门课程的教学经验交流与研讨很少。

任何行业的发展都要依赖从业人员的经验分享和诚实对话，研究性学习课程的有效实施，更需要构建教学教研共同体，通过共同体的对话和交流，不同学科教师之间进行跨学科的同伴互助和案例研究，自然开放、各抒己见的团队交流更有利于打开教师思路、拓展知识视野，实现教师经验和智慧的共享，重构开放合作的教师专业文化。

春禾通过推动项目学校校内教研常态化、组建跨校教研组、开展区域研学主题研讨会、"研学好课堂"、春禾研学线上微课交流会等教学教研活动，旨在通过搭建教师之间对话交流的平台，推动形成研究性学习课程教学教研共同体，从而帮助参与其中的教师的专业提升和职业发展。

第三节　研究性学习课程教师的专业发展

一、研究性学习课程教师专业发展现状与需求

随着研究性学习课程在学校里开设的时间越来越长、越来越多的学校真实有效地落地这门课程，将会有更多的教师参与到这门课程的教学中。这些教师一般都是传统

学科教师，大多数需要更新教育教学理念，改变传统学科围绕固定教材内容和知识点教、学、考的教学方法，需要有明确清晰的规范指导在研学课程教学中应该掌握哪些专业知识、具备哪些能力和素养，他们的专业发展方向、目标和成长路径需要有明确的指引。

但是，现有的初、高中教师资格考试中没有与研究性学习课程对应的教师资格认证。现行教师职称评定中有综合实践活动课程的教师职称，但职称评定内容上注重结果，方法上多采用总结性静态评价，不能有效反映研究性学习课程教师应有的教育理念和教学能力，能否支持推动这门课程的专业化师资队伍建设也是个问号。因此，为帮助研究性学习课程教师的专业发展，需要建立标准和搭建平台。

为了规范教师的准入条件和岗位资质，帮助学校建立研究性学习课程教师专业能力的评测标准，也为越来越多的研究性学习课程教师搭建专业成长和同业交流的平台，提升授课教师对这门课程的认同感和归属感，持续推动这门课程的专业化师资队伍建设，支撑这门课程的长期健康发展,我们研制了一套研究性学习课程教师专业能力认证体系，包括"专业能力结构"和"专业能力指标及评测标准"，旨在系统性、结构化描述教师胜任研究性学习课程教学应具备的关键能力。

对于研究性学习课程教师，这个专业能力认证体系可以用于引领教学实践和规划、指引自己的专业发展和成长路径。对于学校研究性学习课程管理人员，这个专业能力认证体系可以用于研究性学习教师专业发展规划和教师教学能力评测。对于区域研究性学习课程教研人员，这个专业能力认证体系可以用于指导研究性学习教师专业成长项目的设计和效果检验。

二、建构专业能力认证体系的基本理念与原则

（一）遵循教师专业发展的一般规律

研究性学习课程教师从新上岗、专业成长到专业成熟的过程也是从"跟着做"到"独立做"再到"领着做"的三个成长阶段，不同阶段侧重发展不同能力：

（1）"跟着做"，教师从接受培训、岗位见习、取得岗位资格，到通过担任研究性学习课程教师、指导学生课题，感知研究性学习教育教学理念，习得研究性学习教学的基本能力和方法。

（2）"独立做"，教师内化研究性学习教育教学理念，积累研究性学习课堂授课和指导学生课题经验，提升研究性学习的教学技能，并通过开讲座、上公开课和担任研究性学习师资培训助教等方式把自己积累的教学经验和智慧分享给其他教师，开始在校内发挥专业影响力。

（3）"领着做"，指教师在这门课程的教学上逐渐进入成熟期，能根据不同学校的课程资源和学生情况规划、设计更适合他们的研究性学习课程，能把研究性学习课程的教育理念和教学方法迁移至其他学科，并且能够把这种能力通过担任培训讲师和导师的方式，传承给初阶、中阶教师，在校内外影响、帮助更多的教师成长。进一步，作为专家顾问，发挥领导力，帮助学校设计、规划和推动实施研究性学习课程，并以此作为切入

口实现教育教学的变革。

（二）分级别认证

激励教师形成终身学习的理念和提升终身学习的能力，以满足教师持续专业发展的需要，研究性学习课程教师专业能力认证共分为五个星级，各个星级对应不同研学教师群体：

- 一星，初级，能够独立完成研究性学习课程教学的新教师；
- 二星，中级，能够独立完成研究性学习课程教学的学校骨干教师；
- 三星，中级，有一定教学经验，在校内能够带领研究性学习课程发展的学科负责人，相当于学科教研组组长；
- 四星，高级，有丰富的教学经验，能够独立解决问题的区域知名研究性学习课程教师；
- 五星，导师级，有深厚的理论功底和丰富的课程实践经验，能够推动研究性学习课程发展的知名专家。

（三）认证体系和师资培训体系并行

春禾建立了认证体系和师资培训体系两大系统相互促进、互为支持的运营模式：

（1）认证体系中的专业能力指标和评测标准，是师资培训的培训目标。

（2）较高星级教师，需反哺到较低星级教师的培训与培养工作过程之中，完成相应培训或教研任务，以获得晋级资质；对高阶教师评估的过程，同时也是对低阶教师培训的过程。

（四）获评星级资质激励与动态维持

（1）给予通过认证的教师以荣誉和学习教研基金激励，对其专业能力给予肯定。

（2）提供更多专业成长的机会和资源，认可其在参与和推动研究性学习课程发展中的贡献，鼓励持续认证更高星级、终身学习和不断追求专业进步的专业成长理念和行为。

（五）迭代与动态调整

认证体系中的专业能力结构和指标要求将根据研究性学习课程的发展不断迭代，保持开放性，适时调整以适应持续支持课程发展和师资培养的需要。

三、研究性学习课程教师的专业能力结构

研究性学习课程的两个典型教学场景是课堂集体授课和课外指导学生个性化课题，教师需要发展一系列能力，以胜任这两个教学场景中的具体工作，这一系列能力被概括为"教学能力"，是一位合格的研究性学习教师必须具备的专业能力。随着教学经验的不断丰富，教师还应该影响和帮助其他教师提升研究性学习课程教学能力，这种能力被定义为"影响力"。当研究性学习课程教师在教学教研中积累了丰富的经验和智慧后，不仅能将这门课程的教学理念和方法延伸应用于学科教学中的项目式学习或主题探究，而且能作为课程专家，帮助学校开发建设符合学校实际情况的研究性学习课程实施和管理方案，引领这门课程的推广和普及，这种能力在春禾的研究性学习课程教师专业能力结构中被界定为"领导力"。将教学能力、影响力和领导力细化分解为教学教研行为，形成了包括 3 项一级能力、7 项二级能力的专业能力结构，并且将各项能力按照教师的专业成长规律对应于各个认证星级。

不同认证星级，侧重评测不同能力，随着研学教师的专业成长，能力评测项及要求逐级增加。具体详见图 5-1 研究性学习课程教师的专业能力模型。

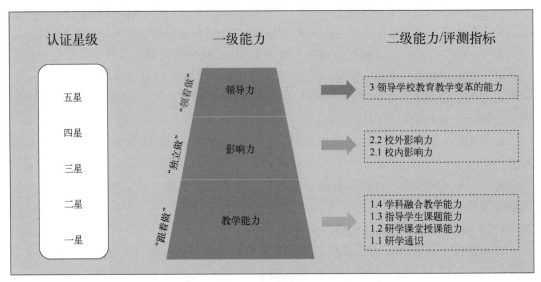

图 5-1　研究性学习课程教师的专业能力模型

（一）一级能力

一级能力分为教学能力、影响力与领导力三个方面。教学能力是指教师有效组织教学达成教学目标的能力。影响力是指教师运用自己的教学经验和智慧，影响同业（其他教师）人员发生改变的能力。领导力是指通过研学课程带动、引领一所学校、一个区域的教育教学变革的能力。

（二）二级能力

二级能力是对各项一级能力的具象化，也是测评能力的指标项。

（1）教学能力细分为"研学通识""研学课堂授课能力""指导学生课题能力"和"学科融合教学能力"。

研学通识，是指对研究性学习教学理念、内容、流程和方法的认知水平。

研学课堂授课能力，是指教师有效组织研究性学习的课堂教学，达成课段教学目标的水平。

指导学生课题能力，是指教师指导学生有效完成课题的能力，我们对中学好课题的建议标准是：源于生活的真问题，对问题有自己独立思考和见解，分析论证解决问题的过程能够自圆其说、逻辑自洽。

学科融合教学能力，是指能够在学科教学中使用研究性学习、项目式学习的方式方法进行教学的能力。

（2）影响力细化为"校内影响力"和"校外影响力"。

校内影响力，是指通过在校内开展公开课、教研活动、一对一指导等方法，为本校带教出研究性学习课程教师的人次，影响本校教师参与实践研究性学习课程实施的能力。

校外影响力，是指通过参加或组织①校外公开课、②集中培训（外出）、③研学好课堂、④区域教研等教学教研活动，影响帮助其他学校教师参与实践研究性学习课程教学的能力。

（3）领导力具体是指教师能推动研究性学习课程在一所学校、一个区域有效实施或以这门课程为切入口，带动学校和区域发生教育教学变革的影响力。

四、研究性学习课程教师的专业能力测评

如何测评一位研究性学习课程教师的专业能力水平？春禾借用动态评估[46]的理念，综合使用过程性评价和结果性评价，收集并分析多种教学教研场景里的教师专业能力发展证据，应用评价结果帮助研究性学习课程教师的专业成长。在测评证据的选用上，尽量客观可量化，不增加测评教师的额外负担，例如采用其任教班级学生的课题清单、结题答辩成绩表或课题研究报告作为"能够独立完成一学年的研究性学习课程教学工作"的授课能力认定。

一星研学教师，认证评估的关注点在是否具备基本的课堂授课能力，要求：经历过初阶研学课程师资培训并获得证书，了解研学课程通识、掌握课题研究的基本流程和方法，能够独立完成一个学年研学授课任务，能力指标及评估要求详见表5-3。

表 5-3　春禾研学教师专业能力指标及评估要求（一星）

认证星级	群体画像	能力指标及评估要求			
		教学能力	影响力	领导力	认证经历
一星，初级	能够独立完成研学授课的初级研学教师	1. 研学通识 要求：了解研究性学习课程的基本理念、课程价值、教学目标和原则，掌握课题研究的基本流程和方法、教学评价等。 申报材料：春禾初级培训证书 2. 研学课堂授课能力 要求：能够独立完成一学年的研究性学习课程教学工作。 申报材料：①全班同学本学期/本学年的研学成绩表，包括：姓名、课题名称、指导教师、自评成绩（如果有请提供）、同学互评成绩（如果有请提供）、答辩成绩（必选）、最终成绩（必选）；②全班所有同学课题报告（电子版，如果已经使用 MOORs 平台，可告知教师账号，从平台查阅）	—	—	—

二星研学教师，认证评估的关注点在能否遵循研学课程理念和教学方法进行教学：课堂教学方式方法符合"启发式、引导式"，以学生为主体的原则，能够指导学生完成符合春禾理念的优秀课题，在学校内积极参与研学教学活动，能力指标及评估要求详见表5-4。

---

[46] 动态评估，对评估对象发展变化状况的评估，与静态评估相对应。考察评估对象的历史情况，研究发展潜力，优点是有利于激励评估对象的进取精神。摘自：泰中华，王硕. 国外动态评估研究述评与展望[J]. 天津外国语大学学报，2022(01).

表 5-4　春禾研学教师专业能力指标及评估要求（二星）

认证星级	群体画像	能力指标及评估要求			
		教学能力	影响力	领导力	认证经历
二星，中级	能够独立完成研学授课的学校骨干教师	1. 研学课堂授课能力 要求：课堂教学方式方法是启发式、引导式，以学生为主体的原则 申报材料：无需申报教师提供，由春禾联合学校进行问卷调查，结果评估合格；当教师授课班级学生人数不足30位，需提供完整的两节课研学课程视频（不同课段教学），视频类型不限，可以是常态课，也可以是公开课或示范课 2. 指导学生课题能力 要求：能够指导学生完成优秀课题（教师自行判断） 申报材料：一份优秀课题资料，包括①论文（或课题研究报告）；②研究日志（课题研究过程记录）；③课题评价表（或同等效力证明材料）。上述材料属于同一份课题，教师在提出申报时需同时提供	3. 校内影响力 要求：在学校内积极参与研学教学活动 申报材料：参与校内研学教学活动的证明，由学校或教研组开具证明（需盖章）	—	4. 一星证书

三星研学教师，认证评估的关注点在于是否开始在校内外发挥影响力，推动研学课程发展：认同研学的理念，掌握各模块的教学方法和技能，所有课段课堂教学都符合研学的教育教学理念，都是启发式、引导式，以学生为主体；能够为本校培养出初阶研学教师，能够帮助其他学校解决研学教学的实际问题，且可以承担集中培训助教工作，能力指标及评估要求详见表 5-5。

表 5-5　春禾研学教师专业能力指标及评估要求（三星）

认证星级	群体画像	能力指标及评估要求			
		教学能力	影响力	领导力	认证经历
三星，中级	有一定教学经验，能够带领学校研学课程发展的学科负责人，相当于学科教研组组长	1. 研学通识 要求：认同研学的理念，掌握各课程模块的教学方法和技能 申报材料：春禾进阶培训证书 2. 研学课堂授课能力 要求：所有课段课堂教学都符合研学的教育教学理念，启发式、引导式，以学生为主体 申报材料：研学课堂教学五个课段中的任意三个课段的视频，或听课评估表（由春禾或三星及以上教师听课评估） 五个课段指："情境创设，提出问题""从问题到课题""研究设计""数据采集与分析""结论分析与提炼"	3. 校内影响力 要求：能够培养出更多的初阶研学教师 申报材料：为本校培养两位一星教师，由一星教师开具证明 4. 校外影响力 要求：能够帮其他学校解决研学教学的实际问题，且可以承担集中培训助教工作 申报材料：①校外公开课证明一份（校外公开课指接受其他学校或春禾邀请，为其他学校教师展示的研学常态课堂教学，由春禾或邀请学校开具）；②两份春禾研学助教证书	—	5. 二星证书

四星研学教师，认证评估的关注点为是否在持续提升研学课程的影响力，是否把研学教学理念和方法渗透入其他学科，是否能带动区域的研学发展：能够指导学生完成优秀课题，本学科教学 50%课时是通过项目式学习的方式开展，或帮助其他学科教师开展学科内的项目式学习；积极组织校内研究性学习的教学活动，且能培养出更多的中阶研究性学习任课教师，课堂教学能够起到示范引领的作用，能够独立承担研学讲师的工作，且能帮助其他学校形成可落地的研学课程实施和评价方案，能力指标及评估要求详见表 5-6。

表 5-6　春禾研学教师专业能力指标及评估要求（四星）

认证星级	群体画像	能力指标及评估要求			
		教学能力	影响力	领导力	认证经历
四星，高级	有丰富的经验，能够独立解决问题的区域知名研学教师，能够把研学融入学科教学，推动学科教学向项目式学习转变	1. 指导学生课题的能力 要求：能够指导学生完成有竞争力的优秀课题 申报材料：两份学生课题获奖证书（获评三星研学教师证书后指导的学生课题，县级及以上科创类比赛都可，含省级及全国级中学生 ETS 大会） 2. 学科融合教学能力 要求：本学科教学 50%课时是通过项目式学习的方式开展，或帮助其他学科教师开展学科内的项目式学习 申报材料：提出申请，现场评审	3. 校内影响力 要求：积极组织校内研学教学活动，且能培养出更多的中阶研学教师 申报材料：①组织校内教研活动至少 4 次，由学校开具证明；②为本校培养两位二星教师，由二星教师开具证明 4. 校外影响力 要求：课堂教学能够起到示范引领的作用，能够独立承担研学讲师工作，且能帮助其他学校形成可落地的研学课程实施和评价方案 申报材料：①研学好课堂授课教师证书至少 1 份；②春禾研学集中培训活动讲师证书两份；③对接一所春禾项目学校，帮助其有效落地研学课程，由春禾或学校开具证明 1 份	—	5. 三星证书

五星研学教师，认证评估的关注点在于是否能有效发挥领导力，是否能影响推动学校发生教育教学变革：有深厚理论功底和实践经验，能够以研学课程为切入口推动一所学校整体发生教育教学的变革，能力指标及评估要求详见表 5-7。

表 5-7　春禾研学教师专业能力指标及评估要求（五星）

认证星级	群体画像	能力指标及评估要求			
		教学能力	影响力	领导力	认证经历
五星，导师级	有深厚的研学理论功底和丰富的课程实践经验，能够推动研学课程发展的知名专家，能推动一所学校发生教育教学的变革	—	—	1. 领导力 要求：能够通过研学或项目式学习课程切入，指导一所学校的教育教学发生变革 申报材料：被指导学校课程方案、教学评价方案等；提出申请，现场评审	2. 四星证书

研究性学习课程教师可以对照各星级专业能力指标和测评要求，制订自己的专业发展计划，可以自愿申请参与春禾的认证，认证的过程就是对其作为一名研究性学习课程教师的专业能力开展自评和第三方测评的过程。

五、研究性学习课程教师专业发展的外部支持

源于研究性学习课程的实施现状，支持这门课程教师专业发展的校内外资源较少，当教师们积极参与到教学和教研活动中，不断追求专业成长和进步的时候，校内外的激励举措要及时跟上，给予教师肯定和认可，以强化他们对这门课程的认同感和归属感。

例如积极推动第三方机构（如春禾）的研学教师培训计划与教师继续教育计划进行对接，实现学分互通。联合学校，把获评星级认证作为学校内部学期学年评优评先的加分项。提升学校和教育主管部门对获评星级认证教师的专业认可度，把这一资质纳入体制内任职资格评审条件。与区域教育主管部门合作，为获评中高星级认证的教师提供区域优质课、示范课展示平台，扩大研学教师的专业影响力。支持中、高星级教师参与或建立名师工作室，助力名师培养带动研学教师队伍的壮大；帮助名师工作室对接弱小学校，提供校外研学培训辅导机会，春禾联合对接学校给导师颁发聘书。关注研学教师的学术发展需求，创造条件促进研学教师与各种学术组织、研究机构或教研期刊的联络，让他们在校外的学术领域中汲取营养快速成长。让教师们进入自己喜欢甚至追求的学术圈子，既能够满足他们的成就感，也有利于教师研学教学能力的发展。

长远来看，通过推广应用研究性学习课程教师专业能力认证，帮助教师专业成长的价值和意义并不仅限于这门课程。研究性学习的课程目标与国家力推的新课程标准核心素养培养目标一致，例如学科新课程标准中提出的基于真实问题情境解决问题的能力等要求，研究性学习课程教师应该具备的启发式、引导式教学能力也是新课程标准对所有学科教师提出的共性要求，因此可以借由对这门课程师资的专业化培养，助推新课程标准落地。研究性学习课程教师不仅可以把这些理念和能力迁移应用在自己的学科课堂教学中，也可以起到教学示范和引领作用，对其他教师产生影响，从而由一门课程带动多学科课程、由几位教师影响一批教师，推动一所学校乃至一个区域的教育教学发生改变。

陕西师范大学胡红杏教授在《研究性学习课程实施研究》一书中提出："包括校长在内的课程管理者需要不断提升对于课程改革的认识，对教育的道德力量进行深层思考，以对教师的课程实践提供持久有效的支持。当课程改革的参与者为解决实践问题形成合力，共同致力于学生的发展时，处于课程实施中心的教师，对课程变革和自己的专业发展就会有新的理解，从而提升教师自身的专业自主性，真正成为课程变革的动力。"[47]

我们希望越来越多的学校课程管理者能够支持教师的专业发展，助推教育理念的更新。

---

[47] 胡红杏. 研究性学习课程实施研究[M]. 北京：中国社会科学出版社，2017：312.

附录1 研究性学习课程学生课题研究活动记录手册（示例）

使用说明：此份学生课题研究活动记录手册参考上海市七宝中学的研究性学习课程教学资料，记录小组课题研究活动全流程，包括课题征集表、确立课题记录表、研究计划方案记录表、研究过程记录表等；为提高课题指导的实效性，并减少指导教师的重复记录，将指导教师的意见以批注的形式设计在活动记录手册中。春禾项目学校教师在指导学生课题研究时，需以可操作、注重实效为原则根据学校实际情况进行调整。

一、选题与开题

1. 课题征集表

编号	问题名称	问题来源	问题研究可行性	问题研究价值
最终选定发现的问题确立为研究课题				
课题名称				
该课题发现者				

注："问题研究可行性"栏，要求从"可行、基本可行、不可行"三个选项中选一个填写。

2. 确立课题记录表

	教师指导意见
（1）课题名称	
（2）课题提出的背景/缘由	
（3）课题研究的目的与意义	
（4）本课题目前的研究现状	
（5）本课题研究与当前主要研究现状的差异	
（6）本课题假设的研究结论	
（7）实施可行性评估	
（8）经费预算	

二、研究设计

研究计划方案记录表

课题名称	

（1）研究主要内容
（用提纲或目录的方式列出，一般有 3～5 个核心问题）

（2）研究方法

（3）文献综述
（选题之前要查阅一定数量的专业论文，或者专业书籍，列出作者、标题、时间等）

（4）工作进度安排
（按照时间顺序，列出研究进度）

（5）小组成员分工

（6）预计在研究中可能遇到的困难

（7）指导教师是否同意开题及对该课题的意见

指导教师签名：

日期： 年 月 日

三、实施研究

研究过程记录表

	教师指导意见
（1）该环节使用的研究方法（手段）是（请选择）： （　）实验（　）问卷（　）访谈（　）实地调查（　）文献（　）其他	
（2）使用上述研究方法（手段）的目的是：	
（3）对上述研究活动的实施计划： （包括研究开展的条件创设、物质准备、时间地点选择、详细的实验步骤、人员安排、记录表格的设计等，可附页）	
（4）在实验研究过程中，是否出现了没有预料到的问题和困难？针对上述问题，采取的措施是：	
（5）对研究中获得数据的分析处理（分析汇总表附后）：	
（6）根据上述研究过程，得到的结论有：	签名： 日期：
（7）回顾该研究环节，对研究过程和数据结论的科学性判断以及重复该研究时的改进措施是：	

（请在研究活动过程中，通过拍照、录音、录像记录原始资料，在课题答辩时展示）

（1）课题组活动情况记录表（学生）

课题名称：

课题组长（　　　）活动时间（　　　）活动地点（　　　）第　　次活动

组内参加人员：

组外参加人员：

活 动 内 容	（1）目的：	
	（2）形式：（调查、访问、讨论、查阅资料、实验、采样、实地考察、参观等）	
	（3）过程：	
	（4）结果：（包括是否完成预定计划、解决了什么问题、有什么结论和成果）	

记录者：

（2）课题研究实验记录表（学生）

课题名称：

参加实验者：

实验日期：

实验地点：

实验内容：

实验目的：

	所需药品仪器	实验过程	数据记录
第一次			
第二次			
第三次			

结论：

记录者：

四、撰写论文

设计的论文框架是：

（从研究目的、研究方法和手段、研究实施过程、研究结论等方面回顾梳理整个研究过程）

修改次数	日期
1	
2	
3	

教师指导意见：

指导教师签名：

日期：　　年　　月　　日

五、准备答辩

	教师指导意见
（1）需要准备的答辩材料是否齐全： （　）论文打印稿　　（　）课题展示多媒体课件 （　）实物成果　　（　）反映研究过程的照片、影音资料 （　）各种原始记录、调查问卷、数据汇总表格等 （　）其他材料： （2）想一想，答辩专家可能提出的问题以及小组成员的回答是： （3）回顾课题，在研究中存在的不足和有待深入探讨的问题是： （4）答辩过程中，小组的分工是：	签名： 日期：

亲爱的课题研究小组成员们，恭喜你们顺利完成课题研究任务！

附录2　春禾研学"金科玉律"

在实践过程中，春禾公益总结出了一些对推动研究性学习教学指导很重要的理念，希望研究性学习课程教学参与者们能够"了然于心，付诸于行"。在此，将这些被参与者们称为"金科玉律"的句子分享给大家：

（1）知识源于问题，思考源于问题，创新源于问题！

（2）教育者有责任小心呵护学生提出的每一个问题，感知它、鼓励它、引导它。

（3）研究课题应该是学生根据自己的兴趣来选择，尊重并接纳每位学生的兴趣和不同。

（4）不要从教师或成年人的角度来评价学生课题的价值和意义，因为价值和意义是对于学生（研究者）而言的，探究自己的兴趣本身也是一种价值和意义。

（5）研学课堂是用来分享、交流、研讨、辩论乃至争论的，而不是用来讲授知识的（学生之间的相互分享、交流、提问、研讨是研学的最佳教学模式）。

（6）每一点好奇、每一个观点、每一个提问、每一个缘由、每一个视角、每一份问卷、每一个实验、每一种方法、每一组数据、每一段分析、每一个结论包括建议等都值得花时间去探讨。

（7）研学课上对于学生问题的标准回答："我不知道，但是我们可以一起去研究并寻找答案！"

（8）研学课没有教材，没有固定的知识点要教会孩子们，学生所获得的知识与技能是在研究的过程中自我形成的。

（9）问"为什么……"是研学的口头禅！

（10）提问的目的不是为了驳倒对方，而是为了准确完整地了解对方的观点、依据和论证逻辑链。

（11）学生的每一个好奇的问题或研究课题都蕴含了他（她）的情感、态度、价值观，有待被启发、被发现与释放。

（12）在研学教学中，教师不是传道授业的权威，而是陪伴鼓励的伙伴，与孩子一起合作探究。

（13）学生在探究、实践、体验过程中的获得，有的可能马上能表现出来，有的可能会在之后甚至很长的年限后才会体现出来，我们要有静待花开的耐心。

（14）启迪学生思维比教给学生知识更重要。

（15）研学中要培养的审辨思维可概括为：不懈质疑，包容异见，力行担责 ❶。

（16）研学更应该关注的是学生在发现问题、解决问题、完成课题研究过程中的主动探究意识和独立思考能力。

（17）课题研究结论没有标准答案，没有"对"与"错"，只有是否合乎逻辑！

（18）课题研究没有研究结论在当前的教学现实中是可以接受的，但是学生必须完成研究报告，研究报告中学生要详细地写清楚做了什么、为什么没有完成。

（19）孩子们今天在学校里感知到什么，明天就会回馈给社会什么。

（20）学校教育是为了培养孩子成为身心健全的社会人，升学只是很多教育副产物之中的一个，不应成为学校追求的唯一目标，也不是学校教育的主要目标。

（21）激发孩子兴趣与好奇心的最佳方法是开放、宽容、自主的成长环境（孩子们需要的是相对开放、宽容、自主的成长空间）。

（22）给孩子们营造一个开放自主的空间，他（她）会发现一个不一样的自己。

附录3　关于课题点评要点的思考与说明

文档说明：

本文档是春禾课题点评的规范性指引，是春禾工作人员或受邀人员在对学生提交的课题研究报告进行点评时，给予指导和参考的标准规范。

1. 课题的研究缘由是否阐述清晰、完整（春禾导向）

春禾研究性学习课程的教学目标有两条线：一条是明线，通过课题研究学会科学的思考方式、创新理念、学习和生活中的逻辑思维与审辨思维；另一条则是暗线，更加关注学生的心理成长与心智发育。中学时代是一个人心理成长、心智发育最重要的阶段，是形成三观的关键时期，因此这个阶段的心理活动与变化是最复杂、最多样、最不可控的。从某种程度上说，如果把这个阶段孩子的心理疏导与成长做好了，学业成绩就不是问题。

研究性学习是基础教育阶段唯一一门可以根据学生的兴趣爱好、困惑问题去做探索和研究的课程，学生在这门课上最有可能释放心理压力与情感，因此这门课是最可能真实反映学生心理活动与状态的平台。

---

❶ 援引自北京语言大学教育测量研究所原所长、中国教育学会统计测量分会学术委员会副主任谢小庆教授对"critical thinking/审辨式思维"的解读："不懈质疑、包容异见、力行担责"。

而在这门课中，最有可能反映学生心里真实感受、情感、价值观的部分，就在于学生阐述自己感兴趣的、疑惑的或关心的问题的背景缘由，这个部分做好了，就为学生的课题研究奠定了良好的心理基础，这是研究性学习教师走下讲台、走入学生心里的最佳契机，一旦触及学生的真心、真情、真感，教学就不再是问题。

　　例如："高中性教育普及……"的课题，可以反映出学生有较强的同理心，对于社会上的悲惨事件有较强的感知力，或者这个学生有过类似的遭遇或经历过潜在的风险。如果是后者，这就需要教师不仅仅是指导孩子的课题研究（科学的方法论），更要关注学生的心理活动与状态，这个部分解决了，就可以缓解学生的巨大心理压力，从而轻松投入学业中。如果是前者，则可以培养该学生的社会责任心，未来在社会公共事务中可能会有精彩的成就与发展。

　　"巧用落叶制作天然植物食品保鲜剂……"的课题，可以反映出学生有较强的身边事物观察能力和科学思考能力，把身边普通常见的事物与生活场景相结合，适合于向科学探索方面引导与培养。

　　"智能大棚的研究模型"这一课题，反映出这位学生很可能来自贫困的农村，土壤贫瘠、自然环境不好，种植业在当地很难发展起来，或者自己家（包括亲属）可能处于这种情况，甚至自己的亲人因为某种疾病或残疾无法正常劳动。这些信息对于了解学生的心理状态、做这个课题的根本动机非常有价值。如果这位学生确实如此，非常希望通过自己所学为家乡或自己家做一些贡献，那么要恭喜指导教师，这位学生可能会非常认真卖力地从事这个课题的研究，这是一个激发学生学习动力、点燃学习激情的绝佳机会。

　　2. 研究缘由是否源于普通社会与生活场景（春禾导向）

　　这个要点重点关注课题的缘由是否源自普通的社会与生活场景，春禾鼓励孩子们从身边的普通社会生活与事物中发现问题，并由此进入深度的思考与探索。

　　如果是，则给予赞赏和点评；如果不是，则不需要置评。

　　例如："高中性教育普及……"的课题缘由来自所有人都可以看到的社会新闻；"学校垃圾桶摆放位置问题"的课题缘由来自该校学生都会面临的校园扔垃圾问题；"巧用落叶制作天然植物食品保鲜剂……"的课题缘由来自日常可见的落叶再利用。这些都是非常好的范例，同时请注意，缘由来自普通的社会与生活场景，并非表示所做的研究很普通，没有什么价值和意义。恰恰相反，源自普通的社会与生活场景的课题研究往往能产生巨大的社会价值和深远的意义，实际上很多高端的科学研究亦是如此。

　　3. 针对想研究的内容是否做过前期预研究

　　这个要点重在提醒教师们在立题阶段要引导学生们对于想研究的内容或问题进行前期预研究，搞清楚相关背景情况是否真实、客观存在，避免针对根本不存在或不正确的内容或问题进行研究。

　　如果做到了，要指出来；如果认为做得很好，可以表扬；如果没有做到，也要提醒指出。

　　4. 研究的内容是否是所有或大多数学生均可尝试（春禾导向）

　　这个要点重点关注课题的具体研究内容是否是所有或者大多数学生都可以去尝试探

索和研究的，不需要一些特定门槛或特殊资源就可以做。

如果是，则给予赞赏和点评；如果不是，则不需要置评。

例如："学校垃圾桶摆放位置问题"是本校所有学生都可以去尝试调研的，没有任何门槛；"巧用落叶制作天然植物食品保鲜剂……"的课题看上去技术性较强，但是基本知识、实验的基本原理、器材等在化学课、化学实验课上都有，所以也符合。

那么哪些课题不符合呢？比如某些研究要用到学校没有的设备、环境、场景，而这些又需要一定的资源才能获取，或者需要一定数额的资金支持，那么这一类研究就不符合。

5．研究的目的是否阐述清晰（春禾导向）

这个要点一方面帮助学生设立本研究的灯塔，避免在后续的研究过程中偏离方向；另一方面也是配合第一个要点，更加深入地了解学生的根本诉求，从而让教师更好地把握该课题研究指导工作的重心在哪里（心理方面还是科学方法方面）。有些课题报告/论文中有"研究的目的"的标题和内容，有些可能混在其他标题和段落中，需要点评者仔细阅读并从中摘出来，有些可能遗漏了。如果做到了，要指出来；如果认为做得好，可以表扬；如果没有做到，也要提醒指出。

例如："高中性教育普及……"课题就有"研究的目的"的标题和内容："1.希望省实验中学的学生可以掌握更多性教育的知识，从而更好地爱护自己、保护自己与他人；2.让更多的人重视并参与普及性教育的行动。"而在该研究报告中的"课题的提出"部分也有相关描述："我就想通过课题研究，了解性教育为什么普及率不高，以及提出关于怎样普及性教育的一些措施。"

这个时候就需要仔细阅读理解，如果这两部分内容有一致性，不冲突，就没有问题。如果不一致，有明显的歧义或有导致研究产生不同方向的可能，这个时候就需要提示指出。从上述内容来看，"课题的提出"中的描述指向了具体的研究方向与内容，而"研究的目的"中的描述则限定了研究与应用的范围，这两者不矛盾，也不会导致研究产生不同方向，因此是可以的。不过可以在点评中提出，最好把两段内容在"研究的目的"中合并详述。

6．是否清晰阐述了本课题的研究与当前主流的已有研究的差别

这个要点是当前学生课题研究易出现的通病之一。所谓研究就是探索未知的领域，寻找未知的答案。然而很多学生的课题不是在做研究，要么像科普，把收集了解来的知识罗列出来告知大家，要么就是重复别人的研究，抄袭别人的观点与结论，完全没有属于自己的理解与认知。所以本要点很重要！

如果做到了，要指出来；如果认为做得好，要积极表扬；如果没有做到，要重点指出。

例如，"巧用落叶制作天然植物食品保鲜剂……"的课题则很好地阐释了这一点："在中国知网上，我们了解到有人曾用紫薇叶改进食品防腐剂，其方法是利用黄酮在乙醇中的高溶解度将黄酮萃取出来。但并没有人尝试比较不同种类树叶作为防腐剂的保鲜效果，所以我们探究应用不同种类树叶，测试它们抗氧化性的效果，选择最合适的作为食品保鲜剂，具有一定的创新性。"这段阐述就很好地解释了本要点关注的问题。

7．是否有假设的研究结论（研究结果）

这个要点也是当前学生课题研究易出现的通病之一。一个课题研究的基本框架流程就是：确立想研究的问题，提出假设，然后求证。所有研究的内容都是围绕着假设展开，最后通过数据来证明假设成立与否，无论证实或证伪都是合理的研究结论。绝大部分教师和学生在课题研究中都会忽略这个要点，然后就会发现这些研究在目的、过程、结论上往往没有逻辑，各走一个方向。因此，这里要特别注意！

如果做到了，要指出来；如果认为做得好，要积极表扬；如果没有做到，要重点指出。

例如："高中性教育普及……"课题想研究的是高中性教育普及率低的原因，并有针对性地提出建议。那么应当先通过文献研究或调研假设一个或多个普及率低的原因，然后通过对应的研究来证明假设的原因是否成立。如果成立，则针对这个原因的建议才有探讨和提出的必要；如果不成立，则没有必要。因为该课题没有假设，所以后续的研究显得无序。

"巧用落叶制作天然植物食品保鲜剂……"的课题则很好地阐述了这一点："因此产生能否利用常见落叶的抗氧化性来制作天然的食品保鲜剂的想法。"该课题后续的研究设计（实验设计）就是围绕证实这一假设展开，最后结论证实了这一假设。

8．针对研究内容是否做了充分的文献查阅或调研

这个要点在于引导教师和学生对于要从事的研究进行充足的资料查阅，从所要研究课题的基础知识开始，到研究方法学习，研究设计（模型）与原理的理论支撑与科学论证，再到数据统计分析方法等等，这就是最佳的学习过程，也是最佳的学习场景与氛围，包括在之前的第3点预研究，这些都是引导学生进行自主学习，培养学生自主能力的最佳路径。这就是让学习在真实的问题场景中真实发生！

如果做到了，要指出来；如果认为做得好，要积极表扬；如果没有做到，要重点指出。

例如："巧用落叶制作天然植物食品保鲜剂……"的课题通过中国知网中的"知识元"检索获得了多种树叶抗氧化性、杀菌抑菌的知识，找到了创新点，以及实验原理等知识。这是一个很好的范例！相对而言，其他几个课题研究基本没有这一类的说明。

9．是否有详细完整的研究设计

这是当前学生课题研究常常忽略的要点之一，基本上很少有学生的课题在研究设计上做了详细而完整的设计。**所谓研究设计就是针对本课题研究提出来的假设结论，设计出可以证实或证伪的验证模型与操作方法**，这通常包括两大要素：方案设计与论证逻辑。

● 对于调查类课题

（1）问卷调查方案（方案设计），即一套完整的方案设计，包括：含有一组问题及答案选项的调查问卷，该调查问卷的设计原理（问题设置的逻辑），调查问卷的发放对象、发放数量、发放日期等相关要素。

设计问卷的一般方法：围绕如何证实或证伪假设的结论，细化出需要通过调查问卷解决（回答）的问题。再针对每一个细化出来的问题设计一个或多个有针对性的问卷问

题与答案设计，最终形成一套完整的调查问卷。

（2）论证逻辑，即对于什么样的问卷问题反馈数据是证实，什么样的数据是证伪，要给出明确而细致的定义。对于不在上述两者范围内的数据可以定义为待分析，经详细分析后再做出结论。

● 对于实验类课题

（1）实验方案（方案设计），即实验方案（模型）设计，包括实验原理、实验方法（比如实验组、对照组的设计）、实验条件与环境（比如变量设计）、实验日期、实验数据采集方法与频率等相关要素。

（2）论证逻辑，即对于什么样的实验数据是证实，什么样的实验数据是证伪，要给出明确而细致的定义。对于不在上述两者范围内的数据可以定义为待分析，经详细分析后再做出结论。

例如："巧用落叶制作天然植物食品保鲜剂……"的课题对于实验原理、实验方法、环境条件、时间、采集方法包括论证逻辑等都做了详细阐述。因此是一个非常不错的课题研究范例。但其他课题基本上都没有这一类内容。

10．是否有详细完整的调查或实验数据

从课题报告、答辩分享及PPT来看，大部分课题都会有调查或实验数据的展示，这一点说明教师们在这个要点的教授与把握上做得不错。但是不足之处在于完整性不够，比如调查问卷有10个问题，却只展示了5个问题的数据结果（图表）。

如果有完整的数据展示与说明，要提出表扬；如果有数据展示与说明，但是无法判别是否完整或明显只提供了部分数据展示，可以友善地提出建议；如果完全没有数据展示与说明，则要明确而又善意地指出不足之处。

11．是否有数据整理与逻辑分析

这也是当前学生课题研究常常忽略的要点之一，该要点主要包含三个方面。

其一，关于数据的整理与说明，主要确认数据的有效性。因为在调查问卷或实验数据中会有一些无效数据，比如调查问卷中明显矛盾的两个答案选项，这可能是调查对象随意填写造成的。再比如时间数据中明显与其他数据偏差非常大的数据值，这可能是因为仪器设备或其他原因导致的偏差，这些数据都统称无效数据，在做统计分析前要把这些数据清理掉，把有效的数据留下来并做出相应的概括性说明，比如总共发放了多少问卷，回收多少，有效问卷多少等信息，以便大家对于数据的真实性、普遍性、有效性等要素做出有效判断。

其二，就是针对该数据本身的分析，这些统计数据表达了什么含义，或者体现了什么意思，我们可以从中发现什么问题与现象等等。

其三，就是把调查数据或实验数据的分析与课题的结论建立紧密的逻辑关系，让读者清晰地知道本课题的研究结论依据在哪里，是通过什么样的调查数据或实验数据得出这样的结论。

针对以上三个方面，如果有，则标识出来并提出表扬；如果没有，则明确而又善意地指出不足之处。

12．研究结论是否有效地对应假设的研究结论

这也是当前学生课题研究常常忽略的要点之一。因为通常情况下"假设的研究结论"这个环节没有做好，往往易被忽略，因此在最后得出整个课题研究结论的时候，可能已经完全不知道当初所要研究的是什么，或者说只知道大概要研究什么，这是明显的囫囵吞枣，没有体现课题研究的严谨性与科学性。

如果之前没有假设的研究结论，那么此处也要同步提出不足之处。如果之前有假设的研究结论，则此处要检查通过研究之后的结论是否有效地对应了研究之前假设的研究结论。如果有对应，则要标识出来并提出表扬；如果没有，则明确而又善意地指出不足之处。

13．经过结题答辩评审后，是否有课题反思（春禾导向）

这个要点重点关注学生在结题答辩后，在同学们或评委提出问题，或评委给予评价意见后，是否对课题有进一步的思考，比如发现课题研究中不完善的部分及改进措施，或者发现课题有哪些应用场景可以进一步细化等等，但不是个人的心得体验与收获感想。

如果有，则给予赞赏和点评；如果没有，则不需要置评。

汇总以上内容共计13个点评项，详见下表。不论学生结题报告或论文中是否有该点评项内容，对必评项应进行点评或提醒。

序号	点评项	特有	点评方式	可选/必评	点评说明
1	课题的研究缘由是否阐述清晰、完整	春禾	表扬/不评	可选	（1）论文如有阐述则给予肯定，如无则不评
2	研究缘由是否源于普通社会与生活场景	春禾	表扬/不评	可选	同（1）
3	针对想研究的内容是否做过前期预研究		表扬/提醒	必评	（2）论文如有阐述则给予肯定或提出建议，如无则给出提醒
4	研究内容是否是所有或大多数学生均可尝试	春禾	表扬/不评	可选	同（1）
5	研究的目的是否阐述清晰	春禾	表扬/提醒	必评	同（2）
6	是否清晰阐述了本课题的研究与当前主流的已有研究的差别		表扬/重点指出	必评	（3）论文如有阐述则给予肯定或提出建议，如无则重点指出，并对该部分内容有必要在论文中进行阐述给予必要性说明
7	是否有假设的研究结论（研究结果）		表扬/重点指出	必评	同（3）
8	针对研究内容是否做了充分的文献查阅或调研		表扬/提醒	必评	同（2）
9	是否有详细完整的研究设计		表扬/重点指出	必评	同（3）
10	是否有详细完整的调查或实验数据		表扬/重点指出	必评	同（3）
11	是否有数据整理与逻辑分析		表扬/重点指出	必评	同（3）
12	研究结论是否有效地对应假设的研究结论		表扬/重点指出	必评	同（3）
13	经过结题答辩评审后，是否有课题反思	春禾	表扬/不评	可选	同（1）

附录4 中学生ETS大会简介

中学生ETS（Explore Think Share，探索 思考 分享）大会是由春禾发起，并联合北京师范大学中国教育创新研究院等机构共同主办的研究性学习课题展示与分享平台，具有全国分级的大会体系和严谨而独特的评价模型。中学生ETS大会自2016年创办以来，已经连续举办了6届。第一届ETS大会全国赛在复旦大学举办，之后在上海科学会堂、上海科技大学、华东师范大学、华东理工大学举办。其中，2019年在华东师范大学举办的ETS大会吸引了一组日本学生参会，首次开辟了国际交流区，获得了广泛好评与认可，也得到了众多媒体的关注。ETS大会形成了良好的社会引领和价值引导，对于转变教育理念、推动研究性学习课程起到了良好的促进作用。

2024年6月，经春禾公益倡议，北京师范大学中国教育创新研究院、21世纪教育研究院、上海中欧基金真心公益基金会积极响应，共同在上海发起成立了中学生ETS大会委员会。今后，委员会将作为ETS大会的指导、决策及主办机构，致力于推动社会各界对综合实践活动/研究性学习课程的关注支持、促进教育生态的改变。这也标志着ETS大会正式成为一个相对独立的、公共的社会品牌。

1. 大会宗旨

大会立足于教育部关于中学综合实践活动/研究性学习课程的大纲要求，为学生的课题研究、探索精神和创新思维提供展示分享、交流互动的专属平台，为学生和教师获得认可与激励提供多元的渠道。致力于推动研究性学习课程在中学不断深入推广，从人与自我、人与社会、人与自然三个维度，激发学生的探究兴趣，从学习生活和社会生活中获得的各种研究课题或项目，培养学生发现问题、提出问题以及思考与探索问题解决方案的能力、方法与核心素养。

2. 大会主题词

探 索 · 思 考 · 分 享

3. 大会分享课题范围

大会以学生所做的研究课题作为分享的主体内容，学生可以根据自己擅长或感兴趣的领域选择课题，参照教育部研究性学习课程的大纲要求，分为人与自我、人与社会、人与自然三个维度，即课题范围涵盖自然科学、社会科学、人文科学等领域，然后在每个维度上再细分为多个分类，包括但不限于自然、社会、民族、心理、阅读、科技等。

4. ETS大会体系架构

层级	时间安排	时间跨度	活动地点	特点
校内ETS大会	原则上每年5月左右完成	春禾学生社团自行安排	学校	社团学生策划、组织、实施；学生自愿报名参会，评分办法和评委由学生自己制定和担任

层级	时间安排	时间跨度	活动地点	特点
省级 ETS 大会	7 月下旬—8 月上旬举行	3 天左右	省内各地轮流举办	晋级选手将被打散重组，以小组方式参会
全国 ETS 大会	在省级 ETS 大会后连续进行	5 天左右	上海、北京等地，具体举办地会提前通知	晋级选手将被第二次打散重组，以小组方式参会

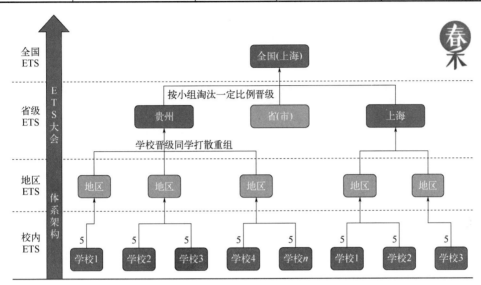

5．中学生 ETS 大会的设计初衷与原则

（1）关注思维能力

ETS 大会主要考察学生的创新思维、逻辑分析、抽象归纳等能力。我们希望学生对于研究的课题要有自己的思考、自己的研究、自己的结论，我们关注从提问到结论之间整个过程的逻辑思考，而结论本身是否有现实意义或实用价值，或者在当前认知水平下正确与否，不是关注的重点。简言之，我们是通过课题研究的过程与分享来反映学生的思维、理解学生的思维，进而对学生的思考与思维做出适当的评价。

（2）非选优

ETS 大会是一个普及型的公益活动，不是选优型的竞赛项目，我们希望尝试使用等级评分取代绝对评分。比如：用 A、B、C、D 等级代替具体分数的评价，引入学生和社会人士担任评委、省级大会按小组在校际打散重组等措施。使得晋级获奖在保证一定水平的前提下有一定的随机性和偶然性，让各学校普通学生能感受到参与的可能性与影响力，让每一个项目学校都能被激励、让每一个项目学校的学生都能找到适合的榜样、让每一个参会的学生都能被看见！

（3）多样性与平衡性

避免优质学校在晋级中的绝对优势，在省级大会中采取各校打散重组的模式，以小组为单位进行分享交流，优化各小组之间的强弱、地域、学段以及男女组合，促进各校学生之间的合作、互助。

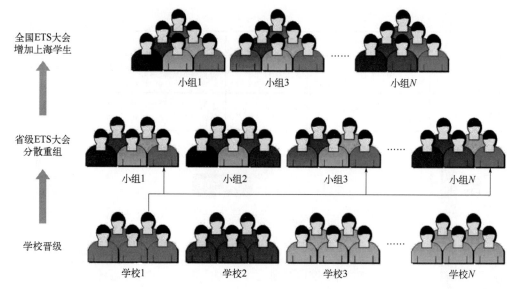

（4）促进团队合作

打散重组的模式设计，促进小组内部学生之间协作互助，引导学生们理解"精英"不是自己在团队中脱颖而出，而是带领整个团队共同进步。

（5）课题的多样性

设计相关机制，实现课题研究的多样性，避免集中在高大上的科技领域。

（6）荣誉感

确保每一位从学校晋级的学生至少有一次展示分享的机会。

（7）扩大各校教师的参与度

通过设计相关机制，促进各校负责教师或带队教师参与项目执行过程的积极性，发挥教师们的作用与价值。

6．评价标准指引

评价板块	说明
为什么要研究这个课题	详细阐述为什么会想到要研究这个课题，找到这个课题所要研究的问题症结之所在，并清晰而明确地陈述问题，以及假设的研究结果
如何研究这个课题	考察"针对问题提出的假设或提出的解决思路"的创新性和独立性
为什么得出这样的结论	重点考察研究小组从所要研究的课题到研究过程与数据分析，最好到研究结论的逻辑性
课题研究小组的工作和谐吗	考察研究小组的合理分工与有效合作
分析、质疑提问的能力	考察另外一组学生对于课题研究的理解能力，对于研究探索的活学活用能力，对于逻辑过程的判断能力
提问	考察学生掌握课题研究核心要义、完整理解对方小组表达陈述以及及时提出问题的能力

7．激励机制

（1）在校内 ETS 大会中晋级的学生可以晋级下一层级的 ETS 大会，这本身就是一种奖励，因为晋级到省级和全国大会的选手，不仅可以参加大会，还可以参加在不同地点举行的团队研讨会或夏令营活动。

（2）参赛学生都将获得相关证书。参赛但未获奖者将获得"参赛证书"，参赛获奖者将获得"获奖证书"。

（3）各学校应当配合校内 ETS 大会活动，给予获奖者奖状，如果经费允许可以适当给予书籍等奖品。

附录5 "春禾启梦计划"参与者感悟分享

一、项目学校学生分享

每年暑期，春禾都会举办全国中学生 ETS 大会和社团交流活动，成百上千的学生和教师都会参与到一年一次的活动中来。在活动结束时，学生带回去的不仅有课题研究的收获，还有更加开放、独立、自信的自己。和孩子们一起参与活动的还有教师、专家和社会评委，他们也能从活动中走近学生，看到他们的成长，从而更理解春禾的理念。

2017 年 ETS 大会（贵州赛区）观赛感想
（一）有情怀——有时代情怀，有实践情怀，有深入情怀

科技改变生活和关注留守儿童的课题，将目光集中在了时代特点和社会热点上，且先不论课题成果的深度和科学性，展开这样课题的初衷，便已经很好地使小选手们迈开了认知社会的第一步，有时代情怀；

在关于绿豆的种植的课题以及助学台灯的课题中，我看到了选手们的实际操作过程以及实物成果展示，他们不仅仅是有初衷、有调查，更有了实践，选手们乐在其中地开展课题，成果也就自然而然地得到了，这是有实践情怀；

在关于"数学考试中如何得分""关于唐朝服饰的研究"等相关的课题中，我看到了选手们站在自己的年龄层次上对自己眼所能见的，心所能想的好奇的东西，运用自己的知识，借助外力对它们进行研究，将其变成一个可观可感的研究报告，让更多的人了解。受限于年龄和知识，研究结论可能不是很透彻和深入，但是令我欣喜的是，选手们都提到这样一个设想，说我不会就此停止这个课题，我会一直深入研究的，我会把它完善得更好，所谓学无止境说的就是这样的一种精神吧，或许我现在的能力不够，但是我永不停止继续学习，这就是深入的情怀。

ETS 大会的赛制是团队制，取总分高者，而每一个小队的队员都来自不同的学校，队员的能力参差不齐，个性也各不相同，这就需要队员们相互合作、相互帮助。给我留下深刻印象的，是在比赛过程中一些微小的细节，比如说队长帮助队员调试 PPT，队员协作展示实物作品等等，在比赛之外的这些小温暖之处，我看到了 ETS 选手们的友情，或许对于我们小孩子来讲，有时候在比赛的输赢之外，还有着更美妙、更有意义的东西，这些东西会让我们记得更深刻。所以必须感谢春禾这个平台，既给了我们一个非应试教育式学习的机会，又给了我们一个发掘情谊的温暖大家庭。

诗人说"没有人是一座孤岛"，在春禾这个地方，这句话一定是名副其实。让孩子走

上讲台演讲，鼓励他和台下的一个个灵魂交流自己的想法，让他知道原来自己可以通过演讲表达自我；让孩子做课题研究，鼓励他用和教科书上不一样的方式认识世界，让他知道原来还可以这样来认识世界和社会；让孩子融入一个新团体，鼓励他像一名家庭成员一样去为自己的团体努力，让他知道原来我不是一个人在努力。让孩子知道"独学而无友，孤陋则寡闻"，让他们知道"换个角度看世界"，让他们知道"翻千山易，觅诤友难"……

作为春禾的老相识，这一次作为评委与她再相逢，我看到了她的成长：更流畅的赛程和更饱满的精神；也看到了选手们最真实、最令人为之动容的一面。古语说"投之以桃李，报之以琼浆"，我看到的春禾正在以最饱满的精神生长和舒张，其未来的蓬勃茂盛之势已可见一斑，然而老话说"十年树木，百年树人"，茂盛之路还需要我们慢慢地、踏实地走。

春种之禾定有满腹硕籽之日，我们的征程是星辰大海，愿与你共勉，砥砺同行。春禾，加油！

（二）我和春禾的故事

邵贵丽　贵州省镇宁民族中学　学生

2017 年 2 月，在同班同学的影响下，带着对春禾社团的好奇，我加入了社团。开始那段时间，我对社团充满了陌生和疏离。后来，在社长的精心组织下，我参与了社团的一系列活动，收获了友谊并加深了对社团的认识。

后来有一次偶然的机会，在我的指导老师的指导下，我了解到了 ETS 大赛，在老师的鼓励下，我抱着试一试的心理参加了比赛，经过了无数次的改 PPT、写演讲稿、实地考察、上台演讲等等，通过激烈的比赛，最后拿到去贵阳参加比赛资格的时候，我内心是激动的，超级无敌开心，因为我知道自己的努力是有效的，有结果的！十分期待到贵阳参加 ETS 的省级赛！我们在假期反复地核对一切资料，尽力去做到最好。对于这个结果，我想是离不开指导老师的教导和社员一起的努力。还记得以前的时候，上台表达明显有较大的缺陷，说话结结巴巴以及对自己的不自信，后来在大家的帮助下，我再次参加比赛的时候就显得游刃有余。我想这都是我们大家共同努力的结果！

在 2018 年的 8 月我和我们学校的五名参加比赛及五名参加培训的同学以及带队老师，一同踏上了去往比赛的路上！一路上怀着对比赛的紧张和激动的心情！

来到贵阳市第三实验中学，看着来自四面八方的小伙伴，在那些可爱的志愿者哥哥姐姐的带领下，我们在这儿入住了，现在想起来都还是很激动的，一切都是新的开始，于我们大家都是新的起点呀，我还记得那天下起了倾盆大雨，尽管是这样，但是也浇灭不了我们热情的心！

在贵阳市第三实验中学的一个星期，我认识了我的新伙伴，我的新的小组，我们进行了破冰活动，接下来的活动都是围绕着我们的共同目标去努力，我们一起修改 PPT，找出队员的优缺点，了解彼此的个性，一起慢慢地磨合！

我们小组每个人都很优秀！真的特别厉害，都用自己的努力去尽力做到最好！那些日子虽然很累，但是是真的快乐，因为有自己的队友在身边啊！我们一起去努力，一起去拼搏，我现在想起来都还是会记得那些日子！

时光飞逝，一眨眼，就来到了尾声，晚会如火如荼地举行着，我们暂时把紧张的小心情放下，一心投入晚会中去，我们要对那些付出汗水的朋友们给予尊重和温暖！演出厅的歌声、笑声此起彼伏，大家沉浸在这温暖的气氛里，最终到了发放（比赛结果）信封的环节，我紧紧地拉着旁边小伙伴的手，竖起耳朵听着，生怕漏了哪一个环节，出了哪一个差错！后来听小伙伴说起，我的手心里面都是汗。"镇宁民族中学"，这儿这儿这儿，我听到的时候飞奔过去拿起信封，在座位上不敢打开，最后小心翼翼地打开信封静静地拿出来，仿佛怕惊扰了里面的那个车票一般。"啊，里面有车票呢！啊啊啊啊，开心地大叫起来，然后开心地翻出我们小组的群，说了句谢谢啊大家，我们上海见！"至今想起来我都还是会嘴角上扬，这是在我青春里最美好最宝贵的回忆之一！演出厅的声音有哭有笑，有激动地哭了的，也有遗憾地哭了的，大家彼此拥抱着，说着加油、谢谢这些话！想把快乐也好悲伤也罢与身边人分享！

去到上海的时候啊，该有的情绪都有了，快乐、难过、悲伤、紧张、生气、幸福等等，我们领略了上海的风采，认识了新的小伙伴，也明白了些道理，我自认为这是在学校里面体验不到的！因为这一路是未知的，是惊喜的，是感动的！我们就像一家人，来自五湖四海的一家人！感受着大家彼此的心跳，彼此的温度，带着自己的收获走在青春这条路上！

收获着的同时还有着看得见的成长，明白自己得去更努力，我现在可以站在讲台上跟高一的学弟学妹们诉说着自己的成长，我想这离不开春禾的培养与研究性学习的经历，让我们去成为一个开放、独立、自信的自己。尽力去做到完善自己的思维，敢想、敢做、敢表达自己，去发现更好的自己！感谢春禾的每一位工作人员，勤勤恳恳地为春禾这个大家庭做了很多，默默无闻地奉献着，我想我一定得去为这个大家庭出一份力，我也会去尽我所能。"好看的皮囊千篇一律，有趣的灵魂万里挑一"。在这里，我们春禾的每一位成员都是有趣的灵魂。我们在这里相遇！

我与春禾的故事未完待续……故事还很长，以后让我为你娓娓道来！

二、大学生志愿者分享

（一）2019 年 ETS 大会小导师分享

安婷　烟台大学　学生

三年前，我们与春禾定下了十年之约，可三年后的我已迫不及待地回归了春禾，成为春禾小导师。再次加入春禾是我心中无数次冒出的想法，可当我真正要踏上奔向春禾的路程，我却开始恐慌，近乡情怯也不过这样罢了。

刚抵达春禾，和陆老师简短谈了谈过去的三年，一张小圆桌，面对面交谈，说的也不过是生活中的点滴，就像与一位亲密的长辈在唠着家常。还记得三年前我们给他起了个绰号——"苦行僧"，也不太能懂得他背着一个包穿着一件春禾的志愿者服在贵州山区的一所所学校独自奔波的坚持。一路我们看见了他在面对工作时的严肃，也看见了他表演节目时的幽默。三年后，他还是那个对春禾工作十分严肃的他，可他的身上却多了一份生活的气息。

空格三年，让我更加清晰地看见了春禾的变化，三年前，首届 ETS 大会，几乎所有事物都需要陆老师参与和决定，春禾的各项活动也是慢慢探索前进，而三年后，参与春禾的不乏如我一样在春禾中收获又想要在春禾里播种的人们，陆老师也能放心地放手让我们去做了，春禾的各项活动也稳步进行。

再回春禾，来之前的种种慌张，在一见面后就消失不见。三天时间很短，我却收获满满。看见各位春禾人为公益不断地努力，学习到建霞姐的生活态度，红玲姐的乐观开朗，鲁彬姐的文艺，崔老师和陆老师的沉稳，更重要的是换了一个身份更加深入地了解春禾、了解公益人内心的执着和坚定，当陆老师说出要做自己的学校的愿景时，我们内心也是如此澎湃。

春禾的路还很长，但是我们有越来越多的春禾人，就如陆老师所说，不断地改进和重复，时间会给我们惊喜。

（二）2020 年 ETS 大会小导师分享

沙洁　贵州大学　学生

作为学生，除了应试，你有没有一件事坚持了五年？我有。2016 年分开时我就告诉自己，我会再回来！2017 年、2018 年……2020 年我又回来了！

变的是队伍更大了、地图上的"爱心"更多了，我也从一个"受益者"尝试着变成"给予者"……

不变的是共同许下约定的你们还在、前行的初心还在、春禾大家庭的温馨还在……和大家一样，带着那份情怀来到这里。俊骊说："因为高考失利，也想换一个环境好好问一问自己，到底想要什么。"我想，我也是来到这儿充充电，问问自己的内心，到底想要什么。

这个夏天的日光明媚且张扬，恰好足够我遇见你们。这些天，这些人，这些事儿，都在慢慢给我答案。

还有很多很多特别的你们：查寝小分队小鹏老师、温童姐、每一个携手前行的伙伴……因为有你们，才有了那一段最期待的 11 点（注：查寝时间）……小鹏哥，其实你不求回报的帮助，正潜移默化感染着我们……

也正是这些特别的经历，才让我们设身处地地为他人着想。从前我的很多老师都说过一句话："以后你们做了老师就知道啦！"我不以为然，直到这次特别的经历，我才后知后觉。

道阻且长，所幸一片光明，爱"哄小朋友"的"小沙老师"在二班认识了一群可爱的人，晚自习说话到味觉麻木，声带充血率100%，但充实得不得了。你们来自全国各地，你们都来自春禾，欣雨说："每次看着站在讲台上的小朋友们，即使他们说着蹩脚的普通话，偶尔因为说错尴尬地挠挠头，我依然觉得他们可爱得要命，他们克服胆怯站在台上发表自己的观点，在他们身上、眼里、行动中我会看见无数个可能。"我最赞同不过了！今早送小朋友们上车，有一位小女孩抱着我说："沙姐，我一定会再来，我记住你说的不忘初心，你等着我……"暖心 QQ 轰炸、手绘明信片……那一刻，我才意识到，原来自己也在悄悄改变着别人，那种神奇的感觉，好像看到了当初的自己，也让我审视现在的自己……我看着这支队伍愈渐壮大，我与我敬重之人成为同伴，感谢我可爱的大小朋友们，很开心成为你们的助教、伙伴。咱们与春禾的十年之约，来日方长，韶华正好，春禾常见！

此刻已经在高铁上快到目的地了，无缝衔接的节奏是我能感到充实的安全感，不用睡，六人组也会继续精神满满！谢谢，让我变得快乐的夏天和人们！相聚有时，后会有期。

新人旧友，我们慢慢来续这场小善缘。

返程之际，成年之时。春禾之外不深爱，我们抱团取暖，我们携手行走。我需明了成年人的责任，我要更有力量地长大。字短情长，致千里之外的牵挂，致一群人的共同信仰，致有缘人的陪伴温暖。仪式感常在，善良也常在。

绥阳中学随处可见的一句话是："来为求知，去做栋梁。"每次我看到，总会想起母校"博学启智"，想起胡石波主任"生斯长斯，吾爱吾庐"。

我想，找到答案了！

三、校长分享

（一）想对春禾说声"感谢"

杨静　原贵阳市第三十四中学　校长

四年前，贵阳市第三十四中学作为第一批学校之一加入春禾，那时候，我们对春禾所知并不多，春禾对我们也是同样陌生，春禾的活动也还略显简单生涩。一晃四年，三十四中与春禾一步步磨合，学生们、老师们一层层探索，竟也碰撞出很多令我们惊艳的火花。要说这四年最大的感触，从校长到春禾负责老师再到春禾的执行委员以及参赛学生，我们最想对春禾说的，就是"感谢"。

最初决定与春禾合作，将春禾的理念引进学校，更多的是出于为学校争取一个公益的机会，也是出于为孩子们争取免费夏令营的机会。尽管签订了协议，开始了与春禾的尝试性合作，但具体的工作交给负责老师后，我便没有过多地放在心上。每年参加春禾夏令营交流活动的学生，都有一套严格的筛选过程。学校的负责老师和春禾执委们非常认真，积极策划了一场演讲比赛。比赛当天，春禾社团的小干部们，专门到我办公室来，恭敬地递上邀请函，邀请我前去观看。这是我第一次收到学生活动的邀请函，抱着好奇的心态，我来到了学校春禾社团学生们的演讲现场。随着孩子们一个一个走上台去，原本打算看一两个同学就离开，结果我被他们的演讲深深吸引了，他们站在台上从容、自信、活泼、亲切，演讲跌宕起伏，铿锵有力。我不禁在心里画了好多问号——我们学校还有这样的学生？之前怎么没有发现呢？他们是怎么成长起来的呢？

后来看完了比赛，我才发现，不管是演讲还是主持，不管是评委还是维持纪律，都没有看到老师的影子，比赛全程都是孩子们自己在组织。我终于明白了，春禾的这种模式就是要锻炼学生的自主管理能力，让学生自己成长。我庆幸自己当初做了如此明智的一个决定。看到春禾孩子们的成长如此有效，我们尝到了甜头，于是，我们将这种管理模式引入德育工作、年级组工作、学生会、团委和其他社团，我们坚信，只要有机会，孩子们定会展示出不一样的精彩。目前，我们学校的学生自主管理模式已经初步形成，这得感谢春禾，是春禾给我们搭建了第一个学生展示的舞台。

（二）相信种子、相信时间的力量

王又新教授　原贵州师范学院教育科学研究所所长、贵州省实验中学校长

2019 年，在退休前一年，我与春禾结缘：春禾公益理事长陆逊老师找到我，希望在贵州省实验中学举办第四届中学生 ETS 大会，这是我第一次听说春禾。看了陆老师带来的资料，听了他介绍的春禾大致情况后，我觉得春禾与我的教育理念吻合，于是一拍即合，2019 年 8 月第四届中学生 ETS 大会如期在省实验中学举行，省实验中学也趁势申请加入了春禾启梦计划教育公益项目。本来想趁这个大会机会进一步了解春禾，但当年因家中有事没能参与，因此对春禾的了解也就停留在概念中。

2020 年 7 月，我刚退休，陆老师便邀请我担任第五届中学生 ETS 大会评委。在绥阳中学从省级大会到全国大会，当我看到学生们站在春禾的舞台上神采飞扬、侃侃而谈时，当我听到学生们理性而严谨地表达他们对自我、对自然、对社会的好奇、思考与探索时，我在想，原来春禾真的可以把向枯燥无趣的刷题生活举白旗的学生唤醒，让他们因为开放、因为独立、因为自信而浑身带光！这就是我想培养的"心中有梦想、肩上有担当、手上有本领"的少年样子呀。

避无可避，我知道我退休后的教育生命又开始了。至此，从春禾开启一段新的历程，与我的职业生涯无缝对接。

成为春禾志愿者三年，参加了三次中学生 ETS 大会，从评委到培训师、再到观察员，我对春禾渐渐有了更深的了解。跟随春禾团队进入遵义的赤水市第三中学、铜仁的印江中学以及贵阳市花溪区实验中学做入校培训，在昆明、昭通、贵阳、黔西的集中培训基础班、进阶班、种子教师教研培训会中，或作为志愿者讲师，或作为嘉宾观察员，参与春禾研学师资培训课程的实践、研发与研讨。这期间，亲眼见证了春禾人在不断完善中学生 ETS 大会机制，为乡村少年营造更为开放、宽容、自主的实践空间；开发师资培训课程，完善培训体系，在支持服务上精耕细作，为乡村教师赋能；不断发展项目学校，帮助更多的学生获得成长的机会，践行普惠教育；延伸服务范围，从一所学校的教改咨询到县域教育生态改良，再到贵州省希望工程升级版的试点推动，春禾在振兴乡村教育中发挥着越来越大的作用、承担着越来越多的责任。

当前，我们正处于中国教育变革实践、生态重建的关键时期，以中、高考改革推动的从应试教育走向素质教育的变革正在发生。我们看到学校正在被重塑，开始生长，"围墙"被不断打破，教学理念、课堂教学不断变革。2017 年，教育部颁布高中新课程方案和新课程标准，2021 年又推行"双减"政策，这些政策和方案都是基于立德树人的培养目标，为适应教育发展新需要，迎接时代挑战而出台的。2022 年 4 月教育部又新修订了义务教育课程方案和课程标准，它以"全面发展、育人为本"为方向，以"全体学生"为对象，以"聚焦核心素养、面向未来"为目标，以"加强课程综合、注重关联"为实施机制，最大的亮点在于变革育人方式，突出实践。春禾所倡导的教育理念和所推广的研究性学习课程与国家教育变革方向是高度契合的，符合未来教育走向。

在春禾做志愿者期间，我发现这条路并不容易，长期以来应试教育的影响、研学教

师的缺乏、家长与教师的不理解、外部评价的指向，都会影响到它的发展，需要付出的很多很多。但是春禾人和春禾平台上聚集的教师们"相信种子、相信岁月""相信坚持的结果、相信时间的力量"，因为在教育变革的大潮中，我们已不再需要承受星星之火般的孤独，而是与众多的教育同人一起共同踏上未来教育的旅途。

中国教育创新研究院院长刘坚教授说："也许这是我们这代人为国家做贡献的最后机会。"这句话让我很感动，我想对于我也是。

老师们，无论你是谁，今天我们聚在这里，都是为教育的美好梦想而来，那么就让我们一起投身于教育改革的浪潮中，也许中国教育的真正变革就发生在我们前进的每一小步上。

孩子们，无论你是谁，你都是独一无二的，那么就发挥你与众不同的特点，去发现、去思考、去探索，你们的发现、思考、探索终将会推动人类文明的进步，同时也会给自己带来无限的生命快乐！

（三）教育，必须为学生终身发展负责

陈青松　原贵州遵义绥阳县青溪中学　校长

2016年5月我作为一所农村初中校长在绥阳县实验中学首次接触上海春禾公益，了解到她是一个专注于青少年创新思维、科学素养与人文关怀的培育、助推核心素养教育发展的机构。旨在培养学生自我学习的主动性，抽象的归纳能力、理解力和创造力，陪伴他们去发现开放、独立、自信的自己，作为一位从小生活在农村，内心较为封闭，不那么自信的农村孩子，回想起我第一次站在大学的讲台上因胆怯不自信而忘记准备好的台词无法下台的瞬间，我的心情激动不已，如果当年也能有这样一个组织或学校能陪伴我去发现开放、独立、自信的自己，我又将成为什么样的人？我们农村的孩子更需要！于是心里暗下决心，一定要争取机会，为我们农村的孩子争取！或许是我的诚心打动了陆逊理事长，我校顺利成为春禾启梦计划项目学校之一。

在春禾公益各位老师的指导和培训下，我校顺利启动了春禾启梦计划，明确专门的老师负责此项工作，学生自主成立了春禾社团，开展相关活动，以小组为单位开展课题研究，通过校内 ETS 大会推选出优秀课题参加了 2017 年全省 ETS 大会，有两名同学有幸到上海参加全国 ETS 大会并取得较好成绩。通过一年的努力，我校参加社团的学生比以往更自信，敢走上发言席，发表自己的看法。本以为有了好的开始，后面的路会更好走，然而 2018 年由于外界因素（各级管理部门对学生文化成绩的要求，对学校、教师教学质量考核要求的提高，各种迎检工作压力）、学校本身的问题［没有常态化课程支撑、相应技术支撑、校长（教师）理念变化、师资等因素］致使 2018 年我校春禾社团活动基本处于停滞状态，就连唯一的指导教师也没信心了。

2018 年 12 月的一天，突然接到关于将在上海举办首届春禾校长工作坊的通知，是参加还是不参加？学校期末工作迫在眉睫，再加上学校春禾社团 2018 年工作情况不好，学校要不要放弃这项工作？我犹豫、思考了两个晚上，最终决定还是要参加，因为春禾公益作为编外的教育人都这么关心、关注青少年的成长，我们主业从事教育的人，还有什么理由不参加呢？更关键的是想走出去看一看，了解外面的世界，了解教育发展的动

态。来到国际大都市上海，没有去游山玩水，而是在春禾老师的精心组织下，参加了为期两天的参观、交流、学习活动。两天的活动让我感动和震惊，七宝中学23年的坚持，其他兄弟学校的优秀成果，春禾公益的坚持、真心、诚心，对青少年成长、对教育的无私情怀，让我汗颜；培训老师精彩的培训，兄弟学校的无私交流，春禾示范校建设规划，高考改革和教育发展新动态，让我坚定了在我校开展研究性学习的决心，明确了思路和方法。本次校长工作坊活动虽然只有短短的两天，但收获满满。

一是作为教育人必须认识到教育对学生终身发展负责，目光不能只局限于学生的分数，更要关注学生学习能力、创新思维以及发现问题、解决问题等核心素养的发展。

二是作为校长首先要解决自身的理念问题，要有自己独特的办学理念和思想，以学生核心素养发展为目标，尊重教育发展规律，制订相应规划，并从行政、制度、物质、师资上予以全面保障，激励、引领全体教师围绕目标开展教育教学工作。

三是研究性学习的实施必须以开足、上好课程为前提——研究性学习课程的全面开展；以研究性学习师资培训为保障；以春禾社团为载体，以ETS为平台。

四是要坚持，不忘初心，方得始终，要得始终，贵在坚持。教育需要的是静心，需要的是坚持，我相信在更多像春禾公益这样的热心人的引领和帮助下，教育的明天会更加美好。

四、教师分享

（一）人生起航，梦圆春禾

陈璐　云南彝良县职业技术高级中学　教师

初见，你是连绵阴雨里的一道光

与春禾偶遇是2020年8月，在遵义参加的"春禾第十一期研究性学习教学研讨会"，第一次知道春禾，第一次接触研究性学习，第一次认识一群全心全意做公益的春禾人。更为重要的是，这次的经历别有一番"我与春禾相见恨晚，但我对春禾一见钟情"的情愫，让我如获新生。

成行之前，我是那个从小到大自认性格软弱、极度自卑的丑小鸭，站在人生和事业的最低谷，生完孩子后回到职场的自己疲于奔波在工作和家庭之间，处在养育孩子和教学工作都毫无成就感的自我怀疑当中，除了一地鸡毛，别无其他。于是分班时，我不由自主地选择了"人与自我"班，有幸认识了建霞老师。她的一言一行所带给人的舒适感，让我一瞬间莫名亲切、踏实和安心，竟对这次出发前被要求"要认真做笔记、要交材料、回校要做任务"的忐忑而来的行程心生欢喜起来。在后面的培训过程中，建霞老师鼓励的眼神，对所有培训学员的关注度和平等对话，让我彻底放下所有的顾虑，度过了紧张而又充实的七天，在培训学习结束时不得不由衷地感谢学校和校长，给了我这次机会重新审视和认识自己。

原本想着"只要努力不出错，跟着大家滥竽充数"的我，从有趣的破冰开始不知不觉与同伴慢慢熟悉；在课堂上通过提问发言，感受建霞老师对每个人的关注、鼓励和肯定；再到尽可能地表达自己、展示自己，我一次次突破软弱的瓶颈——敢于上台去表达，敢于在小组里发言。回程后念念不忘：原来心底的某个角落，藏着另一个我，时刻准备着找到"独立、开放、自信"的自己！

人生若只如初见，你是连绵阴雨日子里洒下的明媚，驱散通往未来路上的所有阴霾，让我看清前行的方向。

重逢，我是被你唤醒的一颗籽

与春禾的第二次亲密接触是 2020 年 12 月，我荣幸地被邀参加了"昆明·春禾种子教师培训"，第一次遇见贵州师范学院教育学教授、优雅知性的王又新老师。整个培训由又新老师为大家朗诵汪国真的《热爱生命》开始，从培训前知识的迁移带入，到培训中恰当适时的引导，再到最后简练清晰的复盘，又新老师的引领令我和同行的小伙伴深深折服。

唤醒，打破原生态，是这次培训陆逊老师带给我的最大启发，让我重新审视生命的意义与价值：它不建立在别人的生命架构体系之上，而是每一个人都是独立的个体，教育者的责任是通过教育教学活动让每一个孩子"认知生命之贵，感受生活之美，学会生存之道"，需要教会学生的是让他们能感受生命，享受生活，学会生存。研究性学习是有效的途径之一，我们需要在每一次教学中，积极尝试探索和融入这份理念。

随着活动的推进，慢慢还知道春禾培训的讲师们都坚持用志愿者的身份义务授课，更加庆幸自己将以种子教师的身份正式开启我的春禾公益之路，像一颗种子终于找到合适扎根的土壤，褪去层层包裹的坚壳，留下来，待下去。正如《热爱生命》里说的："既然选择了远方，便只顾风雨兼程，我不去想身后会不会袭来寒风冷雨。"遇到春禾，我方解初心，愿坚守如一。我不去想未来是平坦还是泥泞，因为只要热爱生命，一切，都在意料之中。

再相逢，渴望扎根长成一棵树

与春禾再相逢是在 2021 年 12 月，参加春禾在昭通区域的研学培训，特别荣幸这次培训能与主讲王又新老师重逢，更获得了之前完全不同的体验和感受。前两次从破冰开始就让我特别感兴趣，积极性特别高。但这次不一样，刚开始的阅读环节，又新老师让我们先把自己小组的阅读内容读一遍并提出问题。然后再选派小组成员做出分享。各小组分享以后又新老师给我们做指导，让我们知道作为一名初读者应该如何去阅读，并且分别给了我们虚构类和非虚构类文章的阅读指南。然后再让我们按照她给我们的解读步骤再读一遍并提出问题。到这里，我们小组成员有的开始抱怨，觉得我们都读过了，我们就喜欢这样读，为什么非要按照老师的方法或者要求来读呢？因为大家都是成年人，觉得自己是独立的，有独立的思维，不想总是按照别人的想法去做。加上这次我们小组给自己取的组名是"品阅人生"，我们的"阅"是"悦、阅"的集合，就是要开心地阅读，但是这个时候我们觉得这样的阅读是不快乐的，我们小组有些人在闲聊，很难进入阅读的状态。

于是我在想：春禾不是倡导独立、开放、自信？但似乎一直是老师在讲，让我们按照老师的要求来做？并且定好了条条框框让我们依葫芦画瓢？这是不是违背了研究性学习或者说研究性阅读的初衷？我心里想着说："又新老师，我们不应该为阅读而阅读，如果在阅读时过分纠结于文章的结构、逻辑，或者中心思想，那无异于考试，必然会降低阅读的兴趣和欲望，必然阅读效果不好；其次，拘泥于框架的阅读，思维也没法打开；所以我以为阅读要坚持自己喜欢的方式，因为我觉得学生肯定也不喜欢老师以这样的方式来要求他们阅读。"

但我纠结着不敢向深深崇拜的又新老师当面质疑，同时担心我这样做是对又新老师的不尊重，还怕其他老师觉得我自以为是。

但内心的疑问让我还是没忍住，于是悄悄给建霞老师发了个私信问道："我和又新老师有不同的观点，可以说吗？会不会显得不尊重？"结果建霞老师回复我说可以，说春禾的研究性学习培训理念就是鼓励大家可以坚持自己，可以有自己的观点并敢于表达。于是我鼓起勇气举起手，提出自己的质疑（但是此刻其实我还是担心的，特别怕又新老师会不高兴）。

又新老师不但没有任何不悦，还耐心解释了她这样做的原因：虽然此刻的培训我们是学生的角色，但我们的身份终究是教师，当我们引导学生进行阅读的时候，至少我们自己首先得对文章结构、阅读方式有明确的了解，才能应对和解决学生阅读过程中可能出现的各类问题。并且说我的质疑很好，因为我们的教学过程中可能也会出现同样的情况，我提出来，可以使在座的其他老师在教学活动中面对同样的问题时，根据具体情况调节上课节奏，合理安排授课内容。

听完又新老师的回答，我特别感谢她的点拨，并再一次深深折服，深刻意识到自己的格局太小、换位思考太难。在后续分析和阅读研究过程中，当小组成员齐心协力让一个个问题迎刃而解时，我才真正领悟合作的重要性。自此，如果说前两次的培训是让我遇见春禾并爱上春禾，那这次培训就是让我从此对春禾理念、对研究性学习坚守初心、忠贞不渝。

是夜，我在日记本里轻轻写下小诗：

难得闲适凤凰楼，抛却云云心境清。

研究阅读声悦耳，案牍杂务免劳形。

天蓝水清深冬暖，滤去浮华霓裳轻。

忘是师来忘是生，直将师生共体验。

忙碌充实临结束，收获满满受益深。

在诗行间重新领悟和感受春禾倡导的"独立、开放、自信"，去思考"知无崖，而行也无涯"。没有实践就没有发言权，尽管研究性学习和研究性阅读于我尚还是摸着石头过河，但只要方向对了，摸索着前行，总会有收获。

回望每次与春禾遇见，都激励着我努力蜕变成为更好的自己，以一棵树的姿态，扎根沃土，坚韧挺拔，一直长，一直长……静待风尽禾起时，满眼苍翠绕山梁。

（二）风雨兼程赴前路，相约并肩同路人

梁仁双　安顺市第一高级中学　教师

一直以来都想写点跟春禾有关的文字，但又迟迟没有动笔，似乎在正式地编辑完2018年暑期活动的简报后，我便没有真正地写过点什么，总是以各种各样的理由一再宽

容自己的懒散。春城微寒的夜晚，当群里的小伙伴在为明天的活动日程进行确认和互道晚安的时候，我又有了必须写点什么的冲动，于是安静地坐下来轻轻敲击键盘，回味走近春禾这三年来的种种，发现思绪万千却又不知该从何说起，便想着且从这次昆明之行的"春禾种子教师教研活动"开始吧。

因新型冠状病毒肺炎疫情防控的要求，带着既期待又忐忑的心情登上安顺开往昆明的高铁，两小时的车程里与同行的小伙伴互相聊着来到春禾后我们各自的成长和收获，对前后三天的日程怀揣着肯定疲惫不堪同时能量满满回程的期待——我们知道一定会有满满当当的日程安排和一个接一个烧脑的问题等着我们，甚至可能会被陆老师反复地拷问灵魂，但同时我们也会被赋予极大的能量，让我们能够暂时将生活日常里的琐碎和不快抖落，整装再出发。

所以，在参加完每次春禾的活动后，如果有人问我："是什么让你每次看上去疲惫不堪但眼睛里闪耀着光芒，并乐意继续参与其中甚至还时不时自掏腰包？"，我总是会说："因为被一些人、一些事触动。"

被一颗初心的温度感动

似乎每一个刚接触春禾的人，都会好奇理事长陆逊先生的故事，想知道是什么促使他全职做公益，并对他过去为了节省经费"能坐高铁绝不坐飞机、能坐火车绝不坐高铁"的故事好奇。说实话，到今天为止，我都不甚清楚这些过往种种，但可以确定的是，那是一个个感人故事的延续——在今晚段勇岗老师送给陆老师的祝福后晶莹闪亮的眼睛里我们可以看到，在每一次陆老师面对孩子们时坚定的眼神和微笑的表情里我们可以体会，在每一次孩子们和陆老师的拥抱里我们可以感受……而在陆老师和春禾人心里，每一次走访中收获的感动和感触是他们坚持的动力，这种互相感动成为连接双方的基石。

于是想起那个随春禾参加的 2019 珠海教博会上一面之缘的 90 后全职公益人——一位来自湖南的小姑娘，刚刚开启公益之路一年的她，或许经历还没有陆老师丰富，对自己的公益事业的思维构建还没有陆老师完整严密，但是没办法忘记她说起的促使她做出决定的初衷：从农村走出来的自己想为乡镇中小学孩子的思维发展做一点自己的努力！简单而纯粹，真实而有力。

所以我想，无论促使公益人迈开脚步、开始行动的是一个微小的事件，还是某一位公益人内心长期而久远的梦想，这份初衷和初心是感动和感染人的原动力，让我们相信教育本身应该是充满温度的，并乐意持续这样的热传递。

被一波爱心的厚度触动

无论是初时因为春禾各种事务性工作接触的凌毅、欢欢、嘉雯，还是后来更多机会接触到的红玲姐、陆老师、崔老师，以及志愿者队伍里身影常在的晓军、小鹏……交流和工作中都让人有如沐春风的感觉，我当时想着这是一群何等优秀的人，将给我们带来什么样的能量。而随着时间的推移，春禾团队里先后又来了亲爱的建霞、唐菠和这次遇见的卢景，后来还有幸认识了一些公益活动的捐方代表，如范晔平先生、郑琰女士、武嘉捷先生……在培训过程中有机会跟着学习的邹开煌教授、欧维嘉老师、罗卫东老师、孙旭亮老师、段勇岗老师、王丰老师和他的夫人石琳老师、文静小妹……还有万绿丛中的春小禾张毅、心语、怡君、曾"哥"、小施扬、小露、成娟……如果一个一个数来，想必一页纸也写不完他们的名字，更不要说细述他们的故事，于是我便自顾给他们"公益人、志愿者"的统一称呼，以及概括他们身上共同的特征——心里有爱，眼里有光。这些深沉而厚重的"爱"和"爱心"以捐款捐物、志愿服务等不同形式汇聚在一起，在日常里是有亲和力的话语、亲切的表情、耐心细致的解答…… 然后我们情不自禁被触动，将自己纳入其中，有归队的踏实和安心。

这注定是一段"始于感动，陷于深情"的缘分，在真实体会和感受到这个世界足够的爱和温暖的同时，坚定地相信总有人愿意献出自己的爱、悄悄地爱着跟自己没有血缘关系的人，促使我们义无反顾地踏上全新的价值认同、思维建构、理念传播的征程。

被一片用心的深度带动

三年来，从 2017 年初冬在贵阳市花溪区金竹民族学校第一次参加春禾社团指导教师培训开始，到 2017 年 11 月凯里一中的培训、2018 年 7 月贵阳市第三实验中学的培训、2018 年 11 月遵义四中的培训，让我体会了一把不再自己摸石头过河的方向感，对研究性学习课程学科发展的未来更加坚定；2019 年 4 月，在我所就职的安顺一中举行的培训，在组织筹备的过程中，作为承办学校的主要联络人，同时以助教的身份参与春禾培训形式的变革，让我感受了主人翁式的融入感，对春禾研究性学习课程培训的效果更加坚信；之后经历的 2019 年 7 月贵州省实验中学、2019 年 11 月珠海教博会、2020 年 7 月绥阳中学培训，春禾人不断修改和完善小班制培训的针对性和实效性，从内容到日程再到讲师的确认等事宜都精益求精，让我意识到身在其中的幸福感，对更符合人成长和发展的教育理念的传播更加坚决。

从昨天傍晚到今天晚上，进化游戏 + 春禾故事的破冰，电影《实验者》的启思，抢椅子游戏 + 教育故事引发的思考，春禾培训故事 + 培训方案的设计，逻辑思维启发式提问的训练，精准复盘的呈现，让成为"种子"的我们感受到来自春禾的阳光温暖、和风雨露，尝试着从自己开始改变并努力影响身边的人，将挂在嘴边的"好好学习考一所好大学"变成"努力成为更好的自己"，在教育的每一天让学生真切地体会生命可贵、学会生存之道、感受生活之美，要有静待花开的耐心，也要有草长、花开、枝展都是风景的平常心。

一路走来，春禾人在组织培训中不断尝试、不断总结反思、不断改进再尝试的方式，用心良苦，成就了一群人不断提高、不断进步的成长之路，实现了从简单参与到主动融入再到身心皆在的蜕变，成为同行的伙伴。

如果新的三年是新征程的起点，那么我既然选择了远方，便只顾风雨兼程，而这一路上感受到的初心温度、爱心厚度和用心的深度，在我感动、触动、被带动的同时，庆幸一路上总能有两三伴，一路并肩，相谈甚欢。最后，以小诗一首，寄语百年一中的小槐树、春禾公益的小禾苗，与春禾同路人共勉：

安中识古槐，苍翠五百载，

古有饱学仕，提"乐观厥成"；

以爱国爱校优教优学为训，

奉"做人做学问"为念；

百年计，声誉张，根深叶茂荫学堂；

十七阶之上，国耻碑侧旁，

校友常留影，恋恋皆关情；

学子以自喻小槐树为荣，

母校因助力栋梁才为傲；

沃土厚，树苗壮，莘莘学子建国疆；

春禾公益人，致力助教育，

主开研学课，扶智求本真；

倡探索思考分享之风，

育开放独立自信之人；

春风起，禾苗长，槐添新绿迎风扬；

一中小槐树，公益小禾苗，

参与中受益，反哺中成长；

来为展风采竞风流，

离则常感恩怀天下；

风过处，雨阳光，种子破土景宽广。

五、中学生 ETS 大会评委分享

（一）初识者眼中的春禾：知于止，待花开

李艳　中欧基金公司　慈善基金会　秘书长
2022 年中学生 ETS 大会　省级大会评委

春禾 ETS 大会，探索、思考、分享

月余前，初见春禾的陆逊理事长，神情温和、话语娓娓，即便说到激动处依旧不疾不徐，是一种和身边快马加鞭迥然不同的节奏。果然，这次春禾在安顺关岭县举办的"2022 年第七届中学生 ETS 大会"上，陆逊理事长又一次谈到，"春禾推广研究性学习，必然是一个道阻且长的过程，也许要等到 30 年、50 年才能见到显著的成效"。那一刻，他，和在座的春禾人们，依旧很淡定。而我则带着这份惊讶和探究，来到孩子们演绎课题、展示自我的比赛现场，寻找春禾"发现开放、独立、自信的自己"的真正含义。

自 2016 年以来，春禾已经连续举办七届 ETS 大会，所以在场的学生、志愿者、小导师，甚至评委，很多都参加过不止一次活动。来自不同学校的初、高中学生们，被打散后重新分组，逐一上台讲解自己的课题。而评委们被事前培训告知，对于课题的评价，一定不能从功能性、影响力或者实用价值上评估，而是要抱着开放、鼓励的心态，从立题是否来自身边、研究手段、过程思考、逻辑性、独特性以及分享表达等几个维度去考评。简言之，忘记"是否有用"的普世法则，只从观察力、实践思考、逻辑分析等去做高低评价。"对于傅聪君子作风的研究""关于折、剪纸历史发展及现状的探究""新型伞罩黑板

擦""关于中学生对于残奥的研究调查力",孩子们天马行空的课题,让人第一时间眼花缭乱又心生欢喜,ETS大会之初印象:好一片自由的土壤,好一个任由驰骋的舞台。

他像是自己世界里的王,睥睨四方

来自贵阳市花溪区实验中学的赵天佑同学,让我和邻座的周晓波老师一起感慨:他真的是七年级吗?!

"探究中国与世界历史发展",这个课题本身让人惊呼感叹,而演讲者对于元代推进发展、历史人物、地理扩张的熟稔分享,让人宛若听了一场专题轻讲座。整场演讲,包括后续的问答,孩子都驾轻就熟、信手拈来,轻松得仿佛在谈论关岭今日的天气。

"他是多么喜爱历史啊!""这孩子气场有两尺八,轻松带动全场啊!""绝对是日常花了大量工夫,日积月累"。给人留下深刻印象的是天佑同学那双闪着光亮的眼睛,目光坚定、语气沉稳,不知为何我想到了在漫漫黄沙里行走的张骞,那份执着与笃定,是隐藏在小小少年身上的强大力量,可以战胜任何困难,绝不会放弃。

有了发自内心的热爱,未来的漫漫长路也就有了方向。那一刻,他像是自己世界里的王,睥睨四方。

会讲故事的孩子谁能不喜欢呢?

是的,这场分享现场几乎从头笑到尾。我们都爱张志福同学,他来自黔南布依族苗族自治州都匀第一中学。"双枝连理,比翼齐飞——关于连理枝现象的探究",这是一个始于浪漫,展于想象的课题。吐槽了比翼鸟的模样丑,他兴头头地给我们展示了连理枝的各种或奇特,或美丽的生活造型。然后,像变魔术一般,连理枝就幻化成了盆栽、手工等不同形态。"你看,这个就叫把你的心我的心串一串""这个叫跨越万水千山,终于找到灯火阑珊处的你"。一个个造型多姿的画面,配上他一本正经的解说,产生奇妙的化学反应。大家都觉得,"哎,真像啊""还真是有那么点道理",再回看那张年轻稚嫩的脸庞,奇特的喜感油然而生,讲到高潮处现场欢笑声、掌声经久不息。"这孩子太可爱了""他居然能这么联想""这故事讲得太棒了!"憨态可掬的志福同学,借助日常生活里的细微洞察,用他天马行空的想象力,将一个不为人知的物件和人类社会的诸多情感相连,连理枝已经脱离了它植物概念的本体,被赋予了爱情、坚守、真心等诸多含义。我们期待着,志福同学的连理枝,取代奢侈品珠宝"钻石恒久远,一颗永流传"的那么一天!

短短一天半的时间,给我们留下深刻印象的孩子太多了。那一张张稚气未消的面孔,带着自信、憧憬,带着羞涩、紧张,带着热爱、激动,为我们展示了他们对于这个世界的感知和关注,展示了他们心中对未来的希冀和梦想。他们有的是第一次来参加比赛就旗开得胜,有的是努力了第二次甚至第三次才终于走到今天的舞台,完全不需要谁来要求,谁来强迫。正如一位评委老师的点评:"只要你发自内心的热爱,只要你在这个过程里认真去做,我们都能感知到,你也终将会有自己的收获。"

知于止 更幸福

比赛终了,坐在高铁上。我发现自己内心深处,除了激动居然还有一丝丝羡慕。中庸里说:生知安行,不勉而中。然后才能"七十而从心所欲不逾矩"。儒家还说过"止定静安虑得",而最初的原点就是"知止",宛若浮萍飘摇有所依。春禾的包容、开放、鼓励，其实就是呵护孩子们内心深处的那一簇小小禾苗，学习求知均有所止。心之所向、无问西东，都可以千姿百态地绽放、盛开。那禾苗生长于热爱、成长于自由，有着内生性的强大生命力，必能行日日不断之功。而这份来自内心深处的温度，一定会经久不息，陪伴他们于未来的岁月，给予他们克服困难的勇气和力量，赋予他们更加广阔的视野和前景，行出一份更加安心、快乐的人生。想了想，我忍不住给陆逊老师发了一条微信：于现实和理想之间，春禾为孩子们铺就的或是一条幸福度更高的道路。祝福！

（二）祝愿这段经历终将带给你们一个丰满的、多姿多彩的人生

谢小庆教授，博士，博士生导师

北京语言大学教育测量研究所原所长，中国教育学会统计测量分会学术委员会副主任，

中国心理学会测验专业委员会理事

2019 年中学生 ETS 大会 全国大会评委

我作为全国赛评委参加了第四届中学 ETS 大会，这次经历让我深受鼓舞和振奋：其一，看到有那么多同学敢于提问、会提问，这是我对中国教育的一个梦想，希望这些同学进入大学后，还能够继续保持这种勇于提问的精神，不懈质疑；其二，在 ETS 大会的赛程赛制设计里，有一点非常好，这就是初中、高中不同年龄的同学、优秀和普通的同学分在同一个小组里进行合作探究。这种合作，低年级的初中同学受益是毫无疑问的，其实高中同学也会很受益，这对他的那种包容异见的发展、那种耐心和宽容等个人层面人格素养的发展都有很重要的意义。而且，还不仅仅在人格塑造方面，对这些同学能力的培养也很重要，因为能够把自己的想法讲清楚，特别是能够向跟自己知识结构差距比较大的一些人讲清楚，这个是非常高超的艺术，对人的能力要求非常高。

一个人自己懂了，是一个层次，是最基本的层次；能够向跟自己知识结构差不多的人讲明白是第二个层次；然后能跟比自己知识结构差距很大的人讲明白，这又是更高的一个层次。三种不同层次从低到高，第三个层次是最难的。所以在这个过程中受益的不仅是初中生和低年级的学生，同样，高年级学生也会很受益，这是中学生 ETS 大会设计中非常棒的一个亮点。

在 ETS 大会上同学们课题展示的过程中，我看到了中国教育创新研究院刘坚教授团队提出的 5C 核心素养：

"沟通"与"合作"，在一个小组里有贵州、云南的孩子，也有上海的孩子，这种合作是跨地区、跨城乡、跨不同家庭生活背景的，这种合作对每一个孩子的意义都极其深远，这对我们的社会也是非常有价值的一件事情；

"创新"，很多同学想要用新的方法、新的思路和新的产品来解决问题，这就是创新；

"审辨思维"，这是我很关注的一点，经常有人问我："谢老师，什么是审辨思维呢？"我的回答就是 12 个字："不懈质疑、包容异见、力行担责。"在中学生 ETS 大会上我看到了不懈质疑，同学们连珠炮一样的问题一个接一个，在同学们你来我往的沟通过程中也同样看到了包容异见和力行担责；

"文化传承"，有遵义市的同学带来的明清时期桥的调查，有皮影戏、有汉服研究，

这就是对中华文化的传承。

　　为什么这些年我们对核心素养这么关注？在当今的移动互联的时代，我们拿出手机通过百度、通过 Google 对知识可以信手拈来，在移动互联和人工智能 AI 快速替代人力的时代，真正有竞争力的不在于记住多少知识，而在于一个人的核心素养。

　　我很欣赏一句话"人生的终点不重要，重要的是沿途的风景"，同样，参加中学生ETS 大会重要的不是结果，而是参与的过程。祝愿所有参与其中的同学们：这段独特难忘的经历终将带给你们一个丰满的、多姿多彩的人生。